21世纪职业院校人文素质与职业素养系列教材

TIYU YU
JIANKANG

体育与健康

主　编／刘　哲　李慧杰
副主编／李民峰　周卫华　火　隆
参　编／刘如江　李　晟　聂　燕　班笑元　杨　杨

中国人民大学出版社
·北京·

前　言

本书根据《中共中央国务院关于深化教育改革全面推进素质教育的决定》《中等职业学校体育与健康课程标准》《国务院办公厅关于强化学校体育促进学生身心健康全面发展的意见》等文件编写而成。本书在编写时努力贯彻教学改革的有关精神，严格依据课程标准的要求编写，坚持以“健康第一、快乐运动、强健体魄”为理念，以“学生为中心、教师为主体”为宗旨，力求根据学生的特点提供有针对性的体育技能训练。让学生通过体育教育活动，体验运动的快乐，激发学生参加体育活动的自觉性和主动性，提高自身的身体素质，养成终身体育的习惯。具体说来，本书有以下特色。

一、内容丰富、结构完整。本书分为理论篇、实践篇两个篇章，涵盖应知的体育基础理论和应会的体育基本技能。

二、契合职业院校培养从事生产、建设一线产业技术人员的特点，以“健康第一”为指导思想，突出体育与健康理论基础知识和技能学习，加强体育教育工作，使学生掌握基本的运动技能，熟知本专业职业病的预防等。

三、生动有趣、图文并茂、扫码即学。本书集科学性、简洁性、实用性、可读性于一体，打破了传统纯文字模式，增设了图片示范、教学口诀和二维码视频。学生拿智能手机扫一扫就可以看到相关的视频资料，紧跟时代步伐，获得全方位的学习体验，在自己喜爱的项目上不断提升。

我们希望通过本书的教学实践，为体育教师提供尽可能多的素材，让教学的过程更有针对性，加快体育教学的改革步代；促进学生树立正确的体育健康观，积极主动地参与体育运动与锻炼，掌握一两项有终身体育锻炼价值的运动技能，在工作的同时能够通过体育锻炼实现对自我健康的调控。

本书在编写过程中参考了大量的文献资料，在此向文献资料的作者致以诚挚的谢意。由于编者水平有限，书中难免有错误和不妥之处，恳请广大读者批评指正。

编者

2019 年 3 月

目　录

上篇　理论篇

第一章　体育与健康概述　003
第二章　体育锻炼的原则和方法　014
第三章　体育锻炼中的卫生和运动损伤　020
第四章　运动竞赛的组织编排　032
第五章　职业体适能　036
第六章　坐姿类职业性疾病预防与疗法　040
第七章　站姿类职业性疾病预防与疗法　045

下篇　实践篇

第八章　田径运动　051
第九章　篮球运动　074
第十章　足球运动　092
第十一章　排球运动　113
第十二章　羽毛球运动　132
第十三章　乒乓球运动　147
第十四章　网球运动　161
第十五章　形体运动　173
第十六章　武术运动　187
第十七章　游泳及水上救护　211
第十八章　跆拳道、轮滑、定向越野、拓展训练　220

上篇

理论篇

- 第一章　体育与健康概述
- 第二章　体育锻炼的原则和方法
- 第三章　体育锻炼中的卫生和运动损伤
- 第四章　运动竞赛的组织编排
- 第五章　职业体适能
- 第六章　坐姿类职业性疾病预防与疗法
- 第七章　站姿类职业性疾病预防与疗法

第一章　体育与健康概述

学习要点

1. 了解体育运动对人体健康的影响；

2. 掌握各项体质测试的测量方法、标准，以及如何进行合理的体育锻炼以提高自己的体质测试成绩。

第一节　认识体育与健康

一、体育的概念与种类

（一）体育的概念

体育是人们遵循人体的生长发育规律和身体活动规律，通过身体锻炼、技术训练、竞技比赛等方式达到增强体质、提高运动技术水平、丰富文化生活等目的的社会活动。

（二）体育的种类

体育可分为学校体育、竞技体育、社会体育等种类。

1. 学校体育

学校体育是锻炼身体、增强体质，传授体育知识、技术和技能，培养学生健康第一的思想和终身体育观念的教育过程，它是教育的重要组成部分，是国民体育的基础。学校体育由体育教学、课外体育活动、运动训练与运动竞赛几方面组成。

2. 竞技体育

竞技体育是指为了战胜对手、取得优异运动成绩，最大限度地发挥和提高个人、集体在体格、体能、心理及运动能力等方面的潜力所进行的科学、系统的训练与竞赛。它包括运动训练与运动竞赛两种形式。其特点为：

（1）能充分调动和发挥运动员的体力、智力、心理等方面的潜力；

（2）具有激烈的对抗性；

（3）参加者具有充沛的体力和高超的技艺；

（4）按照统一的规则竞赛，具有国际性，成绩具有公认性。

3. 社会体育

社会体育是为了娱乐身心、增强体质、防治疾病和培养体育后备人才，在社会上广泛开展的体育活动的总称，包括职工体育、农民体育、社区体育、老年人体育、妇女体育、残疾人体育等。其主要形式有体育锻炼团队、体育辅导站、体育之家、体育活动中心、体育俱乐部以及个人自由体育锻炼等。广泛开展群众性体育活动，是充分发挥体育的社会功能，提高民族素质和完成体育任务的重要途径。

二、适量的体育运动对人体健康的影响

适量的体育运动是指锻炼者根据自己的身体状况、运动场地、体育器材和气候条件，选择合适的运动项目进行锻炼。其具有如下特点：运动时的负荷不超过身体的承受能力，也就是运动强度、频率和持续时间适宜，运动时的心律控制在120～150次/分钟；运动后略感疲劳，但恢复速度快，机体没有不良反应；睡眠质量好，醒后精力充沛，食欲和情绪良好。

（一）适量的体育运动对人体生理健康的影响

1. 对人体运动系统的影响

运动生理学研究表明，进行体育运动有助于人体骨骼的生长和发育、有助于增加肌肉的力量和体积、有助于提高关节的灵活性和身体的协调能力。

2. 对人体心血管系统的影响

人的心血管系统由血管、血液和心脏三部分组成，承担着人体新陈代谢的运输任务。其中，心脏是人体血液循环的总动力中心，重300～400克，容积为240～250毫升，心跳频率每分钟65～75次，血液总量占体重的7%～8%。有资料表明，普通人的每搏输出量为70～90毫升，经常锻炼的人为100～120毫升；安静时，普通人的心率为70～80次/分钟，经常锻炼的人为50～60次/分钟。

3. 对人体血液循环系统的影响

经常参加体育锻炼能使人体的血液循环加快，血流量变大。血管的经常扩张和收缩，能使血管壁弹性增强、血管表面积增大，使血管对血液的运输功能增强。经常参加体育锻炼使人体血液中的红细胞、血红蛋白和白细胞含量增多，含氧量增大，代谢与耐缺氧的能力提高，从而改善血液循环系统的功能。

4. 对人体呼吸系统的影响

人体的呼吸系统是由鼻、咽、喉、气管和肺组成的，其中，肺是气体交换的场所，其他器官是气体交换的通道。体育锻炼能使人吸进更多的氧气，排出更多的二氧化碳，使人体的肺活量增大，肺功能增强。

5. 对人体免疫系统的影响

适量的体育运动可以增强人体对运动的生理性适应，表现为机体的免疫功能增强、机体抵抗病毒的能力增强等。

6. 延缓衰老，防治疾病

适量的体育运动可以改善人的心血管机能与脂肪代谢，保持机体自由基的动态平衡，提高机体的抗氧化能力和新陈代谢，促进免疫系统机能，改善人体内分泌功能，起到延缓衰老的作用。适量的体育运动可以降低机体的血压，增加冠状动脉存储，延缓动脉粥样斑块的形成；减缓随年龄的增长而发生的骨质疏松，更好地调整神经系统的活动状态，从而防止神经衰弱的发生。

（二）适量的体育运动对人体心理健康的影响

体育锻炼促进心理健康主要表现在以下几个方面。

1. 改善情绪状态

情绪状态是衡量体育锻炼对心理健康影响的最重要的指标。不良情绪是导致生理和心理不健康的重要因素之一，而体育锻炼能直接给人带来愉快和喜悦，并能降低紧张和不安，从而调控人的情绪，改善心理健康状况。

2. 提高智力

经常参加体育锻炼，对提高脑细胞的功能及工作效率都有很好的促进作用，为智力发展提供了生理基础。

3. 强化自我概念和自尊

自我概念是指个体对自己的各种身心状况以及周围关系的一种认识，也是人认识自己和对待自己的统一，是主体对自身的意识。它是由许多自我认识组成的，如“我的学习成绩非常优秀”“我的外表很有吸引力”等。而自尊是在自我概念的基础上，对自己各方面的自我评价和情感反应，如“我对自己优异的学习成绩感到自豪”“我对自己富有吸引力的外表感到非常满意”等。由于自我概念和自尊都是由许多方面的自我认识所组成的，因此它们在适应社会和人格形成方面都起着很大的作用。

4. 培养意志和良好的品德

意志是指一个人的果断性、坚韧性、自制力以及勇敢顽强的主动独立性等精神。意志既是在克服困难的过程中表现出来的，又是在克服困难的过程中培养起来的。在体育锻炼中，要不断克服客观困难（如气候环境条件的变化、身体运动能力的限制或意外等）和主观困难（如紧张、畏惧心理、失意、疲劳等）。锻炼者越能努力克服主观、客观困难，也就越能培养良好的意志品质。

体育活动既有个人对抗，又有集体协作，需要遵守体育规则、体育道德。在体育活动中可以培养公平竞争、团结协作、勇敢顽强、吃苦耐劳、胜不骄败不馁的精神，而锻炼中培养起来的坚强意志和优良品德能够迁移到日常的学习、生活和工作中去。

5. 协调人际关系，提高社会适应能力

中国著名医学心理教授丁瓒指出，人类的心理适应最主要的就是对人际关系的适应。人际关系是影响一个人的心理健康的重要因素之一。在生活中我们常常可以发现，那些人际关系好的人总是心情愉快、精神饱满，对什么事情都充满兴趣，这些人生活得很愉快、很舒畅；人际关系不好的人常常无精打采、郁郁寡欢、缺乏生活的乐趣。而体育锻炼可改变人际关系，因为体育锻炼总是在一定的社会环境中进行的，常常与人群发生着联系，人们在运动中能够较好地克服孤僻、忘却烦恼和痛苦、协调人际关系、扩大社会交往、提高社会适应能力。

6. 控制应激水平

应激是指个体对应激源和刺激所做出的反应。应激源是指那些唤起机体适应反应的环境、事件与情景，它包括一个人日常生活中遇到的各种与应激反应有关的躯体的、情绪的、心灵的、社交的、智力的环境刺激。应激反应是一种包含应激源、个体的典型反应以及个体对应激源的评价等因素相互作用的过程。

应激有积极的应激和消极的应激之分。研究显示，有规律的、中等强度的体育锻炼可以产生积极的应激，也是消极应激的缓冲器。慢跑、自行车和游泳等有氧运动是调节应激的最有效方法。有四种相关理论：第一，锻炼会引起大脑释放自然合成的镇静剂——内啡肽；第二，锻炼是一种娱乐活动，能使人的头脑从担忧以及其他紧张性思维活动中解放出来；第三，有规律的锻炼将促进身体适应并产生积极的自我表象，而这两者将提高人对应激的抵抗力；第四，锻炼对应激控制的作用将涉及上述所有原因。

7. 消除疲劳

疲劳是一种综合性症状，既有生理性的，也有心理性的。当一个人的情绪低落或任务超出个人能力时，在心理上和生理上会产生疲劳。大学生持续紧张的学习压力容易造成身心疲劳和神经衰弱。通过参加中等强度的体育锻炼，锻炼者可以提高身体素质和运动能力，提高身体抵抗疲劳的能力，也可以使身心得到放松。

三、个体健康与终身体育锻炼

终身体育是指人的一生中所进行的各种身体锻炼和受到的各种体育教育的总和，并与人的生命具有共同外延的一种连续性的教育过程。因此，随着人的观念、心境、环境、体力与年龄的变化，终身体育锻炼的侧重点也会发生阶段性的变化。一般而言，人的幼年时期突出“游戏性”，青年时期突出“竞争性”，成年时期突出“社交性”，老年时期突出“健康性”。所以，在现代生活中，体育锻炼已成为人们生存的必需并贯穿生命的全过程。

对于当代职业院校的学生而言，为了顺利完成学业、适应就业后的激烈竞争，更要养成终身体育锻炼的好习惯，树立正确的健康观，掌握终身体育锻炼的各种知识，以期远离疾病，让身心健康伴随一生。

知识窗

运动小常识

1. 运动后不宜立即洗澡。通常，许多人都喜欢在运动后马上去洗个热水澡，以为这样既可去污又可缓解疲劳。其实不然，运动后身体尚未恢复正常状态，不宜立即洗澡，尤其是洗热水澡。运动医学专家的研究表明，人在运动时，流向肌肉的血液增多，心率加快。当运动停止后，血液的流动和心率加快虽有所缓解，但仍会持续一段较长的时间。如果这时立即去洗澡，则又会增加血液向皮肤及肌肉的流量，从而使得所剩的血液不足以供应其他重要器官，如心脏及大脑，因而容易诱发心脏病及脑缺氧。

2. 过度的体育运动对健康的影响。过度运动会引起人体心血管的持续性损伤和心肌的收缩性、舒张性损伤，造成骨骼肌收缩能力下降，肌肉细胞内钙离子平衡失调，从而可能引起肌腱损伤、关节慢性劳损等，甚至导致大脑早衰、加速机体各器官的衰老。

十大过度运动征兆

1. 体育运动成绩没有进展甚至下滑；
2. 运动时容易造成急性伤害；
3. 易疲劳，精力不济；
4. 运动时肌肉持续酸痛；
5. 紧张不安；
6. 沮丧；
7. 难以入睡；
8. 食欲不振；
9. 易患感冒等小病；
10. 大量出汗或持续出汗。

第二节　职业院校学生的体质特征与健康生活方式

一、职业院校学生的体质特征

（一）营养不均衡，肥胖增加

进入21世纪，职业院校学生中的肥胖者日渐增多，肥胖成为威胁青少年健康的主要原因之一。肥胖原因主要是遗传、营养过剩及运动量不足等综合性因素。因为自身机能的限制，这些肥胖者在运动中比常人承受了更大的负荷量，稍微活动一下就气喘吁吁、满头大汗，继而对运动产生了畏惧心理、减少了活动量，也导致了体质的下降。

（二）没有健康的生活习惯

熬夜打游戏、上网、看电视，不吃早餐就上课，挑食，爱吃垃圾食品，考试前整天上自习，考试后通宵泡KTV……这是不少职校生的生活状态。抽烟、喝酒等习惯也在职校生中屡见不鲜。不良的生活方式，会使人无精打采、精神状态不佳、常感疲劳，还会使原本有家族病史的年轻人提早患上高血压、糖尿病等，对以后的健康生活造成极大的隐患。

（三）学生视力不良检出率高居不下

近期的调查数据显示，职业院校学生的近视率为77.95%，其中男生为75.71%，女生为80.39%。女生视力不良检出率高于男生；城市学生视力不良检出率高于农村学生，但随年龄增加城乡差距减小。

2016年的学生体质监测结果表明，我国学生的身体状况总体是良好的。学生身体形态发育水平持续提高，营养状况得到改善，龋齿、贫血等常见疾病患病率有所下降，口腔保健水平及握力有所提高。在充分肯定成绩的同时，也应该看到我国学生体质方面仍然存在一些不容忽视的问题，特别是部分学生的身体素质呈现持续下降的趋势，必须引起高度重视。

（四）对体育锻炼不感兴趣，运动量不足

很多职校生除了正常的两操和体育课外，自主参与体育锻炼的兴趣不足，特别是部分女生，由于身体发育的原因或者体育运动技能较差，往往消极地参与体育锻炼。

（五）学生对体育的重视程度不够，体育设施不足

我国的教育投入还十分不足，特别是针对职业教育的体育经费投入更是少之又少，很

多学校甚至没有完善的体育运动场地，体育器材严重不足，体育教学手段单一，体育课程项目设置和场馆等都存在改善需求。

二、培养职业院校学生健康的生活方式

（一）养成良好的生活习惯

1. 合理饮食，不节食、不偏食

饮食是人必不可少的日常行为。有的学生缺乏科学的饮食观念，对饮食抱着无所谓的态度，造成营养结构失调。例如：有些学生不吃早餐去上课，造成血糖下降，严重时会影响脑组织的机能活动，全身乏力，注意力分散；有些学生暴饮暴食，造成消化系统功能紊乱，影响身体的正常发育；有些女生为了保持身材盲目减肥，一方面体内营养物质日渐匮乏，容易造成功能障碍或疾病，另一方面由于摄取的热量较少，不能满足身体生长发育的需要，进而影响身体发育；还有些学生偏食，导致营养摄入不均衡，为成年后患各种疾病埋下隐患。此外，学生不卫生的“共餐”，虽然一定程度上能增进感情、交流思想，但极易传播疾病。总之，要保证身体健康，必须培养良好的饮食习惯。

2. 养成良好的睡眠习惯

睡眠是保证健康的先决条件之一。人在睡眠过程中，内分泌系统释放的生长素比平时多三倍，这些生长素可以作用于全身的组织细胞，促进人体的生长发育，对骨骼的生长促进作用尤其明显。睡眠不足，会导致烦躁、易怒、食欲减退、体重减轻、生长发育迟缓等后果，所以每日应保证7～8小时睡眠。

（二）加强体育锻炼

科学研究证明，体育锻炼对智力发展有着非常重要的作用。体育锻炼不仅有助于大脑两个半球的全面发展，促进大脑的生长发育，还能消除大脑的疲劳，提高大脑的反应速度和综合分析能力，让大脑保持良好的工作状态。

（三）经常进行身体检查

身体检查每年至少一次，做到无病防病、有病医治。

（四）保持环境卫生，预防疾病传播

学校是学生集中生活、学习的重要场所，学校的环境卫生是否符合要求直接关系到学生的身心发展和身体健康。因此，每个学生都要养成良好的卫生习惯，自觉爱护和保持校园、教室、宿舍的环境卫生。

教室是学生密集的场所，教室卫生状况不好，不但会影响学生的学习，还容易引起流行病的传播。通风可以增加室内新鲜空气，有利于人体的健康。教室的光线要分布均匀而

且充足，均匀的光线有利于保护学生的视力。

宿舍是学生生活、休息的场所，应经常对宿舍进行清扫，保持床铺、门、窗、地面的清洁；要定期消灭蚊、蝇、臭虫、蟑螂等害虫；宿舍窗户要经常打开通风换气；个人的被褥、衣物也要经常清洗、晾晒、消毒。

（五）纠正不良行为与习惯

上述危害人类健康的种种不良行为和生活方式及其危害告诉我们，保持良好的行为和习惯是多么重要。烟草中含有多种危险的化学物质，非常容易致癌，吸烟不仅危害自身，还危害他人。饮酒过量在伤害肝脏、肠胃等身体器官的同时，还会造成脑供氧不足，记忆力减退，严重影响学习与生活。性发育是青少年生理成熟的基础，性意识、性欲望是每个正常人都有的心理活动，学生应把握好心理活动与性行为之间的准则和道德规范，树立良好的恋爱观和性道德；大学生如果两性关系不严肃、性生活混乱，对身体和心理健康有很大危害，将影响人格、心理的成长，影响学习和今后的工作、婚姻。

知识窗

健康的评价指标

世界公认的健康包括身体健康、精神健康和社会健康。评价个人的健康也应从这三个方面进行。

（一）身体健康

1. 没有病，不须治疗；
2. 身体的发育正常；
3. 有良好的食欲，夜间睡眠好；
4. 体态、脸色好，有精神，能适应外界环境的各种变化；
5. 能很好地进行日常活动，消除疲劳快；
6. 能抵抗一般性感冒和传染病。

（二）精神健康

1. 有良好的道德行为，能与家庭成员、朋友、伙伴协力合作；
2. 有健康的人生观，能正确理解人生的意义，对生活充满希望；
3. 有健康的价值观，对行为有正确的判断能力；
4. 有公德意识、环保意识、公平竞争意识、法制意识，能积极从事有益于社会的劳动。

（三）社会健康

1. 家庭温馨，具有良好的衣、食、住、行条件；

2. 社会和平，没有犯罪行为发生；
3. 死亡率低，大家都能长寿；
4. 物质污染和精神污染能得到控制，能满足社会物质文明和精神文明的要求。

第三节　职业院校学生体质健康测试标准与评价

一、说明

(1)《国家学生体质健康标准》（以下简称《标准》）是国家学校教育工作的基础性指导文件和教育质量基本标准，是评价学生综合素质、评估学校工作和衡量各地教育发展的重要依据，是《国家体育锻炼标准》在学校的具体实施，适用于全日制中等职业学校的学生。

(2)《标准》的修订坚持健康第一，落实《国家中长期教育改革和发展规划纲要（2010—2020年）》《国务院办公厅转发教育部等部门关于进一步加强学校体育工作若干意见的通知》（国办发〔2012〕53号）和《教育部关于印发〈学生体质健康监测评价办法〉等三个文件的通知》（教体艺〔2014〕3号）有关要求，着重提高《标准》应用的信度、效度和区分度，着重强化其教育激励、反馈调整和引导锻炼的功能，着重提高其教育监测和绩效评价的支撑能力。

(3)《标准》从身体形态、身体机能和身体素质等方面综合评定学生的体质健康水平，是促进学生体质健康发展、激励学生积极进行身体锻炼的教育手段，是国家学生发展核心素养体系和学业质量标准的重要组成部分，是学生体质健康的个体评价标准。

(4)《标准》将适用对象划分为以下组别：一年级为一组、二年级为一组，三、四年级为一组。

(5) 各组别的测试指标均为必测指标。其中，身体形态类中的身高、体重，身体机能类中的肺活量，以及身体素质类中的50米跑、坐位体前屈为各年级学生共性指标。

(6)《标准》的学年总分由标准分与附加分构成，满分为120分。标准分由各单项指标得分与权重相乘后再相加得出，满分为100分。附加分根据实测成绩确定，即对成绩超过100分的加分指标进行加分，满分为20分。小学的加分指标为1分钟跳绳，加分幅度为20分；初中、高中和大学的加分指标为男生引体向上和1 000米跑/女生1分钟仰卧起坐和800米跑，各指标加分幅度均为10分。

（7）根据学生学年总分评定等级：90.0 分及以上为优秀，80.0～89.9 分为良好，60.0～79.9 分为及格，59.9 分及以下为不及格。

（8）每个学生每学年评定一次，记入《〈国家学生体质健康标准〉登记卡》。特殊学制的学校，在填写登记卡时可以按规定和需求相应地增减栏目。学生毕业时的成绩和等级，按毕业当年学年总分的 50%与其他学年总分平均得分的 50%之和进行评定。

（9）学生测试成绩评定达到良好及以上者，方可参加评优与评奖；成绩达到优秀者，方可获体育奖学分。测试成绩评定不及格者，在本学年度准予补测一次，补测仍不及格，则学年成绩评定为不及格。职业院校学生毕业时，《标准》测试的成绩达不到 50 分者按结业或肄业处理。

（10）学生因病或残疾可向学校提交暂缓或免予执行《标准》的申请，经医疗单位证明，体育教学部门核准，可暂缓或免予执行《标准》，并填写《免予执行〈国家学生体质健康标准〉申请表》，存入学生档案。确实丧失运动能力、被免予执行《标准》的残疾学生，仍可参加评优与评奖，毕业时《标准》成绩须注明“免测”。

（11）各学校每学年开展覆盖本校各年级学生的《标准》测试工作，《标准》测试数据经当地教育行政部门按要求审核后，通过“中国学生体质健康网”上传至“国家学生体质健康标准数据管理系统”。测试和数据上传时间由教育、人社行政部门确定。

二、单项指标与权重

单项指标与权重如表 1－1 所示：

表 1－1　　单项指标与权重

指　标	权重（%）
体重指数	15
肺活量	15
50 米跑	20
坐位体前屈	10
引体向上（男）/1 分钟仰卧起坐（女）	10
立定跳远	10
1 000 米跑（男）/800 米跑（女）	20

注：体重指数（BMI）＝体重（千克）/身高^2（米^2）。

三、《职业院校学生体质健康标准》测试项目

《职业院校学生体质健康标准》测试的项目为必测三个项目、选测三个项目，合计需要测试六个项目。身高、体重、肺活量为必测项目。选测项目为：50 米跑、坐位体前屈、仰卧起坐（女）、引体向上（男）；立定跳远、1 000 米跑（男）、800 米跑（女）。

知识窗

800 米、1 000 米跑考试技巧

考试的时候做好准备活动非常重要，但是大部分考生往往会忽略这一点。应这样做准备活动：考试开始前 30 分钟，先慢跑（很慢很慢的速度）1 000～1 500 米；然后做几节徒手操，压压腿，活动一下各关节；再做 3～5 个 30～50 米加速跑。这时候应该感觉整个身体已经出汗了，记住这会儿要注意保暖，先别脱衣服，然后临考试前 5 分钟坐下休息。上跑道后，原地跳几下，做几次深呼吸。考试过程中尽量全程保持匀速，切忌一开始就猛冲。最后大约 100 米全力冲刺。跑的过程中注意呼吸节奏，每跑两步或三步一呼气，每跑两步或三步一吸气，尽量做深呼吸。做到这些，你就有可能跑出你的最佳成绩。

实践与探究

1. 影响人体健康的因素有哪些?
2. 结合自己的实际锻炼情况，谈谈你对“体育与健康”课程要求的认识。
3. 结合职业院校学生体质达标测试标准，制定自己体质达标项目的锻炼计划。

第二章　体育锻炼的原则和方法

学习要点

1. 了解体育锻炼的原则；
2. 掌握健康的体育锻炼的方法；
3. 了解体育运动处方，能依据自己的情况制定运动方案；
4. 了解运动性疲劳，掌握正确的锻炼方法和运动量。

第一节　体育锻炼的原则

体育锻炼的原则是体育锻炼客观规律的反映，是体育锻炼者从事体育锻炼实践、达到理想效果所必须遵循的基本规则。在体育锻炼的过程中，只有正确地理解和遵循体育锻炼的原则，才能获得最佳体育锻炼效果。

一、自觉性原则

自觉性原则是指体育锻炼者应有明确的锻炼目的，有“善其身者无过于体育”的思想认识，自觉积极地进行体育锻炼。

二、循序渐进原则

循序渐进原则是指体育锻炼的内容、方法和运动负荷等，必须根据人对事物的认识规律、动作技能形成规律和生理机能的负荷规律，由小到大、由易到难、由简到繁、由低级到高级地逐步进行。

三、全面性原则

全面，一是指身与心都应得到锻炼；二是指各器官系统、身体的各部位都能得到锻炼和协调地发展；三是指项目选择应该多样化，如长跑、太极拳、体操、球类等项都应该选一些，不宜偏重某一项。

四、经常性原则

锻炼身体一定要持之以恒，要使之成为日常生活的一部分，不要一曝十寒。每天坚持锻炼不容易做到，每周锻炼一次，对年轻人不能起到健身效果的积累作用。一般来说，每周有 2～3 次的课外锻炼为佳。

上述体育锻炼应遵循的几项原则是互相联系、互相制约的。只有科学地、有目的地、全面地贯彻这些原则，才能不断增强体质，取得预期效果。

第二节　体育锻炼的方法

一、提高身体素质的方法

身体素质练习是最基本和常用的练习方法。运用这种方法能有效地提高身体素质、提高基本活动能力、促进内脏器官的功能、增强体质。身体素质练习包括力量、速度、耐力和灵敏性。

(一) 提升力量的方法

(1) 负荷。实践证明，刚开始练习时以身体最大负荷的 60%～70%进行练习，增长力量效果最好，随着练习水平的提高，负荷量应不断增加。

(2) 动作速度。在力量练习中，动作速度不同，练习效果也不同。如投掷需要爆发力、短跑需要快速力量，均取决于肌肉收缩的力量与速度。这就宜采用较少的负荷做快速的运动。

(3) 训练间隔。开始训练时以隔日训练为好。实践证明，隔日训练的力量增长约为 77%，而每日进行力量训练增长只有约 47%。每次练习间隔以 3～5 分钟为宜。

其练习内容有投掷重物、举重、引体向上、双臂屈伸、俯卧撑、跳跃、负重下蹲、负重跳等。

（二）提升速度的方法

（1）提高步频。主要是通过加快运动中枢兴奋和抑制的转换速度来提高的。

（2）增加髋关节柔韧性和腿部力量的训练来加大步幅。

其练习内容有高抬腿跑、小步跑、加速跑、跨步跑、后踢跑、折返跑、斜坡跑等。

（三）提升耐力的方法

（1）心血管的负荷量。为了提高耐力，使身体处于较长时间的运动状态下而不产生疲劳，首先应提高心血管的机能，赋予心血管系统一定的负荷并持续一定的时间。在体育锻炼中应使负荷量达到心血管系统最大功能的70%，且至少持续5分钟。

（2）时间间隔。运动时应有一定的间隔时间，一般以脉搏频率恢复到120～130次/分钟再进行下次负荷练习为宜（通常需要3～4分钟）。

（3）动作速度。一般来说，进行中速运动或者匀速跑步且脉搏保持在150次/分钟的训练对耐力的提升较为有效。

其练习内容有定时跑、折返跑、中长距离跑、马拉松跑、越野跑和爬山等。

（四）提升灵敏性的方法

（1）提高神经系统的功能。即通过信号刺激的训练提高大脑皮层的反应能力。

（2）增加力量素质。肌肉力量强大可使动作迅速、灵敏。

（3）熟练地掌握运动技能。消除动作的紧张和僵硬，可达到动作灵敏而协调、精确、省力。

提升灵敏性应采用多种方法练习。常言道："熟能生巧"。动作技能掌握得越多、越熟练就越灵敏。体操、技巧、各种球类活动、游戏以及一些专门性辅助练习，都是提升灵敏性的有效手段。

知识窗

利用自然因素锻炼身体的方法

人赖以生存的自然界是千变万化的。为了生存和生活，人对自然界的适应能力也是很强的。同时，自然界也包括许多对人体健康十分有益的因素。也就是说，人不仅要适应外界环境的变化，而且应该利用各种自然条件进行锻炼，以进一步提高对外界的适应能力，增进健康和增强体质。

二、锻炼身体的方法

（一）重复练习法

重复练习法是指按一定负荷标准多次重复地进行某项练习的身体锻炼方法。重复的次数和时间是决定健身效果的关键。通常认为，普通大学生的负荷心率在130～170次/分钟的范围内是较适宜的。心率低于130次/分钟，锻炼效果不明显。心率高于170次/分钟，则需要减少重复次数或安排足够的休息时间。

（二）间歇练习法

间歇练习法是指在锻炼的过程中，对安排的多组练习之间的间歇时间做出严格规定而反复进行锻炼的方法。间歇时间的长短，主要以运动负荷价值阈为标准。一般而言，负荷超过上限时，间歇时间应延长，以防负荷继续上升，造成过多的体力消耗；负荷低于下限时，间歇时间应减短、密度应加大。下次锻炼应在前次锻炼的效果未减退时进行，若间隔时间过长，在前次锻炼效果消失后再进行锻炼，就失去了间歇的意义。

（三）连续练习法

连续练习法是指按一定要求，持续进行规定动作的身体锻炼方法。该方法要求负荷强度较低、负荷时间较长，无间断地连续运动。通常认为在140次/分钟左右的心率下连续锻炼20～30分钟，可使机体的各个部位都长时间地获得充分的血液和氧的供应，因而能有效地发展有氧代谢能力，发展耐力素质。实践中，用于连续锻炼的内容主要是那些比较容易并已为锻炼者所熟悉的运动，如跑步、游泳、健美操等。

（四）循环练习法

循环练习法是指把各种类型的动作、具有不同练习效果的手段组成一种新的锻炼项目，按一定顺序循环往复地进行锻炼的方法。这种方法具有综合锻炼的效果。它对技术的要求不高，各项目都采用比较轻度的负荷练习，因此练习起来简单有趣。运用循环练习法时，关键是要按照全面性原则去搭配项目。搭配时注意上肢动作与下肢动作、剧烈的跑跳练习与静力憋气动作之间的合理交替。就大学生而言，锻炼时既要发展四肢，又要发展躯干；既要运动胸背部，又要运动腰腹部；既要追求形态的健美，又必须注意机能、素质的全面发展。

（五）变换练习法

通过不断变换运动负荷、练习内容、练习形式以及练习条件等，以提高锻炼者的积极性、适应性及应变能力的方法称为变换练习法。采用变换练习法，可以有效地调节生理负荷，提高锻炼情绪，强化锻炼意志，克服疲劳与厌倦情绪。

（六）负重练习法

负重练习法是指利用哑铃、杠铃、沙袋等重物进行身体运动来达到锻炼身体、增强体质目的的一种锻炼方法。负重练习法既适用于普通人为增强体质而进行的锻炼，又适用于运动员为挑战身体极限而进行的锻炼，还适用于身心疾病患者的康复锻炼。

三、锻炼方法的选择

（一）依据不同体质类型选择不同的锻炼内容与方法

1. 健康型

是指身体健壮、有较强参加体育锻炼的热情和欲望，并能承受较大负荷的运动者。健康型锻炼者可根据自己的兴趣选择一两个运动项目作为健康锻炼的手段，如选择球类、田径、举重、游泳、滑冰、健美操等项目。

健康型锻炼者常用循环练习法、重复练习法、间歇练习法等进行有计划的锻炼。

2. 一般型

是指身体不太健壮但无疾病，体质水平一般者。在学生中此类型的人占大多数。他们往往认为自身无病而缺乏参加体育锻炼的热情与恒心，对于体育锻炼往往流于形式。该类型的人，应选择对增强体质有实效的、形式多样的能激发参加锻炼兴趣的项目和方法，如球类、武术、健美、轮滑等项目。

一般型锻炼者采用循环练习法、重复练习法往往能收到较好的锻炼效果。

3. 体弱型

是指身体虚弱且多病者。为增强体质、战胜疾病、增进健康，可根据个人情况，选择慢跑、定量步行、打太极拳或习练养生功等方法进行锻炼。

体弱型锻炼者宜先用重复练习法、循环练习法进行力所能及的锻炼，待体质有所增强时再考虑改用其他方法进行锻炼。

4. 肥胖型

是指体重超过正常标准者。他们锻炼多为了减肥，因此可选择小强度的中长跑、较长距离的游泳、轮滑、健美操等运动项目。

肥胖型锻炼者可采用重复练习法、循环练习法进行锻炼。

5. 清瘦型

是指体重轻于正常标准者。他们希望通过锻炼使自己更壮实、丰满。可选择举重、体操、健美运动等项目进行锻炼。只要长期坚持，并有一定负荷来刺激肌肉，使之横断面增大，是会发展成肌肉发达、身体匀称的健康体型的。

清瘦型锻炼者可采用负重练习法、间歇练习法等。

（二）依据不同季节选择不同的锻炼内容与方法

1. 春季锻炼

开春后进行体育锻炼，主要以加强体内的新陈代谢为主，逐渐提高各器官的机能水平。体育锻炼应以有氧代谢形式供能为主，运动强度要逐渐增加，运动形式多为长跑、轮滑、自行车、跳绳、爬山、球类等。在春季进行锻炼，要注意做好准备活动，充分伸展僵硬的韧带，以减少运动损伤。同时，要注意增减衣服，谨防感冒。

2. 夏季锻炼

不能因为夏季炎热就中断体育锻炼，但在锻炼方法和时间的选择上可以做到科学、合理。最理想的锻炼方式是游泳，它不仅可以提高身体机能，而且可以防暑解热。另外，像慢跑、散步、太极拳、羽毛球、轮滑等可安排在清晨或傍晚进行。选择在空气新鲜且流通较好的场所进行，运动后要注意适量补充水分，以防身体脱水或中暑。

3. 秋季锻炼

秋季是锻炼的大好季节。可有选择地进行篮球、排球、足球、长跑、轮滑、武术、自行车等运动。由于天气变化无常，早晚气温较低，锻炼时要注意适时增减衣服，谨防感冒。另外，秋天天气干燥，锻炼前要适当补充水分，以保持呼吸道湿润。

4. 冬季锻炼

冬季参加体育锻炼，不仅可以提高身体健康水平，还可以提高身体的抗寒和对各种疾病的防御能力。冬季体育锻炼的内容丰富，一般人可进行长跑、足球、拔河、游泳等；少年儿童可选择跳绳、踢毽子、跳橡皮筋等；老年人可选择慢跑、太极拳、广播体操等。但冬季身体惰性较大，且肌肉组织容易受伤，所以锻炼前要做好充分的准备活动。

知识窗

学校安全运动口诀

1. 课外活动到操场，检查场地和器材；
2. 运动服装先换上，手表饰品要摘掉；
3. 锻炼前，做准备，伸伸胳膊弯弯腰；
4. 动作规范讲文明，危险动作杜绝掉；
5. 运动前后喝点水，剧烈运动要适量；
6. 活动全部结束后，整理运动做做好。

实践与探究

1. 体育锻炼的原则有哪些？

2. 结合体育锻炼的基本方法，谈谈你是如何开展自己的体育锻炼的。你最喜爱的项目是什么？

第三章　体育锻炼中的卫生和运动损伤

学习要点

1. 掌握运动性疾病的预防；
2. 掌握对自身锻炼效果的科学认识；
3. 了解人体必需的营养素和摄取营养的常识；
4. 掌握常见的运动损伤的处理方法。

第一节　体育锻炼中的卫生常识

随着社会的进步和经济水平的不断提高，人们日益意识到健康的重要性。越来越多的学生自觉积极地参与体育锻炼，对增进身体健康、提高生活质量、防治疾病、加快职业技能的掌握起着巨大的作用。但在体育锻炼过程中，学生由于缺乏必要的科学锻炼常识，往往导致运动不适、锻炼效果下降等现象。因此，学生必须掌握体育锻炼基本的运动卫生常识，从而达到体育锻炼的目的。

一、运动前的准备

（一）体育锻炼兴趣的培养

职业院校的学生在从事特定项目的体育锻炼前，应首先培养对该项目的运动兴趣，了解该项目的锻炼价值和运动特性，这是长期坚持体育锻炼的前提。有了浓厚的练习兴趣和明确了体育锻炼目的，才能自觉积极地投入到有规律的体育锻炼中去，从而从锻炼中获得乐趣，达到锻炼身体的最佳效果。

（二）必要的身体准备活动

体育锻炼前进行充分的准备活动对于体育锻炼者来说是非常重要的，有些体育活动爱好者就是由于不重视锻炼前的准备活动而导致各种运动损伤，不仅影响锻炼效果，而且影响锻炼兴趣，甚至可能对体育活动产生畏惧感。因此，每个体育活动爱好者在每次锻炼前都必须做好充分的准备活动。

准备活动的内容应与正式体育锻炼项目性质相似，慢跑、牵拉肌肉、舒展关节后做一些专门性的准备练习，如篮球运动前的运球投篮，排球运动前的传、垫球等。准备活动时间一般不宜过长，与正式锻炼时间比例一般为 1∶5 左右，心率控制在 120 次/分钟左右，自我感觉身体发热、稍微出汗即可。运动前做好身体一般性检查，避免在患病、损伤期进行体育锻炼。

（三）运动装备的准备

应添置必要、规范的运动装备，如球拍、护具、头盔、绳索等，并检查装备是否安全、卫生、齐全。

一双舒适轻便的运动鞋对锻炼者来说非常重要。运动前一定要穿戴正规的运动服装和鞋袜，这样不仅能预防运动损伤，而且能提高锻炼效果。

（四）运动场地的选择

大众性锻炼项目如慢跑、快走、太极拳等，对运动场地要求并不太高，但一定要选择安全、幽静的地方进行，或者在正规的运动场上进行。而有一定竞技性的项目如游泳、轮滑、攀岩、自行车越野项目的锻炼，应注意选择有良好的保护装置、设备，有专门管理人员的场所进行。在进行重大赛事或极限运动前，可与当地管理、医疗、体育部门取得联系。

（五）其他方面的准备

邀请数量适当的锻炼同伴，根据锻炼项目性质的不同，一般可选择性地邀请数量适当的同伴共同锻炼，如乒乓球、羽毛球 2～4 人，篮球、足球 8～10 人，游泳、自行车 4～6 人。既活跃了锻炼的氛围，又能得到同伴必要、及时的援助。

还应准备卫生、营养的食品和饮料。一般选择清淡或含有一定糖分的饮料；晨练时不宜空腹，运动前 30 分钟不宜大量进食，运动后及时补充水分。

此外，还需要了解和掌握该项目必要的竞赛规则。

二、运动时间的选择

学生参加体育锻炼的时间要根据学校的作息时间、课程安排、各人生活习惯和身体状况而定，通常建议安排在清晨（6:00—7:30）、下午（15:30—17:30）、傍晚（18:30—20:00）等时间段，也可安排在假期和休息日进行。在不同时间段进行的体育锻炼各有其特点，锻炼者可根据个人的实际情况而定。

（一）清晨锻炼

许多人喜欢在清晨进行体育锻炼，首先是由于清晨的空气清新，早起锻炼有助于体内的二氧化碳排出、吸入较多的氧气，有利于体内的新陈代谢加强，提高锻炼的效果；其次，清晨起床后大脑皮层处于抑制状态，通过一定时间的体育锻炼，可适度提高大脑皮层的兴奋性，从而有利于一天的学习与工作。

（二）下午锻炼

学生经过一天的紧张学习后，下午进行一定强度的体育锻炼，不仅可以增强体质，而且可使身心得到休整。下午进行体育锻炼时，运动强度可大一些，可选择球类、自行车、轮滑或进行运动竞赛。对患有心血管疾病的学生来说，下午运动最安全。医学研究表明，心血管疾病的发病率和心肌劳损的发生率均在上午 6—12 时最高，所以，为了避免这一“危险”时段，这类病人的适宜锻炼时间在下午。

（三）傍晚锻炼

晚饭后 1～1.5 小时也是体育锻炼的大好时光。傍晚进行适当的体育锻炼，既可以健身强体，又可以帮助机体消化吸收。学生可利用这段时间结伴练习健美操、游泳、乒乓球、羽毛球、街舞等项目，慢跑和快走也是主要的活动形式之一。锻炼时间一般不少于 45 分钟，但也不宜过长，运动强度也不宜过大，心率应控制在 120 次/分钟左右，强度过大的运动会影响胃肠道的消化吸收。同时，傍晚锻炼结束与睡觉的间隔时间要在 1 小时以上，否则会影响夜间的休息。

（四）假期和休息日锻炼

学生利用假期和休息日参加体育锻炼，不失为一种良好的生活习惯。锻炼项目包括运动竞赛、自行车越野、登山、集体远足、郊游等各种活动。在假日里，与同学或俱乐部成员一起到学校或附近的运动场所活动，可以增进同学间的相互交流，加深友谊。如果能利用假期学会游泳、滑冰等运动技能，也是一项不小的收获。

三、运动量的控制

体育锻炼时，合理控制运动量是影响运动效果的重要因素之一。运动量太小，达不到锻炼身体的目的；运动量过大，又会引起过度疲劳，影响身体健康。所以，在开始体育锻炼前就应学会监测运动量的方法。体育锻炼中常见的监测运动量的方法有以下几种：

（一）测运动时脉搏

在体育锻炼中，学生可以通过测量自己每分钟的脉搏次数来控制运动量的大小。测量脉搏时，用右手的食指、中指按住左手手掌下桡骨一侧的部位，你会感到动脉血管的跳动，将 10 秒钟跳动的次数乘以 6，就是每分钟的脉搏次数，一般称为脉率。

运动时，心跳会随着运动量的增大而增加。当脉率增加到一定数值时，就会感到难受、呼吸困难、全身乏力，这种现象称为运动极限。在运动中脉率保持 140～150 次/分钟的运动量对学生的身体健康最为有利。

（二）根据第二天的晨脉调节运动量

晨脉是指每天早晨清醒后（不起床）的脉搏数，一般无特殊情况，人的晨脉是相对稳定的。如果体育锻炼后，第二天的晨脉较平常情况不变或变化不大，说明身体状况良好或运动量合适；如果体育锻炼后，第二天的晨脉较以前增加 5 次/分钟以上，说明前一天的运动量偏大，应适当调整运动量；如果长期晨脉脉搏数增加，则表示近期运动量过大，应该减少运动量或暂时停止体育锻炼，待晨脉恢复正常后再进行体育锻炼。

（三）主观感觉

经过适度的休息，如果没有疲劳之感，是运动量适量的表现。如果第二天醒来仍然感到疲劳、沉重，那就是运动过度的征兆。精神难以集中、上课总想打瞌睡、做作业总出差错、对事物的反应变得迟钝，在运动中目光无神、心情烦躁、面色苍白、大量出汗，说明运动量可能过大。

第二节 职业院校女生的体育锻炼卫生

职业院校女生参加体育锻炼，可以促进身体的生长发育，增进健康，提高各器官、系统的功能水平，还可以使身体各部位的肌肉得到协调、匀称的发展。特别是通过体育锻炼能使腹肌、腰背肌和盆底肌的肌肉力量得到增强，使之能更好地胜任对身体素质要求较高的工作任务。由于女性的形态、机能的特点，以及心脏、呼吸、骨骼和肌肉与男性有着显著的差别，还有月经这一特殊的生理现象，在进行体育锻炼、体育教学和运动训练时，对运动项目的选择、运动量的安排等方面必须考虑到女性的生理特点，注意有关的体育卫生要求。

一、女生体育锻炼的一般卫生要求

职业院校女生生理发育趋于成熟，并且对自己的形体提出了较高的要求，心理上更富有团队合作精神，期望在运动中享受生活、陶冶情操，所以应选择更适合自己的体育运动项目，如乒乓球、羽毛球、健美操、自行车、郊游、登山等。由于女生心血管、呼吸系统功能相对较差，因此，运动量应比男生要相对小些。女生肩部较窄、臂力较弱，在做悬垂、支撑及大幅度摆动动作时容易力不从心，锻炼时要注意循序渐进，并寻求必要的帮助与保护。女生身体重心较低、平衡能力较强、柔韧性较好，适宜进行瑜伽、游泳及体育舞蹈等项目，并要有目的、有步骤地加强肩带肌、腹肌、腰背肌和盆底肌的锻炼。不宜做过多的从高处跳下的练习，如果一定要做，那么地面不可过硬，注意落地缓冲的动作，以免过分的震动影响盆腔器官的正常位置及骨盆的正常发育。

二、女生月经期的体育卫生

月经正常的女生，一般没有明显的异常变化，可以适当参加体育活动，如快走、太极拳、乒乓球、羽毛球等。通过运动，不仅可以改善盆腔的血液循环、减轻盆腔的充血现象，而且腹肌与盆底肌的收缩与放松活动对子宫起到柔和的按摩作用，还有助于经血的排出。此外，丰富多彩的体育活动，可以调节大脑皮层的兴奋和抑制过程，从而减轻全身的不适反应。一般在月经期间，身体的反应能力、适应能力、肌肉力量、神经调节的精确性及灵活性等可能下降。因此，运动量要适当减小，活动时间不宜过长，不要参加剧烈的、对抗性较强的体育比赛，因为比赛强度大、精神过分紧张，体能消耗较大，易导致卵巢功能失调，引起经血过多或月经紊乱。

月经期间不宜游泳。由于经期子宫内膜脱落后，子宫内形成较大创面，宫颈开口大，易使病菌侵入内生殖器而引起炎症。此外，经期应避免寒冷刺激，尤其下腹部应注意保暖，避免着凉。经期应避免做剧烈的、大强度的、震动较大的跑跳动作（如快跑、跨栏、跳高、跳远等），以及使腹内压明显增高的憋气和静力性动作（如举重、大跨跳、倒立等），否则容易导致子宫受压造成经血过多或引起子宫移位。

对月经紊乱（经血量过多、过少、经期不准）以及经期下腹部疼痛和患有内生殖器炎症的女生，月经期应暂停体育活动。

三、女生体育锻炼的注意事项

（一）增加有氧练习的比重

由于性别差异，女生的心肺功能和呼吸系统功能普遍弱于男生，所以，发展氧气输送系统比男生更显迫切。有氧练习是强度不大的耐力练习，对增强女生运动能力、改善心血管系统机能、促进身体健康发展十分必要。有氧练习内容主要包括匀速跑、自行车、游泳、跳绳、踢毽子等强度不大但持续时间较长的运动。

（二）加强腰腹肌和盆底肌的锻炼

这是从女性解剖特点出发的一项练习。位于腹腔周围的肌肉群，如腹腔顶部的膈肌、腹前壁的直肌、腹前外侧壁的腹外斜肌以及腹腔底部骨盆出口处的盆底肌，共同维持着人体正常的腹压，保持着腹腔内各脏器的正常位置及功能。从女生将来做母亲的生理特点来看，对这部分肌肉的要求比男生高。怀孕时子宫增大，体积比平时大得多，腹壁肌被拉长。分娩后，腹内压骤然降低，需要腹壁肌及盆底肌迅速复原，以维持正常的腹压。如果这部分肌肉松弛无力，就容易发生胃下垂、子宫脱垂等病变现象。因此，从保持女生健康、终身得益这个角度看，加强这部分肌肉的锻炼对她们一生的健康有重大意义。

（三）重视形体健美的训练

人人都有美的爱好和美的追求，尤其是朝气蓬勃的女生，她们都有爱美的心理。培养和训练形体美，不仅有益于身体健康，而且可以提高思想修养和道德情操。健美操、韵律操、艺术体操、舞蹈以及徒手或利用器械的健美运动，能够满足女生对美的爱好和追求，有利于形体的健美和心身的健康发展。因此，女生应多参加有利于形体健美的锻炼，这对身心健康十分有益。

第三节　学校体育活动中常见运动损伤的处理

因体育运动造成的人体组织或器官在解剖学上的破坏和生理上的紊乱称为运动损伤。对运动损伤发生的原因、发病规律、预防措施、治疗效果和康复时间的研究，有利于改善运动条件、改进体育锻炼方法、提高运动成绩，使锻炼者身心得到更好的发展。

一、运动损伤的原因

（一）思想认识不足

许多锻炼者在进行体育活动时，忽视运动安全，对受伤的危害性认识不足，缺乏防伤概念，不能积极采取各种预防措施。尤其是一些青少年，既缺乏经验，又盲目或冒失地进行运动，或在活动中畏难、紧张、注意力不集中，这些都是造成受伤的重要原因。

（二）缺乏准备活动或准备活动不合理

准备活动不充分或不合理是造成损伤的首要原因。

（三）教学、训练、组织方法上存在缺陷

在体育教学和训练中，体育锻炼指导者和锻炼者未能根据实际情况安排运动练习的内容、难度和负荷量；组织管理紊乱，缺乏必要的措施和监督；运动场地、设备存在安全隐患，运动保护装备不完善。以上缺陷都容易导致受伤。

（四）身体、心理状态不佳

睡眠或休息不好，患病、伤后初愈、酒后以及身体疲劳，生理功能和运动能力下降，情绪低落，此时参加运动就很容易因肌力较弱、反应迟钝、身体协调性差而受伤。还有争强好胜、自控能力等不良心理状态，也很容易造成损伤。

（五）气象因素的影响

气温过高，易发生中暑和疲劳；气温过低，易导致肌肉僵硬，发生冻伤；潮湿高温，易大量出汗，引发肌肉痉挛或虚脱；光线不良，易使人反应迟钝。

此外，不重视恢复、忽视营养、缺乏保护和自我保护等，均可导致运动损伤的发生。

二、运动损伤的预防

（一）加强思想教育

加强安全教育，强化预防运动损伤重要性的教育；传授体育保健学基本知识；运动中强调注意力的集中和心态的平和；注重培养学生良好的道德品行。

（二）做好合理充分的准备活动

每次运动前都要养成做好准备活动的习惯。准备活动的量根据个人特点、气候条件、运动项目特性而定。准备活动时间一般在5～10分钟，可以先进行柔韧练习，逐一活动身体各个关节，再开始慢跑或其他热身活动。刚开始活动时，动作应由缓而快，用力由轻到重。

（三）制定科学的教学计划，合理安排教学训练内容

应根据年龄、性别、健康状况和运动能力进行分组教学，每个组别的内容、难度和负荷应不尽相同，并注意及时调整。

（四）掌握正确的运动技术

任何一个运动项目都有其特定的基本技术要求。熟练地掌握基本技术不仅可以促进运动成绩的提高、形成牢固的技能技巧、增强体质，而且对预防运动损伤有着十分重要的作用。

(五) 注意身体发出的警告

当身体出现疲乏、焦虑、长时间思想不能集中、肌肉经常有时断时续的酸胀疼痛感觉时，是身体发出的警告，若置之不理，则可能受伤。

(六) 加强保护和自我保护

在进行具有一定风险的锻炼时，如游泳、器械体操、投掷、攀岩、轮滑等，组织者一定要加强保护，并对锻炼者传授自我保护的方法。

此外，在体育活动过程中，要加强医务监督。加强对运动场地的安全管理，选择和使用规范的运动装备等。这些措施对预防运动损伤是十分重要的。

三、运动损伤的分类

(一) 按损伤组织的种类分

可分为挫伤、关节韧带扭伤、肌肉肌腱损伤、滑囊损伤、骨折、关节脱位、脑震荡、神经组织损伤等。

(二) 按损伤组织的轻重分

伤后不丧失工作能力的为轻伤；伤后失去工作能力 24 小时以上，须在门诊治疗的为中等伤；伤后须住院治疗的为重伤。

(三) 按运动能力丧失的程度分

伤后仍能进行体育锻炼的为轻伤；伤后须减少或停止运动的为中等伤；伤后完全不能运动的为重伤。

(四) 按有无创口与外界相通分

伤后皮肤黏膜破裂、创口与外界相通、有组织液渗出或出血，称为开放性损伤，如擦伤、刺伤等；伤后皮肤或黏膜完整，无创口与外界相通，内部出现肿胀，称为闭合性损伤，如肌肉拉伤、关节韧带扭伤等。

四、常见运动损伤与处理

(一) 挫伤

挫伤是指钝性暴力直接打击身体某部位而引起的闭合性损伤。一般性挫伤可使伤部出现疼痛、肿胀、皮下淤血、功能障碍等，严重挫伤可合并出现其他器官和组织的严重损伤。

处理：伤后24～48小时内，应止血、消炎、防肿、镇痛。用冰块、冷水、冷气雾镇痛剂等进行冷敷，然后加压包扎；伤后48小时后，方可理疗、按摩、针灸、中药外敷、封闭等。当肿胀和压痛消失后，可采取按摩、理疗、功能锻炼等以促进功能恢复。

（二）擦伤

擦伤是指表皮组织的损伤。受外力摩擦所致，皮肤组织被擦破后，有出血或有组织液渗出。

处理：创口较浅、面积较小的擦伤，可用生理盐水或矿泉水清洗创口，用酒精棉消毒创口周围皮肤，局部涂抹碘伏等即可，无须包扎；若发生大面积擦伤，创口内有异物，则首先要清洗创口、清除异物，然后用凡士林纱布覆盖并包扎创口，及时就医，必要时注射破伤风抗毒素。

（三）撕裂伤

撕裂伤多发生于头部，尤以额部和面部较多。

处理：若创口较小，消毒处理后，用创可贴粘合即可；若创口较大，则须止血、缝合伤口，必要时注射抗生素。

（四）肌肉拉伤

准备活动不充分，肌肉的温度、弹性、黏滞性还没有达到剧烈运动的要求，或在剧烈运动中肌肉收缩过猛、负荷过重，都可造成肌肉拉伤。轻者伤后次日才有感觉，重者伤处有一凹陷，疼痛、肿胀、肌肉痉挛，出现功能障碍。

处理：急性期应用冷敷、加压包扎，抬高伤肢；中后期可理疗、外敷伤药、按摩等；之后进行恢复训练。若肌肉完全断裂，应及时进行手术缝合。

（五）疲劳性骨膜炎

初参加运动训练的青少年，在较硬的地面上跑跳过多、运动量过大可引起此症。表现为无明显外伤史，出现隐痛、压痛、局部凹陷性水肿、灼热或硬性突起。

处理：早期外敷新伤药，用弹力绷带包扎，减少运动负荷，2～3周后可自行愈合；症状严重者要停止训练，采用理疗、按摩、针灸、中药熏洗等方法治疗。

（六）脑震荡

当头部受到打击或与硬物相撞时，引起的暂时性的意识和机能障碍即脑震荡，表现为短暂的意识丧失，一般不超过30分钟；清醒后不能回忆起受伤时情况，同时伴有恶心、呕吐、耳鸣、无力、多汗等，神经系统无阳性体征。

处理：患者应平躺，安静休息，头部冷敷，身上保暖。昏迷者可掐人中、内关、足三里等穴，无严重征象者，应休息至头痛、头晕症状消失。昏迷超过 4 分钟，耳、鼻、口内有出血者，或清醒后头痛剧烈、呕吐者应立即送医院治疗。呼吸停止者，应立即施行人工呼吸。

（七）急性腰扭伤

当躯干负重时动作错误或脊柱运动范围过大，或无精神准备的情况下突然滑倒、打喷嚏等，可引起急性腰扭伤（俗称“闪腰”），表现为疼痛、肿胀和功能障碍。

处理：按摩，伤后即可进行穴位按摩，取肾俞、大肠俞、委中等穴。外敷活血止痛膏，内服三七片，配合针灸、理疗、局部封闭，同时注意卧床休息。

（八）踝关节扭伤

踝关节扭伤在多数体育运动项目中都可能发生，表现为疼痛和压痛、肿胀淤血、踝关节松动等。

处理：伤后立即免除负重、冷敷、加压包扎，或伤处喷冷气雾镇痛剂，休息时抬高患肢。受伤 48 小时后可做针灸，并外敷活血药。3 天后可做局部按摩、理疗等，活动时要戴好护踝。

（九）运动性低血糖

由于长时间的剧烈运动体内血糖大量消耗、空腹运动或中枢神经系统调节糖代谢紊乱，都可能引起运动性低血糖。轻度患者表现为非常饥饿、极度疲乏、头晕、心跳、面色苍白、出冷汗。重度患者可出现精神模糊、语言不清、四肢发抖、呼吸短促甚至昏迷。

处理：确诊为低血糖后，使病人平卧、保暖，神志清醒者可饮用浓糖水或吃少量食物，短时间症状即可消除。不能口服者，静脉推注 50%的葡萄糖液 40 毫升。同时，点掐人中、合谷、涌泉等穴，配合双下肢按摩。昏迷者应及时送医院治疗。

（十）肌肉痉挛

肌肉痉挛俗称抽筋，是指肌肉不自主的强直收缩，多因寒冷刺激、大量排汗、肌肉连续收缩过快或身体状态不良引起。

处理：牵引痉挛的肌肉，几分钟即可缓解。当小腿的腓肠肌痉挛时，应伸直膝关节、勾足尖、按摩小腿肌肉，短时即可缓解，同时点按委中、承山等穴。

五、急救措施

急救是对一些突发的疾病、意外伤害、急性中毒和一些慢性疾病骤然急性发作所采取的一系列紧急治疗措施。掌握一些简单的急救方法，对挽救生命、改善病情、预防并发症及进一步治疗有着极其重要的作用。

（一）急救的基本原则

（1）急救时必须抓紧时间迅速进行，对一些危重病人应一边进行抢救，一边拨打120急救电话。

（2）急救一般就地进行，如有出血则立即止血，窒息病人应立即施行人工呼吸，心脏骤停的病人应立即进行心肺复苏。

（3）如需紧急手术治疗或需转院，应就近转送，并做好身体保暖，及时供氧。

（4）在急救时必须保持清醒的头脑、抓住重点，首先处理最有可能危及生命的情况。

（5）熟练掌握各种急救方法，在缺乏急救设备时要善于就地取材。

（6）抢救病人时动作要轻，尽量避免增加病人不必要的痛苦，注意保护、固定受伤部位。

（二）急救方法

1. 人工呼吸

患者呼吸停止，必须立即用人工方法帮助其呼吸，以保证脑、心脏、肝、肾等重要器官的功能。

（1）口对口人工呼吸法。让患者仰卧，头部尽量后仰，打开口腔并盖上一块纱布，救护者一手托起患者下颚并用掌根轻压环状软骨，另一手捏住患者的鼻孔。救护者深吸一口气后，对准患者口部吹入，吹气后迅速松开捏住鼻子的手。如此反复进行，每分钟吹气16～18次，直至患者恢复自主呼吸为止。吹气的压力和气量在开始时宜大些，10～20次后宜逐渐减少，以上胸部微微升起为宜。

（2）口对鼻人工呼吸法。若患者牙关紧闭，可采用口对鼻人工呼吸法。用一手闭住患者的口部，以口对鼻进行吹气，其他操作方法同口对口人工呼吸法。

（3）心脏胸外按压法。让患者仰卧，松解其衣领及裤带。胸外按压的部位是胸骨中下1/3处。操作方法：救护者将一手掌根部放在按压区与患者胸骨长轴方向平行，另一手掌重叠放在前一手手背上，按压时肘应伸直，依靠上半身的重力，垂直向下用力按压，使胸骨压低5～6厘米，随后突然放松，按压频率为100～120次/分钟，和人工呼吸可同时进行。进行心脏胸外按压时，要求平稳、均匀、有规律、不间断；按压不宜太重或太轻，过重有可能导致骨折、内脏器官受损，过轻效果差；按压部位要正确，按压要有耐心，直至脉搏和血压都有一定的恢复为止；需要暂时停止时，时间不能超过15秒。当脉搏和血压都有一定的恢复后，送医院做进一步治疗。

2. 止血法

常用的止血法有指压止血法、加压包扎止血法、止血带止血法等。

（1）指压止血法。是一种迅速而有效的临时止血法，即在出血点的近心端，根据出血部位及情况，用手指或手掌在有关动脉上加压，阻断血流以止血。额面部出血的压迫点在下颌角前 1.5 厘米处；颈部出血的压迫点在胸锁乳突肌内侧，将颈总动脉朝着第六颈椎横突方向压迫；上肢出血时，在上臂内侧，对着肱骨压迫肱动脉；手指出血时，在手腕部压迫桡动脉；下肢出血时，根据出血部位，分别在跗股韧带中点、腘窝及踝关节前后方压迫股动脉、腘窝动脉及胫前后动脉等。

（2）加压包扎止血法。是抢救时最常用的止血法之一，用于一般伤口。先在伤面上盖无菌纱布，再盖上无菌棉垫或纱布垫，用绷带或三角巾加压包扎；四肢出血但无关节损伤时，可利用关节的极度屈曲压迫血管止血，如在肘关节、膝关节的屈侧放一棉垫或纱布卷，然后屈曲肢体，用三角巾或绷带缚紧固定。

（3）止血带止血法。常用于四肢较大动脉出血或用于加压包扎止血无效者。止血带多为橡皮带或橡胶管等有弹性的条带。现场急救如无止血带，可用稍宽的布条、三角巾、毛巾等，但禁用绳索。止血带的施加部位，上肢应在上臂的上 1/3 处、下肢应在大腿的上 1/3 处。用止血带应先加衬垫，如纱布、棉垫或毛巾，以防止止血带勒伤皮肤或软组织。止血带松紧要适宜，以伤口不再出血为原则，每隔 30～60 分钟应放松一次，以免时间过长导致肢体细胞坏死。

实践与探究

1. 制定运动处方为何因人而异？
2. 简述常见运动损伤与处理。
3. 如何避免运动创伤的发生？

第四章　运动竞赛的组织编排

学习要点

1. 了解运动竞赛的分类；
2. 掌握简单运动竞赛的编排方法。

一、体育竞赛的分类

竞赛的种类多种多样，有世界、大洲、全国和省、市举办的大型竞赛，也有地区性的中型竞赛和基层单位举办的小型竞赛。按竞赛的任务不同可分为综合性竞赛和单项竞赛两类。

（一）综合性竞赛

一般称为运动会或综合性运动会，包括若干个运动项目的比赛，目的是全面展现各项运动普及情况以及竞技水平，广泛交流经验，推动体育运动的发展。综合性竞赛由于比赛项目众多、规模较大、组织工作较复杂，通常都是每几年举办一届，如奥运会、亚运会、全运会、全国大学生运动会等。

（二）单项竞赛

单独进行某一项比赛，在于检查、总结某一运动项目的开展情况和教学训练经验，促进该项运动不断发展和提高。

二、运动竞赛的组织

为了顺利完成竞赛任务，不论是综合性竞赛还是单项竞赛，都应将之看成一项系统工程。这项工程大致可分为以下三阶段进行：

赛前策划组织 → 赛中有力监控 → 赛后总结收尾

三、体育竞赛的基本方法

体育竞赛采用的竞赛制度有三种：循环制、淘汰制和混合制。竞赛制度的选择应根据竞赛的目的、任务、参赛队的多少、竞赛时间的限定、场地器材情况以及经费的多少而定。

（一）循环制

循环制是指参加竞赛的各队，在整个竞赛或同一个小组中彼此都有相遇的机会。循环制又分为单循环、双循环和分组循环三种。

1. 单循环

单循环是指参加竞赛的各队都有一次相遇的机会，是一种比较公平合理的竞赛制度，能比较客观合理地决定名次。但一般只在参加竞赛的队数不多又有足够的竞赛时间时采用。

（1）竞赛轮数：在循环制的竞赛中，各队都参加完一场竞赛即为一轮。

参加竞赛的队数为单数时，竞赛轮数等于队数。如 5 个队参加竞赛，即竞赛轮数为 5 轮。

参加竞赛的队数为偶数时，竞赛轮数等于队数减一。如 6 个队参加竞赛，则竞赛轮数为 5 轮。

（2）竞赛场数：单循环竞赛的场数，可用下面的公式计算：

$$竞赛场数=\frac{队数\times（队数-1）}{2}$$

如 5 个队或 6 个队参加竞赛，则竞赛场数分别为：

$$\frac{5\times（5-1）}{2}=10（场）\qquad \frac{6\times（6-1）}{2}=15（场）$$

2. 双循环

双循环是指各队相遇两次的竞赛方法，多在参赛队数较少、为了增加各队相互交流和锻炼机会时采用。它比单循环竞赛总场数增加 1 倍。

3. 分组循环

参加竞赛队数较多而竞赛时间较短时，为了比较合理地确定名次，可采用分组循环的竞赛方法。这在学校和基层的竞赛中采用较多。将参赛队平均分成若干个小组，在各小组内进行单循环赛。然后根据需要和实际情况，再将各组优胜队或名次队进行单循环赛或交叉赛排出最后名次。

（二）淘汰制

淘汰制就是在竞赛中逐步淘汰成绩差者（失败者），直到最后决出冠亚军为止。淘汰制一般在参加队数较多而举行竞赛期限较短时采用。淘汰制可分为单淘汰和双淘汰。

1. 单淘汰

（1）竞赛轮数：如果参加的队数是 2 的乘方数，则竞赛轮数正好是以 2 为底的幂的指数。例如：8 个队参加竞赛为 3 轮，因为 $8=2^3$；16 个队参加竞赛为 4 轮，因为 $16=2^4$。

如果参加的队数不是 2 的乘方数，也就是说参加竞赛的队数介于 2 的乘方数之间，则轮数是较大的一个以 2 为底的幂的指数。例如：14 个队参加竞赛，则按 16 个队的轮数来计算，为 4 轮。

（2）竞赛场数：单淘汰竞赛总场数等于参加队数减 1。例如：8 个队参加竞赛，共 7 场。

单淘汰制的名次评定就是在全部竞赛中没有失败过一场的队即冠军队；决赛中失败的队为亚军队。

如果在竞赛规程中规定参赛队均须确定名次，就应进行附加赛。以 8 个队参加竞赛为例，常用的方法是：复赛中失败的两队补赛一次，胜者为第三名，负者为第四名；初赛中失败的 4 个队补赛一次，争夺第 5～8 名。

2. 双淘汰

参赛的队在一次失败后，还有机会进行竞赛，当第二次失败后才被淘汰。

（1）竞赛轮数：双淘汰赛轮数是单淘汰赛轮数的 2 倍加 1。例如：8 个队采用双淘汰制竞赛，其轮次等于 $3\times2+1=7$（轮）。

（2）竞赛场数：双淘汰赛竞赛场数等于参赛的队数的 2 倍减去 3。例如：8 个队采用双淘汰制竞赛，其总场数等于 $8\times2-3=13$（场）。

（三）混合制

一次竞赛中同时采用循环制和淘汰制，叫混合制。采用混合制，一般把竞赛分为两个阶段进行：前一阶段采用分组单循环制，后一阶段采用淘汰制进行决赛；或者相反。

采用先分组循环后淘汰制的混合制竞赛，最好分成 2 组、4 组、8 组、16 组进行分组循环，以便以后编排淘汰制的竞赛秩序表。

四、体育竞赛的基本编排方法

（一）单循环赛制编排方法——逆时针轮转法

该方法是先将 1 号位置固定不动，第一轮次序是将竞赛队数的前一半号码依次写出，排在左侧，再将后一半号码从下向上依次写出排在右侧，并用横线连起来即可。第二轮次序的轮转方法是1号固定不动，其他号码按逆时针方向轮转一个位置，即可排出。第三轮次序按第二轮次序的位置，逆时针轮转一次，以此类推可排出其他各轮竞赛秩序。

例如：有6个队参加竞赛，竞赛顺序如表4-1所示：

表4-1　6个队单循环竞赛

第一轮	第二轮	第三轮	第四轮	第五轮
1—6	1—5	1—4	1—3	1—2
2—5	6—4	5—3	4—2	3—6
3—4	2—3	6—2	5—6	4—5

如果是5个队参加竞赛，还用上表，只需将“6”换成“0”作为轮空。

（二）分组循环赛制编排方法

（1）根据上届竞赛成绩或实际水平，采用蛇形编排法分组（见表4-2）；

（2）16个队分成4组（或8个队分成2组）；

（3）根据过去成绩和现在发展情况，经协商确定种子队，先用抽签的方法将种子队安排在各组内，然后用抽签的方法确定各队所在组的位置。

表4-2　分组办法

组别	代　号			
一	1	8	9	16
二	2	7	10	15
三	3	6	11	14
四	4	5	12	13

实践与探究

1. 体育竞赛的分类有哪些？
2. 简述单循环赛制的编排方法。
3. 简述分组循环赛制的编排方法。

第五章　职业体适能

学习要点

1. 了解体适能的定义及内容；
2. 日常体育教学应有针对性地发展各职业的体适能；
3. 如何提高职业适应能力。

一、体适能的定义

体适能，字面解释为身体适应外界环境之能力，可视为身体适应生活、运动与环境（例如温度、气候变化或病毒等）的综合能力。它包含两个面向：一般素质（身体健康的状态）及特定素质（执行某种职业或运动所需要的特定身体能力）。

除足以胜任日常工作外，我们还应有余力享受休闲活动，能够应付突如其来的变化及压力。良好的体适能通常需要通过均衡的营养、适当的运动、足够的放松与睡眠才能够获得。

二、体适能与体育、运动及休闲活动的关系

从定义看，体适能同时拥有体育、运动及休闲活动三者的属性。体适能可以是知识技术上的传授，可以是借运动、游戏、竞争而达到身体适应生活的效果，也可以是欢悦地、自愿地、建设性地善用闲暇时间。体适能是追求个人的健康身心、满足日常生活的需要，不会有高竞技运动中为求胜利而不择手段的训练方法。体适能与以上三者各有异同，明白体适能的内涵，做到知行合一，才能达到身心协调、健康人生的境界。

三、体适能的分类

体适能可分为健康体适能和竞技体适能。健康体适能是以保健养生和优化身体活动为主；竞技体适能是以在比赛中获胜或强化运动表现为主，又可分为综合运动技能和专项运动技能。

四、发展职业体适能的意义

现代社会中，运动的机会越来越少，营养摄取越来越多，工作和生活的压力和休闲时间相对增加，使人们更加认识到良好体适能的重要性。职业体适能较好的人在日常生活或工作中，不管从事体力、脑力活动还是在运动中皆有较佳的活力及适应能力，而不会轻易产生疲劳或力不从心的感觉。

发展职业体适能有如下意义：

（1）有利于提高工作效率；

（2）有助于降低发生健康问题的危险性；

（3）使人善于应对压力和挑战，培养创新精神；

（4）增强职业人群的环境适应能力。

五、日常体育教学应有针对性地发展各职业的体适能

职业院校专业性较强、实际操作较多、各专业特点迥异，因此在实施体育教育过程中要具有职业岗位的针对性，结合不同职业生产实践的特点有所侧重地进行教学和训练活动对学生进入职场大有裨益。学生毕业后的工作大体可以分为以下几个类别：

（一）计算机、通信、电子工程类

计算机、通信、电子工程类专业的学生，应发展一般性耐力素质，注重手指的协调性、动作的准确性、触觉的敏感性、注意力的专注性及反应的敏捷性。可选择有氧类健身项目进行锻炼，如 1 000 米健身跑、跳绳、俯卧体后屈、相互间弹传篮球、排球上手传球、乒乓球等。

（二）汽车、机械类

汽车、机械类专业的学生，应发展上肢和下肢的协调性、上肢和肩带肌肉群的静止性耐力，培养反应能力和注意力的转换能力。可选哑铃、拉力器、加速运球和听信号急停、左右手同时运球、短跑听信号等专门性练习。如有条件，可模拟及体验驾驶电动汽车、飞机、摩托车等。体操吊环项目对此类专业学生的上肢力量的发展也大有益处。

（三）航运、船舶、水利与港口管理类

这些专业的特点是跟江、河、湖、海打交道，因而就更有必要侧重培训和发展学生水中及水上运动的能力，如游泳、潜泳、划船及水上救生技能等；同时要有较强的适应风浪的平衡能力和克服晕船的能力，可选择秋千、轮滑、吊环、走钢丝、蹦床、水球、跳水等项目。

（四）车工、铣工、切削工、钻工、焊工类

车工、铣工、切削工、钻工、焊工类专业的学生，应发展肩带肌、躯干肌和脚掌肌的力量，注意平衡能力、下肢静力性耐力、上肢的协调准确性、注意力。可选择重物投准、射击、射箭、乒乓球、台球、单杠、双杠等项目进行练习。

（五）木工、瓦工、粉刷工、印刷工、油漆工类

木工、瓦工、粉刷工、印刷工、油漆工类专业的学生，应发展上肢伸举力，提高前庭紧度的稳定性、身体动作的灵敏性、高空作业能力及保持平衡的能力。可选择铅球、实心球、倒立、爬绳、爬竿、平衡木、跳马等项目进行练习。此外，负重和对抗性的练习也不可忽视。

（六）食品、酒店餐饮、物管类

食品、酒店餐饮、物管类专业的学生，应多进行发展一般耐力及体育礼仪性项目的训练，对体育营养学要有一定的研究，掌握烟酒有害身心及运动前喝糖水、运动后补充盐、酒后不宜运动等常识。可选择健身跑、持拍托球跑、跨栏等体育项目以及提高平衡能力如走独木桥等的项目练习。

（七）旅游、环艺、广告、服装设计类

旅游、环艺、广告、服装设计类专业的学生，应发展一般耐力性素质。可选择郊游远足、景点观光、体育欣赏、艺术体操、健身操等项目进行练习。对运动服装品牌要有一定了解，以丰富艺术想象力，提升创新性思维，促进职业的发展。

（八）金融、税务、电算会计类

金融、税务、电算会计类专业的学生，应多进行发展小肌肉群力量的训练，达到能快速反应、沉着冷静、长时间保持较高注意力的目的。可选择棋牌项目、乒乓球和各类训练反应速度的项目。此外，对比赛计时、查分的项目规则要充分掌握，以培养周密、细致的思维能力。

知识窗

"体能"和"体适能"的区别

体能和体适能之间差别不大，没有严格的界限，就是一种事物的两种叫法，它们都指人的身体素质。如果硬说有什么区别，那就是看这个"身体素质"体现在什么领域。如果放到竞技体育层面，面向职业运动员，训练目的是提高运动成绩，那就叫"竞技体能"。如果放到大众健身层面，面向大众人群，训练目的是保持身体健康，那就叫"健康体适能"。

实践与探究

1. 什么是体适能？

2. 发展体适能的途径有哪些？

3. 结合自己的职业特点，讨论自己应该拥有哪些方面的职业体适能，并思考如何促进职业体适能的发展。

第六章　坐姿类职业性疾病预防与疗法

学习要点

1. 科学分析坐姿类职业的生理负荷特点，了解坐姿类职业对身体健康的影响；
2. 掌握部分适合坐姿类职业体能锻炼的动作技能；
3. 了解坐姿类职业常见职业性疾病的预防与运动疗法。

据临床医学论证，静力坐姿劳动诱发慢性疾病的患病率达55%～60%，颈椎病、腰肌劳损、肩周炎以及视觉疲劳综合征的患病率高出其他人群。从职业角度来看，坐姿类职业以脑力劳动为主，伏案工作的时间较长，长期以单一的身体姿势进行工作。繁忙的工作、精神的高度集中需要从业人员有充足的体能作保障，这种体能不仅是满足工作需要的体力，还包括顽强的意志力和较为持久的耐力。坐姿类职业的工作环境要求从业人员具备足够的心理承受能力和良好的情绪调节能力。加强体能训练，适应工作环境需要，预防职业病发生，对即将从事坐姿类职业的学生来说是必要的。

一、颈椎病的预防与运动疗法

（一）什么是颈椎病

颈椎病是一种常见病，是指颈椎间盘退行性改变、颈椎骨质增生以及颈部损伤等引起颈段脊柱内外平衡失调，刺激或压迫颈部神经、血管而产生的一系列病症。主要症状是颈部和肩部疼痛、上肢麻木无力和头晕等。

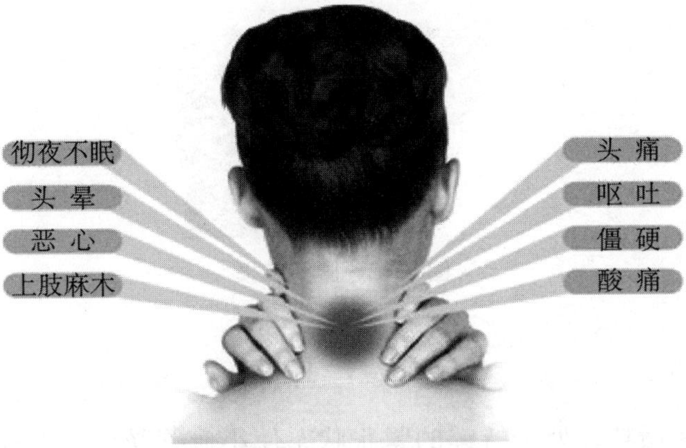

图 6-1　颈椎病

(二) 致病原因

长时间伏案工作，使颈椎长期处于屈曲位或某些特定体位，不仅会使颈椎间盘的压力增大，而且会使颈部肌肉长期处于非协调受力状态。颈部肌肉细长而不丰厚，易受牵拉而劳损，椎体前缘相互磨损、增生，再加上扭转、侧屈过度，进一步导致损伤而引起病变。

(三) 预防与运动疗法

1. 预防

(1) 在工作中应该经常做几秒钟的抬头，活动颈部的肌肉；

(2) 在工/课间操的编制中要加强头颈部的活动内容，如颈部旋转或侧摆运动等；

(3) 在业余活动中要重视颈部的活动；

(4) 加强颈肩部肌群力量和柔韧性练习。

2. 运动疗法

运动疗法可以使因炎症而粘连的组织松弛，牵伸肌肉、减轻痉挛，加强局部血液循环，减轻局部疼痛等。同时，可以加强颈肩部肌肉力量，改善关节灵活性，使肌肉的收缩运动与放松运动有机地结合起来，能明显减轻疼痛症状和改善运动功能。

运动疗法主要包括颈部转向运动、抗阻运动等。

二、腰肌劳损的预防与运动疗法

(一) 什么是腰肌劳损

腰肌劳损主要是由于腰骶部肌肉、筋膜等软组织的慢性损伤而引起的，主要症状为腰骶部酸痛或胀痛、部分刺痛或灼痛。

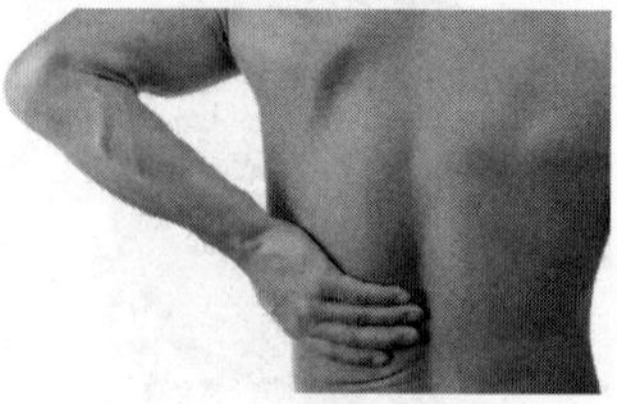

图 6-2 腰肌劳损

（二）致病原因

腰部肌肉超负荷做功，处于持续的紧张状态使小血管受压、供氧不足、代谢产物堆积，刺激腰部而形成损伤性炎症。此外，急性腰扭伤也是导致腰肌劳损的重要原因。

（三）预防与运动疗法

1. 预防

（1）工作时要经常变换体位，纠正不良姿势；

（2）平时要加强腰背肌及脊椎间韧带的锻炼和保护，在体育运动或搬抬重物前要做好准备活动，防止突然用力使腰部扭伤；

（3）在业余体育活动中，可以每天倒走几次，每次 3～5 分钟；

（4）经常参加太极拳、五禽戏、健身操的锻炼，这些传统的健身方法对预防腰肌劳损很有益处；

（5）加强腰部肌群力量及核心力量，进行柔韧性练习。

2. 运动疗法

运动疗法可以使因炎症而粘连的组织松弛，牵伸肌肉、减轻痉挛，加强局部血液循环，减轻局部疼痛等症状。同时，可以改善腰骶部的活动功能，加强肌肉力量，改善和纠正由病变引起的腰部肌力平衡失调，保护脊柱和腰部组织结构。

运动疗法主要包括转胯扭腰、转腰捶背、伸腰屈腰、卷腹等运动。

三、肩周炎的预防与运动疗法

（一）什么是肩周炎

肩周炎又称肩关节组织炎，是肩周肌肉、肌腱、滑囊和关节囊等软组织的慢性炎症，50 岁左右的人比较常见，女性多于男性，两侧同时发病者少见。

（二）致病原因

肩关节是人体全身各关节中活动范围最大的关节。其关节囊较松弛，关节的稳定性大

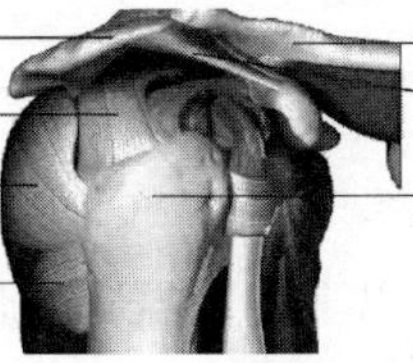

图 6-3 肩的结构图

部分靠关节周围的肌肉、肌腱和韧带来维持。肌腱本身的血液供应较差，而且会随着年龄的增长而发生退行性改变。办公室的工作人员由于长期伏案工作，肩部的肌肉韧带长期处于紧张状态，加之肩关节活动频繁，周围软组织经常受到来自各方面的摩擦挤压，因而易发生慢性劳损，从而引起肩周炎。

（三）预防与运动疗法

1. 预防

（1）耸肩旋肩，向前向后旋肩 20～30 次；

（2）两臂轮流伸直前推 20～30 次；

（3）两手相握提起至头上，超过头顶放下，做 30 次；

（4）两臂用力向前后做有节律的摆动，做 30 次。

2. 运动疗法

肩关节运动可以改善局部血液循环、促进新陈代谢、缓解肌肉痉挛，达到消炎止痛的目的。同时，可松解肩关节周围肌肉、韧带及关节囊的粘连，恢复肩关节的运动功能。

运动疗法主要包括甩手站立、提物站立、画圆圈站立、手指爬墙、摸高、按摩与被动运动等。

四、视疲劳综合征的预防与运动疗法

（一）什么是视疲劳综合征

视疲劳综合征是以眼部各种不适症状为突出表现的一组症候群，主要表现为眼球酸胀不适或疼痛、视物模糊、不能久视等。

（二）致病原因

使用电脑工作的从业人员因长时间精力集中于屏幕，眨眼次数会明显减少，眼睛特别容易干涩。据美国的一项统计显示，一个人一天持续看电脑超过 4 小时，每周持续 4 天以上，持续一年，50%～90%的人会或多或少地出现视疲劳综合征。

（三）预防与运动疗法

1. 预防

（1）距显示器需要保持在70厘米以上，放置位置应比双眼视线略低；

（2）注视屏幕一小时后要休息5分钟，望望远处、转动眼球、眨眨眼；

（3）把屏幕亮度调整到不致眼睛疲劳的程度；

（4）要避免室内的光线直接照射在屏幕上而产生干扰光线；

（5）眼睛疲劳时，可以用以淡红茶水煮过的湿巾敷几分钟眼睛，会很快消除充血。

2. 运动疗法

运动疗法主要包括转眼法、极目法、洗眼法等。

实践与探究

1. 简述坐姿类职业生理负荷特点。

2. 简要列举几种坐姿类职业的力量、柔韧和心肺功能的锻炼方法。

3. 简述颈椎病的成因以及预防和运动疗法。

4. 思考自己以后将从事的坐姿类职业最可能诱发哪些慢性疾病并说明原因。应该如何预防？

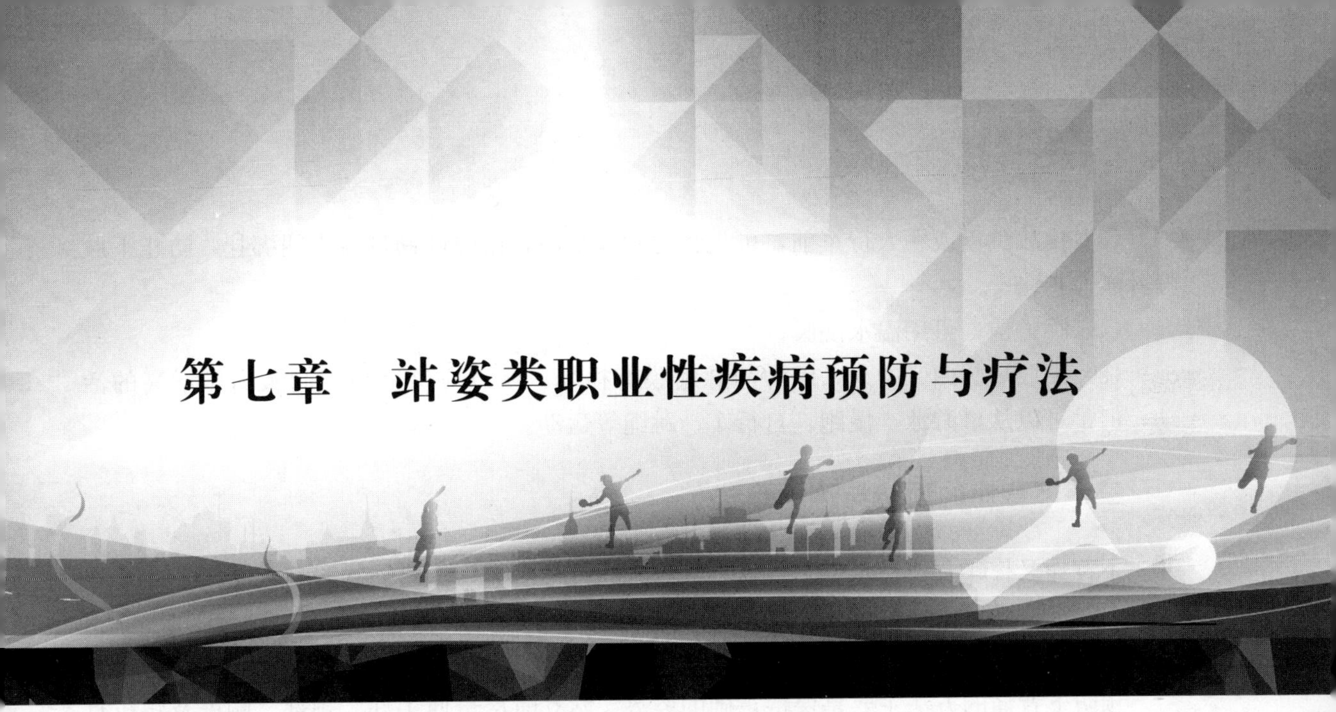

第七章　站姿类职业性疾病预防与疗法

学习要点

1. 科学分析站姿类职业的生理负荷特点，了解站姿类职业对身体健康的影响；
2. 掌握部分适合站姿类职业体能锻炼的动作技能；
3. 了解站姿类职业常见职业性疾病的预防与运动疗法。

一、扁平足的预防与运动疗法

扁平足就是足弓塌陷。长期采用站立姿势工作，足部负担过大，如果鞋子不合适，就容易引起足部疼痛，严重时引发扁平足。

运动疗法：

（1）在斜坡上步行；

（2）走足尖步；

（3）在屈趾状态下用足部侧缘步行；

（4）在鹅卵石、沙滩或凹凸不平的路上行走。

二、下肢静脉曲张的预防与运动疗法

下肢静脉曲张是指下肢浅静脉系统处于伸长、蜿蜒而曲张的状态。

运动疗法：

（1）平时要多做双腿上下摆动或蹲夹练习，多做腿部按摩；

（2）站立时，不要总用两条腿一起支撑全身重量，可有所侧重，让两条腿轮换休息，要经常踮起脚尖，让脚后跟一起一落，或经常进行下蹲练习；

(3) 挑战负重或军人行军前，可先将腿和脚垫高，用弹性韧带将小腿绑扎，防止下肢静脉淤血扩张；

(4) 睡觉前，可用温水洗脚；

(5) 下肢静脉曲张的人，因为静脉瓣膜有损坏，所以应该避免引起腹内压增高的活动，但是可以从事游泳、慢跑、自行车、跳绳等运动。

三、下背痛的预防与运动疗法

下背痛又称腰背痛，是指一组以下背、腰和臀部疼痛为主要症状的综合征。

(一) 预防

预防下背痛的方法主要是保持正确的姿势。站立时尽量使头部、颈部、胸椎及腰成直线，不要驼背，也不要过度前挺腹部。腹肌的收缩也有助于保持正确的姿势。从事适度的运动，增加肌肉的力量及耐力，也可预防下背痛。选择运动项目时，可考虑太极拳、气功等轻量的运动项目。此外，应注意适度休息。如果工作需要较长的时间，大约 20 分钟左右便要走动并做些简单的伸展操，以免肌肉长期处于紧张状态。

(二) 运动疗法

(1) 放松运动。先仰卧，闭上双眼，再做深而慢的吸气，然后慢慢将气呼出。做动作时，要全身放松。

(2) 骨盆斜抬运动。仰卧，双膝弯曲，然后臀部用力夹紧，收缩腹部，压迫下背部紧贴在地板上，再抬高臀部 3～6 厘米。

(3) 单侧抱膝运动。仰卧，双膝弯曲，然后夹紧臀部，收缩腹部，再双手抱单膝靠近胸部，最后恢复到原来位置，重复做 4～6 次，再换膝做。

(4) 双侧抱膝运动。平躺屈膝，抱双膝触胸，慢慢抱紧，直到感觉背部被伸展为止，重复做 4～6 次。

四、腰椎病的预防与运动疗法

近年来，腰椎病的发病率不断上升，给人们的生活带来了很大影响。如果不重视对腰椎病的预防，就可能让此病轻易走进学习生活和工作中。

腰椎病的典型症状是腰痛及腿部放射性疼痛：

(1) 腰痛：患者自觉腰部持续性钝痛，平卧位减轻，站立则加剧，一般情况下尚可忍受。

(2) 下肢放射痛：表现为由腰部至大腿及小腿后侧的放射性刺痛或麻木感，直达足底部。轻者可行走，呈跛行状态；重者需卧床休息，喜欢屈腰、屈髋、屈膝。

(3) 下肢麻木、冷感及间歇性跛行：下肢麻木多与疼痛伴发，部分患者可表现为单纯麻木，少数患者自觉下肢发冷、发凉。

（4）马尾神经症状：女性可出现尿失禁，男性可出现阳痿，严重者可出现大小便失控及双下肢不全性瘫痪。

（一）致病原因

（1）腹压增高，如剧烈咳嗽、便秘时用力排便等；
（2）腰姿不当，或长期站立；
（3）突然负重，在未有充分准备时，突然使腰部负荷增加；
（4）腰部外伤；
（5）职业因素，如售货员长期处于站位，易诱发椎间盘突出。

（二）运动疗法

（1）反复搓腰：这是最简易可行的一种方法，患者要把双手分别放于同侧腰大肌处，然后由上向下再自下而上反复搓 10～15 次，当双侧腰部发热时即可停止。

（2）飞燕式锻炼：患者要俯卧在床上，双腿伸直交替抬举或同时抬举，上半身后伸抬起，身体两端同时离床。以上动作交替进行，每日两次。这种运动疗法每次要进行 10～15 分钟。

（3）团身运动：这种方法运动量有些大，可以与飞燕式锻炼隔日交替进行。患者仰卧在床上，先后做屈髋、屈膝、仰卧起坐或仰卧起坐接双手抱膝贴胸等动作各十余次。

（4）倒行疗法：患者可选择一条路面较平坦、空气好的道路，一步一步地向后倒着行走。这种疗法每次要坚持约 20 分钟，每天早晚各一次。

（5）悬挂疗法：腰椎间盘突出患者可以选择架在一定高度的单杠或横杆上，双手抓住单杠或横杆、踮起脚，把自己悬挂在上面。这种运动疗法每天进行 10 分钟左右。

（三）预防

站立姿势不良，特别是脊柱不正，会造成椎间盘受力不均匀，这是造成椎间盘突出的隐性根源。正确的站立姿势应该是两眼平视、下颌稍内收、胸部挺起、腰部平直、小腿微收、两腿直立、两足距离约与骨盆宽度相同，这样整个骨盆就会向前倾，使全身重力均匀地从脊柱、骨盆传向下肢，再由下肢传至足，以成为真正的“脚踏实地”。此时人体的重力线正好通过腰椎椎体或椎间盘后部，可有效地防止髓核突出。

预防腰椎病，长时间一个姿势站立是不可能的，可以改为“稍息”的姿势，即一侧脚向前跨半步，让体重放在一侧下肢上，而使另一侧下肢稍加休息，然后两侧交替。站立时间不应太长，应适当原地活动，尤其是腰背部活动，以解除腰背肌肉疲劳。一旦发现不良站立姿势应及时纠正，良好的站立姿势可在一定程度上避免髓核突出，从而有效预防腰椎病。

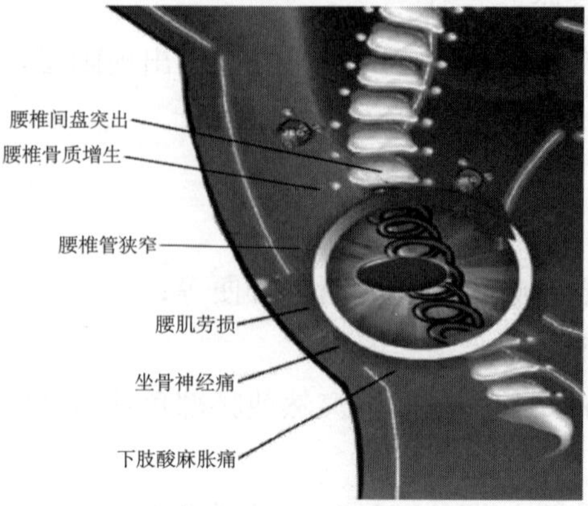

图 7-1 腰椎病

五、压迫及摩擦所致的疾患

(一) 胼胝 (老茧)

身体与工具或其他物体接触的部位因摩擦和压迫，可使局部皮肤反复充血，表皮增生及角化，形成胼胝。

胼胝最常见的部位是手部，其次是脚部。这种情况一般不影响作业，甚至还具有一定的保护作用，但如果数量多或面积大，也会使活动受限、感觉灵敏度降低，影响正常功能。如果发生感染，出现炎症，则会影响身体健康。

(二) 滑囊炎

滑囊炎是一种常见疾病，很多工种都可能引起滑囊炎，多见于快速、重复性的操作。滑囊炎可能发生于各种不同的部位，如包装工的腕部、站姿工作者的膝部等。

滑囊炎发生的原因主要是局部长期受到强烈的压迫和摩擦；职业性滑囊炎呈慢性或亚急性过程，一般症状较轻，表现为局部疼痛、肿胀，对身体功能影响不大。

实践与探究

1. 腹肌的锻炼方法有哪些？
2. 腰椎病的运动治疗法有哪些？
3. 简述站姿类职业生理负荷特征。
4. 简述站姿有几种方式及其注意要点。

下篇

实践篇

- 第八章　田径运动
- 第九章　篮球运动
- 第十章　足球运动
- 第十一章　排球运动
- 第十二章　羽毛球运动
- 第十三章　乒乓球运动
- 第十四章　网球运动
- 第十五章　形体运动
- 第十六章　武术运动
- 第十七章　游泳及水上救护
- 第十八章　跆拳道、轮滑、定向越野、拓展训练

第八章　田径运动

学习要点

1. 了解田径运动的概况；
2. 掌握跑类运动的基本技术和比赛规则；
3. 掌握跳跃类运动的基本技术和比赛规则；
4. 了解投掷类运动的基本技术和比赛规则。

第一节　田径运动概述

一、田径运动的概念

田径运动是由田赛和径赛组成的运动项目。在田径运动竞赛过程中，人们通常把以远度和高度计量成绩的跳跃和投掷项目叫“田赛”，把以时间计算成绩的竞走和跑的项目叫“径赛”，把田赛和径赛合称为田径运动。

二、田径运动的意义

田径运动是增强体质的重要手段之一，是各项运动的基础。经常地、科学地参加田径运动，能促进人体的新陈代谢，改善神经系统的调节功能和内脏器官的机能，提高人体健康水平。所以，其他运动项目把田径运动作为提高身体素质与提升技战术的基础项目。

田径运动项目较多，一般都为个人运动项目，运动强度大、竞争性强、锻炼形式多样，不受人数、年龄、性别、季节、气候等条件的限制，便于广泛开展。

田径运动历史悠久，有广泛的群众基础。田径运动在国际体坛影响较大，在历届奥林匹克运动会和其他大型运动会中，田径比赛都在中心运动场举行，也是设奖牌最多的竞赛项目。世界田径锦标赛包括男女竞走、跑、跳跃、投掷的 40 多个单项，以及由跑、跳跃、投掷的部分项目组成的全能运动。

三、田径运动的分类和项目

现代田径运动有多种不同分类方法，多数将田径运动分为径赛、田赛和全能三大类，或分为竞走、跑、跳跃、投掷和全能五大类。至今，国际田联承认的世界纪录已有 150 余项。各国为参加世界性的田径比赛，使本国的训练和竞赛与世界接轨，都沿用或参照国际田联承认为世界纪录的比赛项目。在我国，通常将田径运动分为径赛、田赛和全能三大类。

表 8－1　田径运动的分类和项目

类别	项目	成年		少年			
		男子组	女子组	男子甲组	男子乙组	女子甲组	女子乙组
径赛	竞走	场地赛 5 千米、10 千米 公路赛 20 千米、50 千米	场地赛 5 千米、10 千米 公路赛 20 千米、50 千米				
	短距离跑	100 米 200 米 400 米	100 米 200 米 400 米	100 米 200 米 400 米	60 米 100 米 200 米 400 米	100 米 200 米 400 米	60 米 100 米 200 米 400 米
	中距离跑	800 米 1 500 米 3 000 米	800 米 1 500 米	800 米 1 500 米	800 米 1 500 米 3 000 米	800 米 1 500 米 3 000 米	800 米 1 500 米 3 000 米
	长距离跑	5 000 米 10 000 米	5 000 米 10 000 米	5 000 米			
	跨栏跑	110 米 （1.067 米） 400 米 （0.914 米）	100 米 （0.84 米） 400 米 （0.762 米）	110 米 （0.914 米） 400 米 （0.84 米）	110 米 （0.914 米） 300 米 （0.762 米）	100 米 （0.762 米） 400 米 （0.762 米）	100 米 （0.762 米） 300 米 （0.762 米）
	障碍跑	3 000 米					
	马拉松	42 195 米	42 195 米				
	接力跑	4×100 米 4×400 米	4×100 米 4×400 米	4×100 米 4×400 米	4×100 米 4×200 米	4×100 米 4×400 米	4×100 米 4×200 米

续前表

类别	项目	成年		少年			
田赛	跳跃	跳高 撑竿跳高 跳远 三级跳远	跳高 撑竿跳高 跳远 三级跳远	跳高 撑竿跳高 跳远 三级跳远	跳高 撑竿跳高 跳远 三级跳远	跳高 撑竿跳高 跳远 三级跳远	跳高 撑竿跳高 跳远 三级跳远
	投掷	铅球 （7.26 千克） 标枪 （800 克） 铁饼 （2 千克） 链球 （7.26 千克）	铅球 （4 千克） 标枪 （600 克） 铁饼 （1.5 千克） 链球 （4 千克）	铅球 （5 千克） 标枪 （700 克） 铁饼 （1.5 千克）	铅球 （5 千克） 标枪 （600 克） 铁饼 （1 千克）	铅球 （4 千克） 标枪 （600 克） 铁饼 （1 千克）	铅球 （3 千克） 标枪 （500 克） 铁饼 （1 千克）
全能运动		十项全能	七项全能	七项全能	四项全能	五项全能	四项全能

第二节　健步走的基本技术

健步走是一项以促进身心健康为目的，讲究姿势、速度和时间的一项步行运动，它的行走速度和运动量介于散步和竞走之间。突出的特点是方法易于掌握，不易发生运动伤害；不受年龄、时间和场地的限制，不同年龄人群可根据自己的时间随时随地进行锻炼；运动装备简单，只需一双舒适合脚的运动鞋。在环境优美的步道中结伴健步走，不仅锻炼了身体，还能欣赏自然美景、促进人际交流、陶冶身心。健步走早在几千年前就被中医论述为“百炼之祖”，被誉为“医学之父”的希波克拉底也称步行为“人类最好的医药”。这并非毫无根据之说，已有许多研究证实，有规律的健步走可增进身体所有部位的健康。

一、健步走的作用

（一）大脑——分泌“愉快素”

适度的健步走可以促使大脑分泌内啡肽，这是一种俗称“愉快素”的物质，能使身体的各种节律（生物钟）处于和谐状态，促使心情愉快。

（二）心肺——提高心肺功能耐力，预防心脏病

健步走对心肺的益处突出地表现在降低安静时和同等负荷下运动时的心率，以及提

高肺活量，降低心血管疾病和心脏突发事件的危险性和严重性。每天健步走 30 分钟可以维持心肺功能健康。一周健步走 3 小时以上，可以降低 35.9%～40%患心脏病的风险。

（三）血液——改善血液质量

健步走可增加全血容量、降低血液的黏稠度，增加红细胞携带氧气的能力，增加组织器官的血流量，有效防止动脉粥样硬化的发生和发展，还能防止如脑血栓、心肌梗死这些并发症的发生。

（四）骨骼——促进骨关节健康

骨骼也需要运动，健步走相当于对骨骼实施重量训练，可以增加骨密度、骨和关节力量，增加韧带、肌腱的力量，防止多种骨、关节、肌肉、肌腱的损伤，能让身体多吸收钙质，降低骨质疏松发生的概率。

（五）膝盖——预防体力衰退

健步走时关节部位承受压力不大，又可强化肌肉，有助于维持下肢的良好能力。

（六）腿部——预防体力衰退

人体约 2/3 的肌肉集中在下半身，一旦这些肌肉萎缩，就容易导致疲劳、膝痛、腰痛等症状。锻炼双腿是预防体力衰退的最佳方法。

（七）心理——缓解抑郁，消除压力，有助睡眠

抑郁症已成为全球第四大疾病。其主要表现是情绪低沉、忧心忡忡、易疲劳、食欲不振、头痛、便秘、腹泻、体重减轻及胸部有压迫感等。作为对策之一，健步走可以使心情渐渐好起来。这是因为人的脚心有许多穴位，有助于消除压力、帮助睡眠。

二、健步走的方法

健步走是在自然行走的基础上，躯干伸直、收腹、挺胸、抬头，随走步速度的加快而肘关节自然弯曲，以肩关节为轴自然前后摆臂，同时腿朝前迈，脚跟先着地，过渡到前脚掌，然后推离地面。健步走时，上下肢应协调运动并配合深而均匀的呼吸。健步走通常按时间可分为慢步走（每分钟70～90步）、中速走（每分钟 90～120 步）、快步走（每分钟 120～140 步）和极快速走（每分钟 140 步以上）。按形式，健步走可分为普通走和特殊方式走。

完整的健步走锻炼

（一）普通走

普通走的频率较慢，约半秒一步，步幅大约 70～80 厘米。两腿自然弯曲、两臂自然下垂地摆动。它是人体最基本、最简单的锻炼方式。

（二）特殊方式走

特殊方式走的种类较多，有弓箭步走、足尖走、倒步行走、半蹲走等。

图 8-1　弓箭步走

图 8-2　足尖走

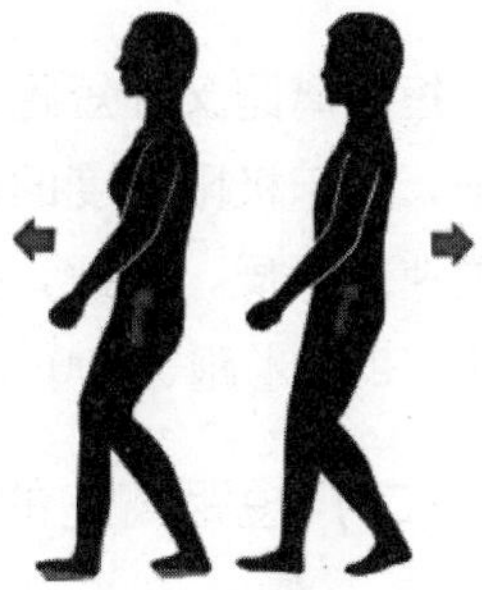

图 8-3　倒步行走

三、健步走的技巧

正确的健身步行应当是挺胸抬头，迈大步，每分钟大致走 60～80 米。胳膊应保持直角弯曲状态，视线要保持在行走路程前进方向 4～5 米的点上。走的线要直，不要左弯右拐。每天步行半小时至 1 小时，强度因体质而异，一般以微微出汗、心率达每分钟 100 次左右为宜。只要坚持 3 周就可见成效。

四、走步锻炼的注意事项

（1）运动前要做一些伸展性运动或轻缓运动进行热身，然后开始锻炼。锻炼后还要进行一些恢复性运动，目的是预防肌肉、韧带或关节的损伤。

（2）最好选择晚饭前或进餐半小时以后，在空气清新的场所进行。可以先从每天步行 20 分钟、每周至少 3 次开始。之后，可逐渐增加步行时间和每周训练频率。经过 3～4 个月的锻炼，可以每天步行 45 分钟、每周训练 5 天。

（3）以一般强度和中等强度的运动为主。

（4）步行运动应有一个“互助环境”。如果是与几个伙伴同行，心情就会更舒畅。因此，为了使步行运动坚持得更长久，并减少运动损伤，最好和家人、朋友结伴运动。

第三节　跑的基本技术

一、短距离跑

（一）短距离跑简介

短距离跑又称短跑，是人体运动器官和内脏器官在大量缺氧的条件下完成最大强度的跑步，属于极限强度的运动；在人体机能供能方面，以无氧代谢的方式供能。它能有效地发展速度素质，因此，是田径运动的基础项目之一。短跑一般包括50米跑、60米跑、100米跑、200米跑、400米跑、4×100米接力跑、4×400米接力跑等几项。

（二）短距离跑的技术

短跑技术是一个不可分割的整体，为了便于分析，可把它分为起跑和起跑后的加速跑、途中跑及终点跑四部分。另外还包括200米、400米跑中的弯道跑技术。

1. 起跑

起跑的任务是在获得口令后迅速使身体摆脱静止状态，获得向前冲力，为起跑后的加速跑创造有利的条件。根据田径比赛规则，在短跑比赛中运动员起跑方式必须为蹲踞式起跑并使用起跑器。

世界短跑巨星的完美技术

起跑器的安装因人而异，可根据个人的身高、身体素质、技术水平等情况选择适合两腿发力的安装方法。它的目的是使脚能被固定以形成良好的用力姿势，提高起跑和起跑后的加速跑速度。

起跑器安装的方法有“普通式”和“拉长式”两种。

“普通式”的前起跑器安装在起跑线后一脚半（约40～45厘米），后起跑器距离前起跑器一脚半；前、后起跑器的支撑面与地面分别成40°～45°和70°～80°角；两个起跑器的中轴线间隔15厘米。

“拉长式”起跑器的安装是前起跑器在起跑线后两脚长，后起跑器距离前起跑器为一脚长，起跑器的支撑面与地面的夹角和两个起跑器的间隔，与“普通式”基本相同。

起跑器的安装与使用

起跑器的两种安装方法各有优点：前、后起跑器之间的距离长，蹬起的时间间隔长，但后起跑器上的蹬力大，能够保证起跑时获得较大的步幅并使步幅得到均匀的增大；前、后起跑器之间的距离短，蹬起的时间较短，后起跑器上蹬力小，有利于前10米的速率增长。

起跑过程包括“各就位”“预备”“鸣枪”三个阶段。

(1)“各就位”。当听到“各就位”口令后，运动员应一边轻快地走向起跑器前，一边做2～3次深呼吸，使机体获得足够的氧储备。当走到起跑器前面时，首先蹲下用两手撑地，两脚依次踏在前、后起跑器的抵足板上（脚尖应与地面接触），然后后膝跪地，两手收回并放在紧靠起跑线后沿处，两臂伸直，肩与起跑线平行，两手间隔比肩稍宽，四指并拢与拇指成“八”字形支撑，身体重心均衡地落在两手、前脚掌与后腿膝关节之间。躯干略微弓起，颈部自然放松，头与躯干保持在同一直线上，两眼平视前下方约40～50厘米处，呼吸平和，注意听“预备”口令。

(2)“预备”。听到“预备”口令后，随之吸一口气，逐渐抬起臀部，使身体重心向前上方移动，此时身体重量落在两臂和前腿之间，其重心投影点距起跑线15～20厘米。臀部抬起稍高于肩，使两小腿趋于平行。“预备”姿势时，不过分地把身体重量移向两手是非常重要的。因为这样能够降低两手推地的困难，加快两手推离地面的速度。此时，膝关节角度非常重要，适当增大膝角，有利于蹬伸。大小腿之间最佳的角度，前腿膝角约为90°～100°，后腿膝角约为110°～130°。

(3)“鸣枪”。听到枪声后，两手迅速离地，两臂屈肘并有力地前后摆动，同时两腿迅速蹬起跑器。后腿蹬离起跑器后，以膝领先向前摆出，而前腿要快速有力地蹬伸髋、膝、踝三个关节，后蹬角约为42°～45°，并把身体向前上方有力地送出，此时躯干前倾与水平线约成15°～20°角。如果完成这一姿势的动作过于僵硬，就会导致跳出，因此前摆的腿应迅速地落地，两臂继续摆动，以保证不出现跳跃式动作。

③　②　①

图8－4　起跑

2. 加速跑

起跑后的加速跑是从腿蹬离前起跑器，到途中跑之间的一个跑段。其任务是充分利用向前的冲力，尽快地获得高速度。

①　②　③　④　⑤　⑥

图8－5　加速跑

起跑出发的第一步不宜过大，一般为三脚半至四脚长。第二步约为四至四脚半长，以后逐渐增加到途中跑的步长。在加速跑的最初阶段，躯干前倾较大，随着步长和跑速的增加，躯干逐渐抬起，接近途中跑的姿势。

起跑后的最初几步，两脚的着地点是沿着两条相距不宽的直线前进的，随着跑速的加快，两脚着地点就逐渐合拢到假定的直线两侧。

加速跑段的距离一般为 30 米，此段距离也因个人特点和训练水平而稍有不同。在进入途中跑时，应顺应惯性放松跑两至三步（自然跑进），以消除肌肉的过分紧张。

一般而言，加速跑的速度可以达到自己的最高速度的 95%，速度的迅速增加主要是由于加速跑的步频迅速加快，使蹬地力量明显地加大，因此步幅随之加大。

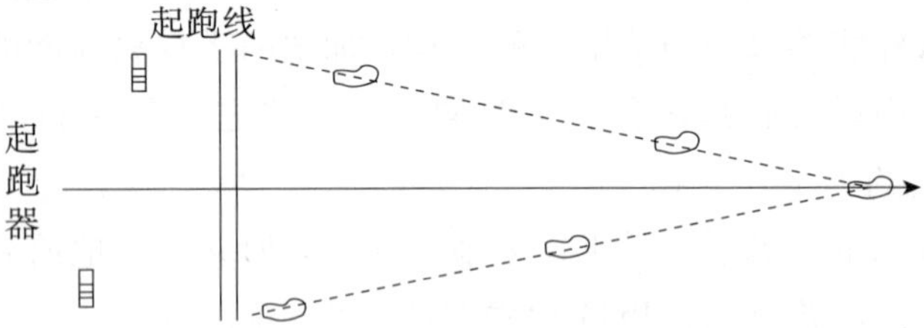

图 8－6　两脚着地点的变化

3. 途中跑

途中跑是短跑全程中距离最长、速度最快的一段，其任务是继续发挥和保持高速度跑。起跑的加速跑段结束，经过两至三步的惯性跑后，即进入途中跑。途中跑包括后蹬与前摆、腾空、着地缓冲等动作。

（1）后蹬与前摆。摆动腿的膝关节，迅速有力地向前上方摆出，支撑腿在摆动腿积极前摆的配合下，快速有力地伸展髋、膝和踝关节，蹬离地面，形成支撑腿与摆动腿协调配合动作。

（2）腾空。完成后蹬动作后就是腾空阶段。小腿随着蹬地后的惯性和大腿的摆动，迅速向大腿靠拢，形成大小腿边折叠边前摆的动作。与此同时，摆动腿以髋关节为轴积极下压，膝关节放松，小腿随摆动腿下压的惯性自然向前下方伸展，准备用前脚掌扒地。

（3）着地缓冲。着地动作应是非常积极的，将脚着落在距离身体重心投影点前方大约一脚半处。在途中跑时，头部正直，上体稍前倾，两臂前后摆动要轻快有力。

100 米短跑教程

4. 终点跑

最后一个阶段的任务是全力保持途中跑的高速度跑过终点。终点跑的技术，要求在离终点线 15～20 米处，尽量保持上体前倾角度，加强两臂摆动的速度和力量。在跑到距离终点线一步时，上体急速前倾，用胸部或肩部撞终点线并跑过终点，然后逐渐减慢跑速。

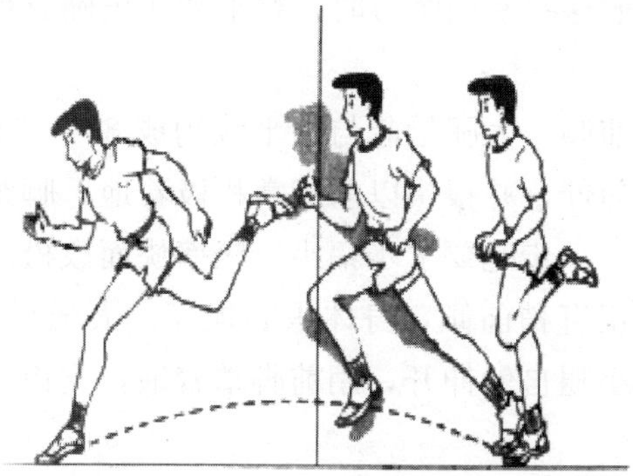

图 8-7　终点跑

5. 弯道跑

（1）弯道起跑和起跑后的加速跑。为了便于在弯道起跑之后能有一段直线距离进行加速跑，弯道跑安装起跑器的方法与直道跑有所不同。安装起跑器时应将起跑器安装在自己分道的右侧。弯道起跑、加速跑动作同直道起跑和加速跑，而区别是为了起跑后有一段直线加速跑，起跑器必须装在跑道右侧正对弯道切点的位置上。在做“各就位”动作时，左手应撑在距起跑线后沿 5～10 厘米处，尽量使身体正对弯道的切线方向。弯道起跑后，为了尽快进入弯道跑，加速器的距离要适当缩短，同时要求运动员早些抬起前倾的身体，以适应弯道跑。

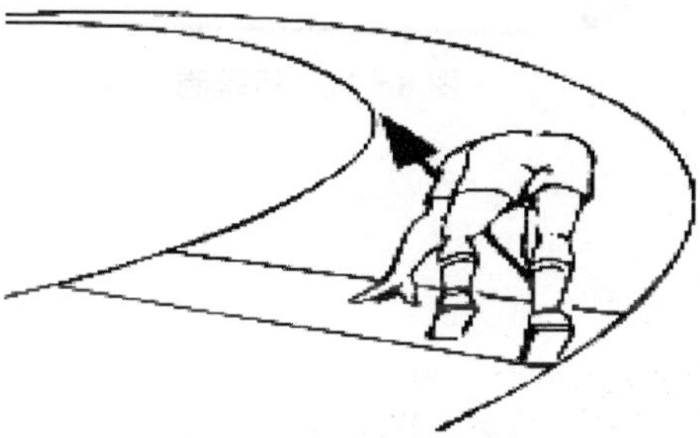

图 8-8　弯道起跑

图 8-9　弯道起跑后的加速跑

（2）弯道跑技术。从直道进入弯道时，身体应有意识地向内倾斜，加大右腿的蹬地力量和摆动幅度，同时右臂亦相应地加大摆动的力量和幅度，以利于迅速地从直道跑进弯道。在弯道跑时，身体应向圆心方向倾斜，后蹬时，右腿前脚掌内侧用力，左腿前脚掌外侧用力。大腿前摆时，右腿的膝关节稍向内，同时摆动的幅度比左腿大，左腿前摆时应稍向外。右臂摆动的幅度大于左臂，前摆时稍向左前方，后摆时右肘关节偏外，左臂稍高于躯干做前后摆动。弯道跑时的蹬地与摆动方向都应与身体向圆心方向倾斜趋于一致。从弯道跑进直道，在弯道的最后几米，身体应逐渐减小内倾程度，自然跑两至三步。

6. 短跑的专门练习

短跑教学中的专门练习，目的是体会跑的技术动作要领，纠正错误动作，发展腿部力量和加快动作频率。在完成这些专门练习时，要求动作正确放松，逐渐加快动作频率并与途中跑结合起来练习。

（1）小步跑。身体稍前倾，大腿抬起与水平线约成35°～45°角，膝关节放松，然后大腿下压小腿，顺下压惯性前伸，并很快以前脚掌积极着地，脚趾完成最后的扒地动作；两腿前后摆动配合小腿动作。小步跑要求步幅小，频率快而放松。

（2）高抬腿跑。上体正直稍前倾，身体重心提高，大腿高抬与躯干约成90°角，然后积极下压，膝关节放松，小腿自然伸开，用前脚掌着地，支撑腿充分伸展，骨盆前送，两臂前后摆动配合两腿动作。

（3）后蹬跑。上体稍前倾，支撑腿后蹬并充分蹬直，而摆动腿屈膝关节领先向前摆出，然后大腿积极下压，用前脚掌着地，两膝前后摆动配合脚的动作。

图8－10　高抬腿跑

图8－11　后蹬跑

二、中长距离跑

（一）中长距离跑简介

中长跑是中距离跑和长距离跑的简称，指800米以上距离的田径运动项目，属于高速度的耐力项目。中距离跑项目有男、女800米和1 500米；长距离跑项目有男子5 000米和10 000米，女子3 000米、5 000米和10 000米。中长跑是典型的周期性耐力项目。其能量代谢特点是有氧代谢、糖酵解和磷酸原三种供能系统兼有的混合代谢。代谢类型随项目中距离的增加，逐渐从无氧代谢为主的混合代谢过程向以有氧代谢为主的混合代谢过程过渡。优秀的中长跑运动员既要有良好的耐力能力作基础，又要具备很高的速度。

（二）中长距离跑的技术

1. 起跑

中长跑采用的一般是站立式起跑。听到“各就位”后运动员先做一两次深呼吸，然后到起跑线，两脚前后开立，有力脚放在前面，另一脚放在后面，两腿弯曲，上体前倾，眼看 3～5 米处，颈部放松，集中注意力听枪声。

2. 终点跑

终点跑是临近终点的一段加速跑，进入最后的直道时，要竭尽全力进行冲刺跑。一般而言，800 米跑在最后 200～250 米开始加速跑；1 500 米跑在最后 300～500 米开始加速跑；5 000～10 000 米跑在最后 600～1 000 米开始加速跑。加速跑时要选择良好的时机，动员全部力量以顽强的毅力跑过终点。运动员在平时训练中要养成用最快速度跑最后段落的习惯。

中长跑技术动作及训练方法

3. 呼吸

合理的技术取决于正确的呼吸。为了保证机体对氧气的需要，呼吸必须有一定的深度和频率。呼吸是利用鼻和半张开的嘴进行的，仅用鼻呼吸不能保证必要的通气量。呼吸的节奏要和跑的节奏相配合，一般是跑两步一呼气，跑两步一吸气，随着疲劳的出现，呼吸的频率会加快。要特别注意加强呼气，吸气的深度取决于呼气的深度。当“极点”出现时，一定要以坚强的意志跑下去，注意做深呼吸，特别是加深呼气，再适当调整跑速，跑一段距离后，难受的感觉就会减轻，呼吸又会逐渐均匀。“极点”的克服不仅是提高训练水平和锻炼效果的过程，也是培养顽强意志品质的过程。

4. 极点反应

中长跑运动的锻炼价值几乎是尽人皆知的，想要增强体质、磨炼意志或者减少体重，都可以通过经常坚持中长跑来实现。尽管如此，中长跑对大多数同学来说，仍然是一项痛苦的运动。有人曾对一所中学的女生进行过调查，95%以上的被调查者都认为，参加中长跑是一件可怕的事情，原因是每次跑步后不久都会出现呼吸急促、胸闷、下肢沉重、动作不协调甚至呕吐等现象。这种现象，在运动生理学上称为“极点”。

第四节　跳的基本技术

一、跳高

跳高是以克服垂直障碍为目的的运动项目，其作为一项竞技运动项目已有百年之久。在百年的发展史中，跳高运动无论在过杆姿势、起跳技术或训练方法上都不断地改进和完善，运动成绩也日趋接近人类体能的极限。

跳高教学

跳高技术由最初的双腿屈膝跳过横杆演变为“跨越式”“剪式”“滚式”“俯卧式”再到现在普遍采用的“背越式”，经历了跳高的自然发展阶段、人体能力发挥阶段和人体潜能发掘阶段。跳高由助跑、起跳、过杆和落地四个紧密联系、相互作用的部分组成。

（一）跨越式跳高技术

这种姿势比较简单，初学者容易掌握。这种动作，身体重心离开横杆比较高，所以它是几种过杆技术中效果较差的一种。跨越式跳高从横杆侧面沿直线助跑，角度一般是30°～60°。用远离横杆的脚侧对横杆起跳。踏跳点距横杆投影线60～80厘米，助跑距离一般为6～8步，也可根据个人情况而定，但都要准确地踏上起跳点。助跑时，要求上体前倾、蹬地有力、富有弹性、重心平稳，速度逐渐加快。当起跳腾空后，上体继续前倾，摆动腿摆过横杆后，向杆下内转下压，两臂下垂。过杆时，躯干向横杆方向侧倒并向起跳腿方向扭转，两臂举起。同时起跳腿迅速高抬，完成跨越横杆动作。过杆后，身体侧对横杆，摆动腿先落地。

（二）背越式跳高技术

通过助跑起跳以背对横杆的姿势越过横杆的方法叫背越式跳高。背越式跳高的优点在于它能充分利用水平速度使身体向上腾起，做过杆动作。

1. 助跑

背越式跳高
教学：助跑

背越式跳高一般采用弧线或前段直线后段（最后3、4步）弧线助跑，跑6～8步后远离横杆的腿起跳。

助跑开始前几步与一般加速跑相似，在最后3、4步由于弧线（弧线半径3～5米），整个身体向弧心倾斜，此时动作与弯道跑相似。由于背越式跳高要充分利用助跑速度，因此在正确完成起跳的前提下，要加快助跑速度。

丈量助跑弧线的方法很多，最实用的是走步丈量法。

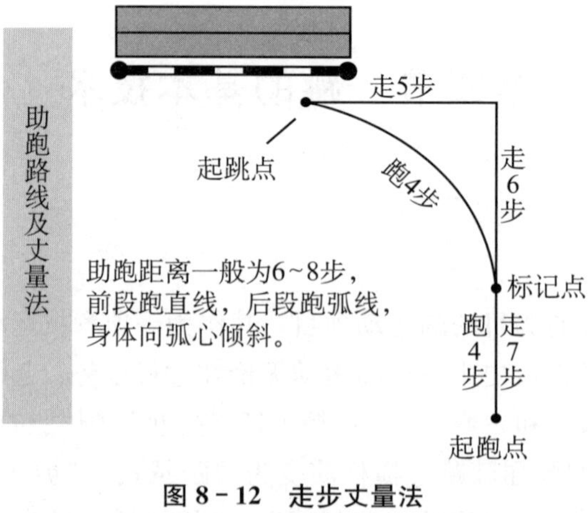

图8-12　走步丈量法

先确定起跳点的位置。从起跳点沿横杆的平行方向向前自然走5步，再向右（右脚起跳则方向相反）转成直角向前自然地走 6 步做一标记点，再向前走 7 步画起跑点。从标记点向起跳点画一弧线连接，即走 4 步的助跑弧线。前段为直线跑 4 步。全程共 8 步。在此基础上，反复进行多次检验、调整，最后确定下来。

2. 起跳

起跳脚顺弧线的切线方向踏上起跳点，用脚跟先落地并迅速地滚动到全脚掌着地。起跳脚落地时摆动腿蹬离地面开始屈膝摆腿，同时重心快跟，上体前移，使起跳腿缓冲。当身体重心移到支撑点上方时，身体由倾斜迅速地转为正直，摆动腿和两臂快速有力地向上摆同时起跳腿积极地蹬伸，完成起跳动作。

背越式起跳时纵轴转体，摆动腿一侧的髋和摆动腿屈膝向肩的上方摆动，使身体转向背对横杆。

3. 过杆和落地

腾空后，已形成背对横杆。摆动腿的膝关节放松，自然下放，起跳腿自然下垂，肩继续后倒，同时积极展髋，头和肩先过杆，两小腿自然下垂，身体在横杆上成仰卧“反弓”的姿势，背部与横杆成交叉状仰卧在横杆上。当臀部过杆后，利用身体向后反弓的反弹作用，把未过杆的两腿积极上举，使其过杆。过杆后，身体下落，上体稍前屈，以背部先落于海绵垫上。

4. 跳高的专项身体训练方法与手段

跳高专项身体训练主要是发展与跳高有密切关系、能直接促进掌握跳高技术和提高跳高成绩的身体素质。主要包括专项速度训练、专项力量训练、专项耐力训练、专项柔韧性和协调性训练。

（1）采用跑的专门练习，如小步跑、高抬腿跑、车轮跑等，用以改进跑的技术；

（2）各种半径的弧线跑练习，如“8”字形、“S”形、“J”形跑练习；

（3）原地纵跳摸高，短、中程助跑摸高，悬挂高物下弧线助跑摸高，可负重练习；

（4）双腿连续跳跃栏架或连续跳上跳下高凳，可负重练习；

（5）各种静力与动力柔韧性练习，如压腿、摆腿、劈叉、下腰、甩腰等；

（6）摆腿、摆臂练习，有杆与无杆的背弓练习等。

二、跳远

跳远是田径运动中最古老的一个项目。公元前 708 年，第十八届古希腊奥运会上就设有跳远项目的比赛。

跳远的完整技术结构由助跑、起跳、腾空和落地四个部分组成。其中积极向前快速助跑和强有力的正确起跳以及落地前人体在空中的平衡能力，是取得跳远优异成绩的三个重要因素。

（一）助跑

助跑的目的是获得必要的水平速度并为迅速有力的起跳创造有利条件。助跑的距离应根据各人速度的快慢来确定。一般而言，男子是 32～38 米，助跑步数是 18～22 步，女子是 26～35 米，助跑步数是 16～20 步。

助跑的开始姿势一般采用“站立式”或“半蹲式”。不论采用哪种方法，助跑的开始姿势应固定，这样有助于发挥和稳定步长，有利于准确踏板。

助跑点的确定，一般采用两个标记，第一标记在助跑的起跑处，第二标记在离起跳板后 6 步或 8 步的地方。助跑时要用起跳脚踏在第二标记上，这样能以更好的节奏进行最后几步的助跑和起跳。

助跑时，后蹬要充分有力并逐渐加速，踏上第二标记时，使助跑接近或达到最高速度。同时，准备踏板，倒数第二步的步幅稍长，身体重心略有降低，最后一步略小，使身体重心升高而进入起跳。助跑动作要轻快、平稳、呈直线、节奏强，要使起跳时的助跑速度接近自身的绝对速度。

（二）起跳

起跳的任务是在最大限度地保持水平速度的同时，使身体获得最大的垂直速度，从而获得理想的腾起初速度和腾起角度。

起跳是从助跑最后一步开始的，起跳时，大腿积极下压，小腿迅速前伸，从全脚掌着地立即转至前脚掌着地。当身体重心接近起跳腿的支撑点时，起跳腿迅速用力蹬伸，同时摆动腿以膝领先，积极向前下方摆起，两臂配合腿部的作用力上摆，起跳腿的髋、膝、踝关节充分伸直，摆动腿积极前摆，双肩带动两臂，配合下肢动作，向前上方摆动。

（三）腾空

身体腾起在空中时，摆动腿屈膝前摆，大腿高抬保持水平位置，起跳腿自然放松并留在后面，成为腾空步。空中姿势有“蹲踞式”“挺身式”和“走步式”。

蹲踞式跳远

1. 蹲踞式

起跳在空中，保持腾空步的姿势，上体保持正直。当腾空到最高点时，起跳腿向前上方提起并与摆动腿并拢，两臂自然下垂，上体稍前倾，在空中成“蹲踞”姿势。快落地时，小腿前伸，同时两臂由前向后下方摆，借惯性将小腿向前远伸落地。

图 8-13 蹲踞式跳远

2. 挺身式

腾空步后，摆动腿向下放，起跳腿放松留在体后，同时两臂由下向后上方振摆，在空中成“挺身”姿势。落地前迅速收腹举腿，上体前倾，两臂向前、下、后摆动，准备落地。

图 8-14 挺身式跳远

3. 走步式

起跳在空中呈腾空步，当腾空步到最高点时换腿，摆动腿下放向后摆动，起跳腿屈膝前摆，在空中完成一个像跑步那样的换步动作。换步以后，身体又呈腾空步姿势，这一腾空步是起跳腿在前，摆动腿在后。进行换步动作时要注意保持一种空中自然跑的动作，即前面的腿由曲到直，然后向后摆动，而留在体后的腿，在前摆过程中由直变曲，大小腿折叠。

完成一个换步以后接着做落地动作的叫两步半走步式。摆臂有两种：一种是和下肢动作协调配合进行大幅度的前后摆动，在落地前两臂上举，然后与两腿同时前伸，当足跟将要触及沙面时，两臂向下经过体侧摆到体后；另一种是和下肢协调配合，做直臂绕环动作。

图 8-15 走步式跳远

（四）落地

落地时应选择合理的落地技术，充分利用身体重心腾起的远度，创造尽可能远的跳跃距离，同时防止伤害事故的发生。在完成腾空动作后，两大腿向前上方抬起，小腿向前伸，同时臀部向前移动，上体前倾，两脚着地，迅速屈膝缓冲，借助向前的惯性，使身体尽快移过支撑点，避免后坐和后倒。

为了避免落地时身体后坐和后倒，可用前倒姿势或侧倒姿势。

（1）前倒：当脚跟着地后，前脚掌下压，两腿屈膝前跪，身体移过支撑点后继续移动，并向前倒下。

（2）侧倒：当脚跟着地后，一腿紧张支撑，另一腿放松，身体迅速向放松腿的前侧方倒下。

（五）跳远的专项身体训练方法与手段

跳远需要的专项身体素质包括：速度、力量、协调、柔韧。

1. 双人阻力对抗练习

两人相对而立，一人身体前倾，另一人用双手推住其肩，身体前倾者摆臂做抗阻力后蹬腿跑，要求利用双腿的后蹬力用肩将对方向后推。

2. 单腿支撑快速蹲起

一腿支撑，另一腿抬起，用支撑腿快速下蹲站起，要求保持平衡。

3. 负重弓步前进

在肩上或腿上负重，做弓步的移动练习，要求挺胸抬头，用腰部和腿部的力量移动。

4. 原地起跳练习

两脚前后站立，摆动腿在前稍屈膝，起跳腿在后，重心在前脚上。摆动腿蹬地，起跳腿由后向前迈步，做放脚、踏板、起跳的模仿动作。身体各部位要协调配合，起跳腿迅速蹬直，摆动腿积极向前上方摆动，身体重心迅速前移。

5. 悬垂模仿练习

悬垂于单杠或支撑在双杠上，向前提举摆动腿成腾空步，再向前提举起跳腿，团身成蹲踞式。

6. 挺身式原地模仿练习

起跳腿支撑站立，摆动腿屈膝高抬，然后下压并向后摆，髋部前送，胸腰稍向前挺，两臂同时配合腿的动作向下、向侧后绕至头上，形成挺身式姿势。

7. 走步式模仿练习

支撑在双杠或悬垂在单杠上，模仿走步式跳远的动作。

（六）跳远的练习方法

1. 蹲踞式跳远腾空与落地技术的练习方法

（1）原地纵跳屈膝团身，两手触脚，大腿尽量靠近胸部，落下时用前脚掌着地。

（2）短距离助跑起跳成腾空步后，起跳腿向摆动腿靠拢，双腿越过一定的高度（横拉的皮筋或栏架）然后落入沙坑。

（3）在低跳箱上向沙坑内做立定跳远，落地时小腿积极前伸，脚跟触沙后迅速屈膝，脚掌下压，双臂配合积极前摆。

（4）利用弹簧板做短程助跑起跳，成腾空步后，起跳腿与摆动腿并拢完成空中蹲踞姿势然后做伸腿落地动作。

（5）进行中程和全程助跑蹲踞式跳远练习，体会完整的技术动作。

2. 挺身式跳远腾空与落地技术的练习方法

（1）原地模仿挺身式跳远的空中动作。支撑腿为起跳腿，摆动腿屈膝前摆，随即放腿并向右摆，髋部前展，同时两臂配合腿的动作向下侧后方绕摆至侧上方，注意体会放腿与展髋的动作。

（2）起跳腿支撑站立，随口令做摆臂、摆腿、放腿、挺身、展髋的单足立定跳远，着重体会臂和腿的配合动作。

（3）利用弹簧板做短程助跑起跳，成腾空步后，下放摆动腿并落在沙坑内然后跑出，注意体会摆臂与展体的动作。

（4）利用起跳板做短中程助跑挺身式跳远，要求摆动腿自然下放，髋部前移，展体挺身，收腹举腿落入沙坑。

（5）进行全程助跑挺身式跳远练习，体会完整的技术动作。

3. 走步式跳远腾空与落地技术的练习方法

（1）将身体支撑在双杠上或悬垂在高单杠上，模仿走步式跳远空中交换腿的动作。

（2）坐在鞍马或窄木上，模仿双臂的环绕摆动和下肢配合的动作。

（3）在走步中模仿空中的走步动作以及上下肢的配合动作。

（4）短程助跑起跳成腾空步后，放下并伸直摆动腿，落入沙坑后跑出。

知识窗

1968 年墨西哥城奥运会的奇迹

这一届的奥运会是在高海拔的墨西哥城举行，游泳项目的成绩因为高海拔气压低缺氧的关系是历来最差。但男子跳远因为高原的关系减轻了阻力，竟跳出“贝蒙障碍”，创出惊人的 8.90 米世界纪录，比前纪录多出了 55 厘米。

第五节　投的基本技术

投的项目有推铅球、掷铁饼、掷标枪、掷链球。这里仅介绍推铅球项目。

一、背向滑步推铅球技术要领

推铅球是在直径 2.135 米的圆圈内完成的，投掷时要以单臂从肩上把球推出去，球要落在 34.92°角的扇形区内。推铅球技术主要有两种，即背向滑步推铅球和背向旋转推铅球。高校推铅球技术主要以背向滑步推铅球为主。完整的背向滑步推铅球技术可分为握持铅球、滑步、最后用力和维持身体平衡四个部分。

图 8－16　背向滑步推铅球技术动作

（一）握持铅球

以右手推球为例，握球的手五指自然分开，将球放在食指、中指、无名指的指根处，拇指和小指自然地扶在球的两侧，手腕背屈，保持球的稳定性；然后将球放到右侧锁窝处，贴靠颈部，掌心向前，右肘微抬起，与肩同高或稍低于肩，躯干与头部保持正直，左臂自然上举或自然垂于体侧，两眼平视前方。

（二）滑步

完整的滑步包括预备姿势、团身和滑步三个部分。

1. 预备姿势

持好球后，两脚前后开立，站立于投掷圈内沿，身体重心落在右脚掌上，左脚脚尖点地于右脚跟后方 20～30 厘米处，上体与头保持正直，两眼平视，两肩与地面平行。

2. 团身

做好预备动作后，上体逐渐与地面平行，屈右膝下蹲，左臂自然下垂，左腿向右腿回收靠拢，身体重心集中于后腿支撑点上方，完成团身动作。

3. 滑步

团身后，身体重心稍后移，使其移离身体的支撑点（右腿），左腿向投掷方向伸摆，并以脚内侧落地于投掷圈中线偏左处。同时，右腿积极蹬伸，并及时拉收内旋，落于圈心中线附近，上体尽量保持原来背向姿势，形成最后用力前的良好姿势。

（三）最后用力

滑步结束后，右腿迅速侧蹬推动骨盆侧移，左脚积极着地，努力保持肩轴与髋轴的扭紧姿势，上体在转动中逐渐抬起，左臂由胸前向投掷方向牵引摆动，使身体由背对投掷方向转至侧对投掷方向。此时肩轴仍落后于髋轴，左肩高于右肩，体重大部分仍在弯曲而压紧的右腿上，躯干形成侧弓姿势。

躯干形成侧弓后，右腿继续蹬伸，加速右髋向投掷方向转动和上体的前移，重心逐渐转到左腿。在左腿有力的支撑下，利用躯干的鞭打作用，顺势转肩伸臂完成整个推球动作。铅球将要离手时，右手屈腕，手指有弹性地拨球，加速铅球的出手速度，左臂在最后用力加速部分要积极主动地通过上、左、下方的摆动协助身体完成左侧支撑。

（四）维持身体平衡

铅球出手后，为防止犯规，应及时换步和降低身体重心来减缓冲力，以维持身体平衡。

二、练习方法

练习 1：向前下方推球。两脚前后自然开立，上体直立，右手握持好球（也可用左手扶住球），然后上体右转、挺胸、转肩、伸臂、拨球，将球向前下方推出。

练习 2：徒手模仿出手动作。两腿前后开立，右臂模仿持球动作，两膝微屈，重心移至后腿，在后腿用力蹬伸并将重心移向前腿的同时，做转髋、转体、送肩、伸臂、拨腕的最后用力动作。完成动作后应稍停顿。

练习 3：原地正面推轻铅球。两脚前后开立，面对投掷方向握持好球。左脚在前，脚尖内扣约 30°，右脚在后，膝微屈。左臂前伸内旋，肩稍有转，含胸，做向前上方挺胸、送肩、伸臂、拨球动作，体会下肢蹬伸发力和左侧支撑与右侧转体顶肩动作的用力配合。

练习 4：原地侧向推球。侧向推球预备姿势站立，身体预摆 1～2 次后，接着做蹬伸、转体、送肩、伸臂、拨球动作，将球推出。

练习 5：原地背向推球。背向推球预备姿势站立，完成推球动作。

第六节　田径比赛主要规则与裁判法

一、径赛项目规则要点

（一）短跑及中长跑的名次判定

在田径比赛中，所有赛跑项目参赛者的名次取决于其身体躯干（不包括头、颈、臂、腿、手或足）抵达终点线后沿垂直面为止时的顺序，以先到达者名次列前。在任一赛次中，按成绩录取。进入下一赛次时，如遇运动员成绩相等，则终点摄像主裁判应考虑有关运动员的1/1 000秒的实际成绩。如果成绩依然相等，则有关运动员均应进入下一赛次。如实际条件不允许，应抽签决定进入下一赛次的人选。在决赛中第一名成绩相同，裁判长有权决定是否重赛，若无条件重赛，则并列第一；至于其他名次成绩相同，按并列处理。

（二）短跑及中长跑的起跑

在比赛中，所有400米及以下的径赛项目，必须采用蹲踞式起跑并使用起跑器。

发令员口令为“各就位”（on your marks）、“预备”（set），最后发令枪响。在“各就位”及“预备”口令之后，运动员应立即完成有关动作，否则属起跑犯规。如果有运动员抢跑，发令员就会宣布起跑犯规。对第一次起跑犯规的运动员应给予警告，除了全能项目之外，每项比赛只允许一次起跑犯规而运动员不被取消参赛资格，之后每次起跑犯规的运动员均将被取消该项目的比赛资格。

400米以上（不含400米）的径赛项目均采取站立式起跑。发令员口令为“各就位”。当所有运动员在起跑线后准备妥当静止后，便可鸣枪开始比赛。

（三）分道跑

在分道跑和部分分道跑的径赛项目中，运动员越出跑道获得实际利益或冲撞、阻碍其他参赛者，会被取消参赛资格。如果运动员被推或挤出指定的跑道，只要未获得实际利益也未影响他人，可不取消其参赛资格。同样，任何运动员在直道中越出其跑道或在弯道中越出其跑道的外侧，只要没有获得实际利益及阻碍他人，均不算犯规。

（四）分道

在所有短跑、跨栏和4×400米接力赛中，运动员应在自己的跑道里起跑。只有在通过抢道标志线以后，运动员才能离开自己的跑道，切入里道。运动员的跑道由技术代表抽签确定。第二轮开始的各轮比赛，跑道的选择还需依据运动员在上一轮的比赛结果，如排名前4位的运动员抽签后分别占据第3、4、5、6跑道，后4名抽签排定第1、2、7、8跑道。

（五）接力赛

4×100米接力跑是分道进行的，接棒者可以在接力区前10米内起跑。

接力赛中，运动员必须在20米的接力区内完成交接棒。“接力区内”的判定是根据接力棒的位置，而不是根据参赛者的身体或四肢的位置。

接力棒必须拿在手上，直到比赛结束为止。完成交接棒后，运动员应留在本队的跑道中以免因影响他人而被取消比赛资格。任何人掉了棒，必须由其本人拾回，而且要在不影响别人的情况下，方可越出自己的跑道以拾回接力棒。

（六）跨栏

运动员必须在自己的跑道内完成比赛，当运动员跨越栏架时，若其腿或足从低于栏架顶的水平线跨越，或跨越并非自己赛道上的栏架，或故意以手或足撞倒栏架，均应取消其参赛资格。

二、田赛项目规则要点

（一）比赛方法

田赛项目的比赛通常先分两组进行及格赛，通过及格标准的直接进入决赛，如达到及格标准的运动员人数不足12人，不足的人数按及格赛成绩递补。远度项目决赛前三轮比赛的顺序由抽签决定。决赛前三轮比赛结束后，按成绩取前8名运动员进行最后三轮比赛；第四、五轮比赛排序按前三轮成绩的倒序排列，第六轮比赛排序按前五轮成绩的倒序排列，成绩最好的最后跳（掷）。

（二）有效成绩

除犯规外，跳跃远度项目比赛中，运动员每次试跳的成绩均为有效成绩。

除犯规外，高度项目比赛中，运动员每次跳过的高度均为有效成绩。

投掷项目比赛除犯规以后，当运动员投出的器械完全落在落地区内（不包括落地区边线）时才算有效，丈量成绩时从距离投掷区最近的落地点算起。其中标枪必须是枪尖首先触地成绩才算有效。

（三）录取名次

远度项目比赛结束以后，以运动员最好的一次试跳（掷）成绩，包括因第一名成绩相等而进行的决名次赛的成绩，作为最后的成绩判定名次，成绩好者列前。

在远度项目比赛中，如出现几个运动员的最好成绩相等，则以其第二好成绩来确定名次，以此类推。如果还是相等，除了第一名以外，可以并列；如果涉及第一名成绩相同，须让这些涉及第一名的运动员继续比赛，直到决出第一名为止。

（四）犯规

1. 跳远、三级跳远有下列情况之一即判犯规

（1）运动员以身体任何部位触及起跳线之前的地面。

（2）从起跳板两端之外起跳，无论是否超过起跳线的延长线。

（3）触及起跳线和落地区之间的地面。

（4）在落地过程中触及落地区以外的地面，而落地区外的触地点比落地区内的最近触地点更靠近起跳线。

（5）离开落地区时，运动员在落地区外地面的第一触地点较落地区内最近触地点和在落地区内因身体失去平衡而留下的任何痕迹更靠近起跳线。

（6）在助跑或跳跃中采用任何空翻姿势。

（7）还未通知该运动员试跳该运动员便进行试跳，不管是否成功，都应判该次试跳失败。

（8）无故错过该次试跳。

（9）无故延误时限。比赛时，如果运动员无故延误时间，则不准其参加该次试跳，以失败论处；如果在比赛中再次无故延误比赛时间，则取消该运动员的比赛资格，但在此之前的比赛成绩仍然有效；每次试跳的时限为 1 分钟，当一名运动员连续两次试跳时，其试跳时限为 2 分钟；在时限只剩最后 15 秒时，计时员举黄旗示意，当时限到时，落下黄旗，主裁判应判定运动员该次试跳失败；如时限到的同时，运动员已开始试跳，应允许其进行该次试跳；当裁判员通知运动员试跳开始后，运动员才决定免跳，当时限已过时，应判为该次试跳失败。

三级跳远运动员的三跳顺序是一次单足跳、一次跨步跳和一次跳跃。单足跳时应用起跳腿落地，跨步跳时用另一条腿（摆动腿）落地，然后完成跳跃动作。

2. 跳高有下列情况之一即判犯规

（1）使用双脚起跳。

（2）由于运动员的试跳动作致使横杆未能停留在横杆托上。

（3）在越过横杆之前，身体触及立柱前沿垂直面以外的地面或落地区；但如果裁判员认为运动员并没有受益，则不应因此而判该次试跳失败。

（4）无故延误时限。

（5）当裁判员通知运动员试跳开始后，运动员才决定免跳，当时限已过时，应判该次试跳失败。

（6）试跳时，运动员有意用手或手指把即将从横杆托上掉下的横杆放回。

（7）无故错过该次试跳。

3. 投掷项目有下列行为之一即判犯规

（1）超出时间限制。

（2）投掷铅球和标枪技术不符合规则（规则要求铅球和标枪必须由单手从肩上掷出）。

（3）在投掷过程中，身体和器械的任何一部分不得触及投掷圈铁圈上沿或圈外的地面和标枪投掷弧、延长线以及线以外地面的任何一部分，包括铅球抵趾板的上面，否则即为投掷失败。

（4）只有当器械落地以后，运动员才允许离开投掷圈或助跑道。标枪运动员在投出的标枪落地前，不能在投掷后转身完全背对其投出的标枪；完成投掷后，链球、铁饼和铅球运动员必须从投掷圈后半圈的延长线后面退出，标枪运动员必须从投掷弧以及延长线后退出。

（5）在没有犯规的情况下，运动员可以中止已开始的试掷动作，将器材放下以后暂时离开投掷区，待过一会儿重新开始，但是必须在规定的时限内完成投掷。

（6）运动员可以在比赛期间离开比赛区域，但必须由裁判员许可并由裁判员陪同。

4. 裁判员的旗示

在跳跃项目比赛中，通常有一名主裁判手中持有红、白旗各一面，用来示意运动员试跳是否成功。举红旗表示试跳失败，成绩无效；举白旗表示试跳成功，成绩有效。

在投掷项目比赛中，通常有两名主裁判手中持有红、白旗各一面，用来示意运动员试掷是否成功。举红旗表示试掷失败，成绩无效；举白旗表示试掷成功，成绩有效。其中一名站在投掷区附近的主裁判称为内场主裁判，主要判定运动员在试掷过程中是否犯规；另一名在落地区内的主裁判称为外场主裁判，主要判定器械落地点是否有效。

实践与探究

1. 简述短跑技术。进行短跑锻炼有哪些手段？
2. 简述中长跑技术。进行中长跑锻炼有哪些手段？
3. 简述跳高过程及如何进行跳高练习。
4. 简述跳远过程及如何进行跳远练习。

第九章　篮球运动

学习要点

1. 了解篮球运动的起源与发展；
2. 学习篮球运动的简单进攻和防守动作；
3. 掌握篮球比赛的基本战术和技能；
4. 了解篮球运动的比赛规则及裁判工作；
5. 懂得如何欣赏篮球比赛。

第一节　篮球运动概述

一、篮球运动的起源

图 9-1　詹姆斯·奈史密斯

篮球运动 1891 年起源于美国，它是由美国马萨诸塞州斯普林菲尔德（旧译麻省春田）市基督教青年会（YMCA）训练学校的体育教师詹姆斯·奈史密斯（James Naismith）发明的。起初，奈史密斯将两只桃篮分别钉在健身房内看台的栏杆上，桃篮上沿距离地面 3.05 米，用足球作比赛工具，向篮中投掷。投球入篮得 1 分，按得分多少决定胜负。每次投球进篮后，要爬梯子将球取出再重新开始比赛。以后逐步将竹篮改为活底的铁篮，再改为铁圈下面挂网。当时，人们称这种游戏为“奈史密斯球”或“筐球”。很长一段时间之后，奈史密斯与同事们反复商量，才命名为“篮球”。

二、中国篮球运动发展概况

1895 年，美国人莱会理（David Willard Lyon）博士将篮球运动带入天津。随后在北京、上海基督教青年会里也有了此项活动。自 1910 年的全运会上举行了男子篮球表演赛之后，在全国各大城市的大、中学校，篮球活动逐渐开展起来，其中以天津、北京、上海开展得较好，水平也较高。中华人民共和国成立以来，篮球运动传播、普及、发展，进入一个新阶段。因简便易行，富有对抗性、趣味性、健身性和教育性等功能，篮球运动在各级政府主管部门有计划、有组织的推动下，以各种形式在全国各学校、部队及工矿、企事业单位、群众团体中迅速开展起来，成为广大人民群众喜闻乐见的体育项目。

第二节　篮球的基本技战术及练习方法

一、篮球基本技术

（一）篮球运球技术

运球是篮球比赛中个人进攻的重要技术。它不仅是个人攻击的有力手段，而且是组织全队进攻战术配合的桥梁。有目的地运球可以突破防守、发动进攻、调整位置、寻找有利时机进行传球和投篮，尤其是进攻紧逼和盯人防守的有力武器；盲目地运球会贻误战机，造成被动。

1. 高运球

运球时，两腿微屈，两眼平视，手指自然分开，用指根以上部位触球的后上方（掌心空出），手用力向下推按球，球的落点在体侧前方，使球的反弹高度在胸腰之间。手脚配合协调，使球有节奏地向前运行。

2. 低运球

与高运球技术相同，但球反弹的高度在膝部以下。球反弹向上时手臂要随球上扬，手指包住球，掌心空出，球的落点在脚或身体的侧前方。运球时要抬头注视前方，指根以上部位触球，掌心空出。

3. 其他运球方法

体前变向运球；后转身运球；背后运球。

图 9－2　篮球运球

（二）篮球传、接球技术

1. 篮球传球

篮球传球技术主要包括双手胸前传球、单手肩上传球、反弹传球、单手体侧传球、单手背后传球、行进间传球等。传球技术是篮球的基本技术。篮球是一项团队项目，练习传球技术是非常重要的。采用何种方式传球取决于实际情况。方式虽然不同，但有几点是一致的：所有的传球都是用手指完成，而不是用手掌；为控制球的速度、方向，手指应该尽可能地张开（但不能太僵硬），手腕要有弹性。另外，排球运动、足球运动以及毽球运动中也有传球。

（1）双手胸前传球。双手胸前传球是一种最基本、最常用的传球方法，具有准确性高、容易控制、易于变化的优点。

图 9－3　双手胸前传球

（2）单手肩上传球。单手肩上传球是一种中远距离的传球方法。这种传球出手点高且力量大、速度快、准确性高，在长传快攻和突破分球时经常使用。

(3) 反弹传球。这是一种近距离较隐蔽的传球方法，是小个子队员对付高大防守者的有效传球手段。可用单、双手等方法反弹传球给同伴。

(4) 单手体侧传球。双手持球于胸前，两脚开立，右手传球时，左脚向左侧前方跨步的同时将球引至身体右侧成右手单手持球，将球传出。

(5) 单手背后传球。侧对传球目标，单手将球由背后传出。

2. 篮球接球

(1) 双手接球。两臂同时伸出迎球，双手十指自然分开成半球状，手指指端触球瞬间，双臂随球缓冲来球的力量后，自然持球于胸腹之间，保持“三威胁”的姿势。

(2) 单手接球。五指自然分开成弧形并伸出手臂迎球，手指指端触球的瞬间顺势缓冲控球。

3. 传、接球练习方法

(1) 对目标传球。在墙壁上画5个直径约20厘米的圆，呈“工”字形。让学生相隔一定距离对准目标，通过双手胸前、单手肩上、低手传球、落地反弹等传球方法进行练习。

(2) 迎面接力传球。将学生分成人数相等的两队，排成纵队，相距3～5米，迎面站立，接球后将球传给对面排头，然后快速从右侧跑至对面排尾。

(3) 四角传球。将学生分成人数相等的四队，成距离相等的四个角站立状态。持球者将球传给右侧排头，然后对着传球方向进行弧线跑，接刚传出的球，接球后将球传给与己方成对角的排头后，快速跑至接球者队尾。

(4) 击篮板传球。学生排成一路纵队，对着篮板左侧（右侧），跳起接球后在空中将球回击给篮板，然后顺时针（逆时针）跑至队尾，后一人紧跟，依次进行行进间传球。这项技术必须建立在熟练掌握原地传球的基础之上，由两人或多人配合在行进间传球。

练习传球的方法还有很多，不过一定要注意灵活运用，要充分考虑学生的年龄特点、技术基础、场地条件等方面的因素，以达到最佳效果。

(三) 篮球投篮技术

1. 单手肩上投篮

单手肩上投篮是现代篮球比赛中应用比较广泛的一种投篮方法，是行进间和跳起投篮的基础。它具有出手点高、便于结合其他动作、不易被防守等优点，并能在不同位置和距离上应用。

单手肩上投篮

2. 双手胸前投篮

两手五指自然张开，两大拇指成八字形，用指根以上部位持球，手心空出。两肘自然弯曲于体侧，置球于胸腹部位，身体成基本姿势站立，脚分前后。投篮时，脚蹬地，两臂前伸，手腕外翻，手指拨球，将球投出。

图 9－4　单手肩上投篮

图 9－5　双手胸前投篮

（四）篮球移动基本技术

移动是队员在比赛中为了改变位置、方向、速度和争取高度所采用的各种脚步动作的通称。队员在球场上需要保持既稳定又便于移动的站立姿势，以利于迅速、协调地完成各种攻守技术。

1. 基本站立姿势

两脚平行或斜开立同肩宽，脚跟微微提起，两腿微屈，上体稍前倾，重心在两腿中间，两臂微屈置于体侧或腹前，眼平视。

2. 跑

（1）变向跑。从右向左变向时，最后一步用右脚前脚掌内侧用力蹬地，同时脚尖稍加内扣，迅速屈膝降重心，腰部随之左转，上体向左前倾，移动重心，左脚向左前方跨出，加速前进。

（2）侧身跑。向前跑动时，头部与上体侧转向球的方向，脚尖朝向跑动的前进方向，内侧腿深屈，外侧脚用力蹬地，内侧肩在前。

（3）变速跑。由慢跑变快跑时，上体前倾，用前脚掌短促有力地向后蹬地，同时迅速摆臂，前两三步要小，加快跑的频率。由快变慢时，上体抬起，步幅加大，用前脚掌抵地，减缓冲力，从而降低跑速。

3. 滑步

滑步是防守时的主要移动方法，分侧滑步、前滑步和后滑步三种。

（1）侧滑步。由两脚平行站立姿势开始，向左侧滑步时，左脚向左（移动方向）迈出的同时，右脚蹬地滑动，跟随左脚移动，并保持屈膝降低重心的姿势，上体微向前倾，两臂（根据进攻者的情况）张开，抬头注视对手。注意身体不要上下起伏，两脚不要交叉，重心要保持在两脚之间。侧滑步技术动作要点：蹬跨协调，身体平稳，两臂伸展。

（2）前滑步。由前后站立姿势开始，向前滑步时，后脚前脚掌内侧蹬地，前脚向前跨步。着地后，后脚紧随着向前滑动，保持前后开立姿势。注意屈膝以降低重心。

（3）后滑步。与侧滑步相同，只是向侧后方向移动。

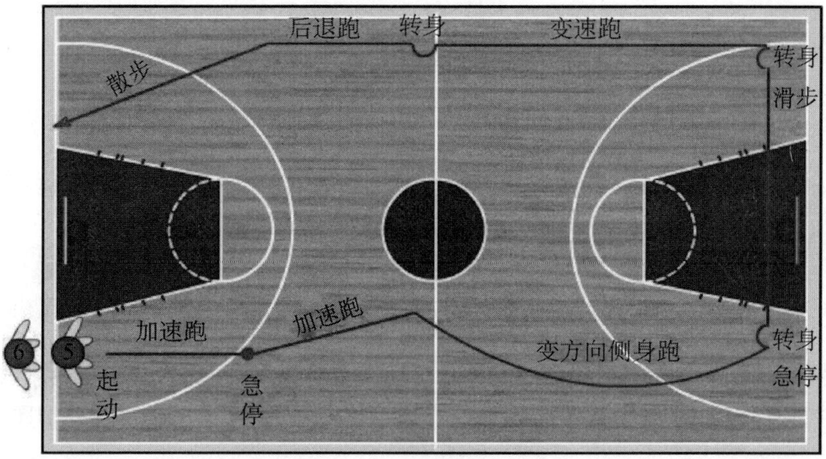

图 9－6　篮球移动练习

二、篮球基本战术

篮球战术是指在篮球比赛中，根据篮球运动的特点和具体对象所确定的攻防集体配合及全队协调行动的特定组织形式和方法。

（一）进攻战术的基础配合

基础配合是指两三人之间有目的、有组织、协调行动的方法，包括进攻和防守两部分，是组成全队战术的基础。

1. 传切配合

传切配合包括一传一切和空切配合。在配合过程中，切入队员的动作要突然，要利用速度和假动作摆脱防守；持球队员则要有攻击性，能够以投篮和突破动作吸引防守队员的注意力，以便能及时、准确地用不同的传球方式，从防守空隙中将球传给切入的同伴。

前锋传切
——上线切

2. 掩护配合

掩护配合是指队员利用身体合理地挡住对手的移动路线，或是主动利用同伴挡住对手的移动路线，从而摆脱防守队员、获得进攻机会的一种战术配合方法。掩护的种类很多，按掩护位置分为侧掩护、后掩护和前掩护。这几种方法可以运用于给持球队员掩护、给无球队员掩护，也可以运用于行进间掩护或定位掩护，还可以运用于连续掩护和做双掩护等。按照掩护时人与球之间的关系来分，可以分为无球人给持球人掩护（挡护）、无球人给无球人掩护、持球人给无球人掩护（策应）。

掩护配合

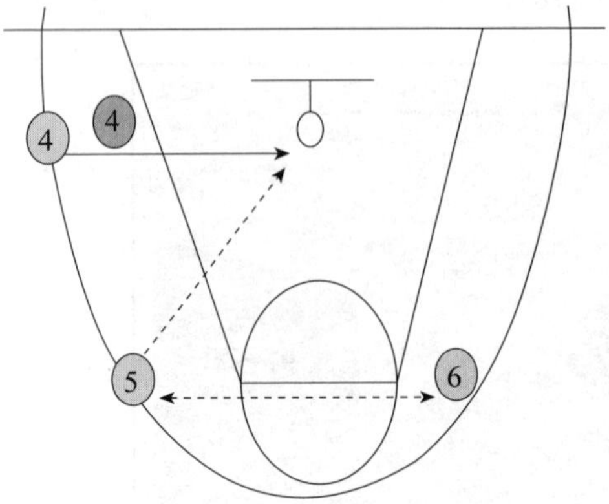

注：虚线为传球路线，实线为球员移动路线

图 9－7　传切配合练习图示

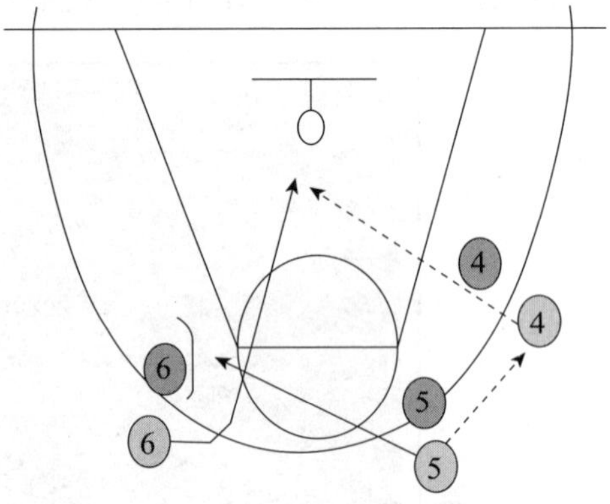

注：虚线为传球路线，实线为球员移动路线

图 9－8　掩护配合练习图示

3. 策应配合

策应配合是指处于内线的队员背对或侧对球篮接球，以其为枢纽，与外线队员的空切相配合而形成的一种里应外合的方法。策应配合通常高大中锋运用较多，策应时进攻队员背对或侧对球篮接球后，以其为枢纽。策应配合可以根据策应的区域和位置分为内策应、外策应、高策应、底线策应等，其策应配合方法都基本相似。

策应配合

4. 突分配合

突分配合是指持球队员突破对手后，遇到防守队员补防或协防时，及时将球传给进攻时机最佳的同伴进行攻击的一种配合方法。当对方采用人盯人防守或区域联防时运用突分配合，可打乱对方的整体防守部署，压缩防区，给同伴创造最佳的外围投篮或篮下进攻机会。

突分配合

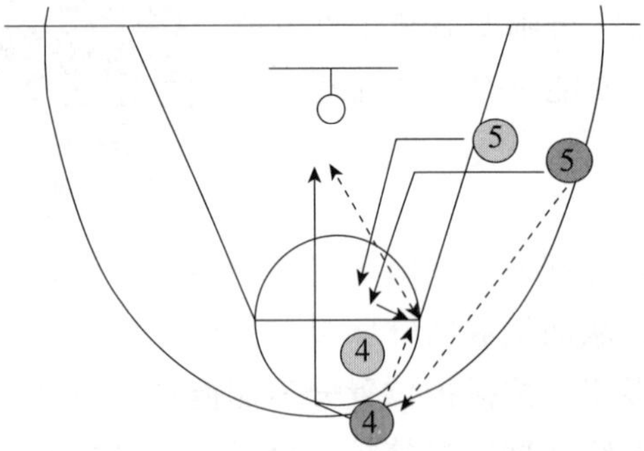

注：虚线为传球路线，实线为球员移动路线

图 9－9　策应配合练习图示

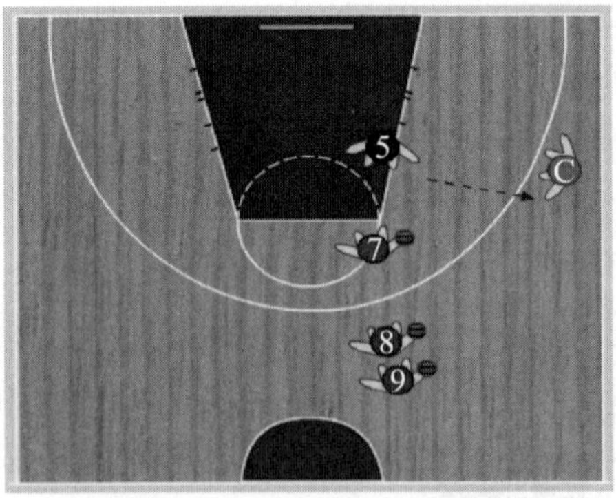

图 9－10　突分配合练习图示

(二) 防守战术的基础配合

1. 关门配合

关门配合是指两个防守队员协同防守突破的配合方法。当进攻队员运球突破时，防守突破的队员向侧后方移动，挡住进攻队员的移动路线，临近突破一侧的防守队员应及时快速向突破队员的前进方向移动，与突破的队员靠拢，像两扇门一样关起来，堵住进攻者的前进路线。

2. 夹击配合

夹击配合是指两个防守队员积极防守一个进攻队员的配合。它是一种积极主动，具有强烈攻击性的防守配合。

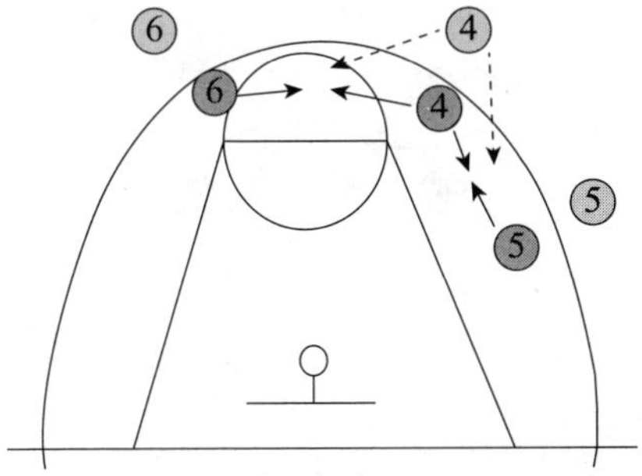

注：虚线为传球路线，实线为球员移动路线

图 9－11 关门配合练习图示

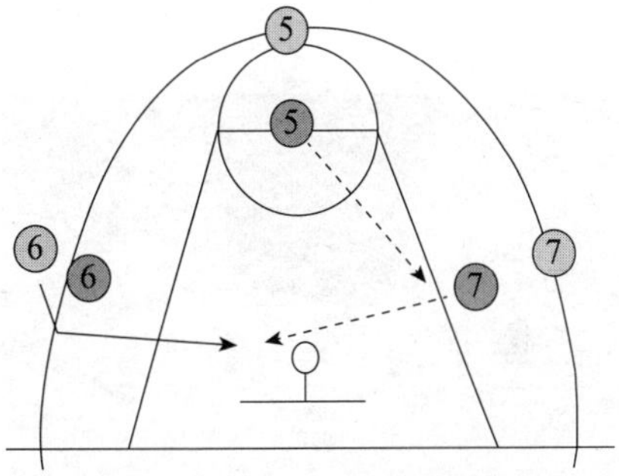

注：虚线为传球路线，实线为球员移动路线

图 9－12 夹击配合练习图示

3. 补防配合

补防配合是指防守队员当同伴出现漏防时立即放弃自己的对手，去补防那个威胁最大的进攻队员，而漏人的防守队员及时换防的一种协同防守方法。

4. 挤过配合

挤过配合也叫抢过配合，是破坏掩护配合的积极有效的方法之一。指防守队员从自己的对手和掩护队员之间强行“挤过”，从而继续防守自己对手的方法。要求有掩护时，防守的同伴要及时提醒，以便于防守队员选好防守位置，密切注意进攻者的行动，以利于协防和补防。挤过队员应贴近进攻者，抢步动作要及时、突然、有力。

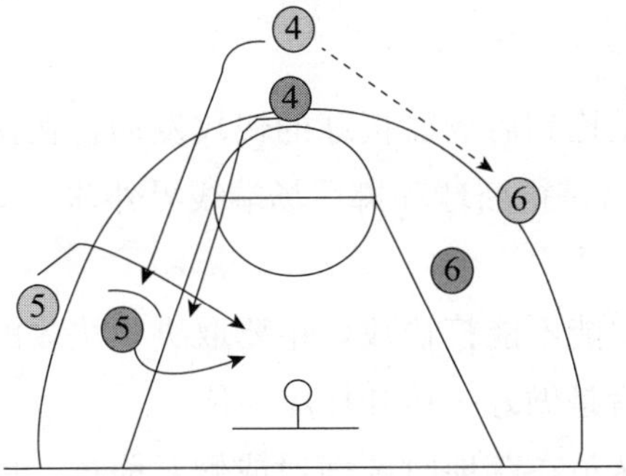

注：虚线为传球路线，实线为球员移动路线

图 9－13 补防配合练习图示

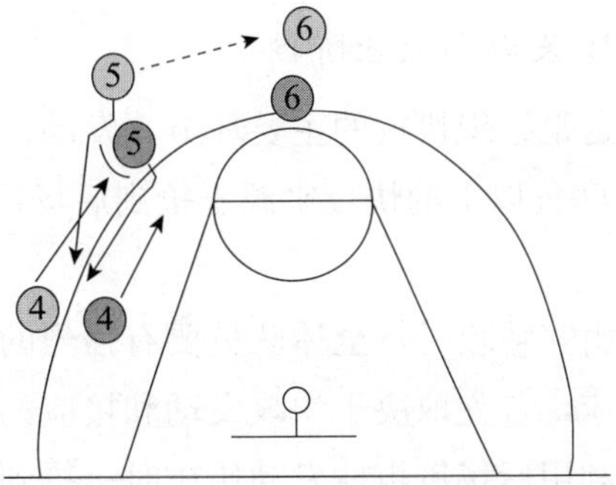

注：虚线为传球路线，实线为球员移动路线

图 9－14 挤过配合练习图示

5. 穿过配合

穿过配合类似挤过配合，但是两者之间又有很大的不同。穿过配合又叫绕过配合，它是破坏掩护的一种方法。当进攻队员掩护时，防掩护者的队员及时提醒同伴并主动后撤一步，让同伴及时从自己和掩护队员之间穿过，继续防守自己的对手。

6. 交换配合

交换配合是指为了破坏进攻队员的掩护配合，防守队员彼此及时地相互呼应，交换自己所防守的对手的一种方法，也称“轮防”战术，是一种可以弥补单纯盯人战术的不足的灵活战术。

图 9－15 穿过配合练习图示

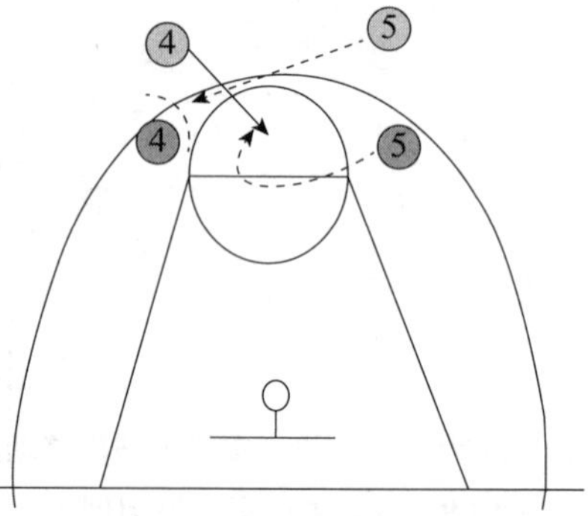

注：虚线为传球路线，实线为球员移动路线
图 9－16 交换配合练习图示

（三）快攻战术

快攻是由防守转入进攻时，以最快的速度、最短的时间，在对方尚未部署好防守之前，创造人数上和位置上的优势，是果断而合理地进行攻击的一种快速的进攻战术。

快攻的形式有长传快攻、短传快攻和运球快攻，一般由发动与接应、推进、结束三个阶段组成：

1. 发动与接应阶段

这是组织快攻的主要环节，发动快攻最多的是抢到后场篮板球的快攻发动，在比赛中约有 60％以上的快攻来源于抢到后场篮板球，然后是抢断球和掷后场端线界外球，最后是跳球。

由守转攻时，全体队员要有强烈的快攻意识。能不能打快攻，主要取决于快攻的发动和接应，首先取决于快攻发动和接应的意识，然后是做好一传和接应一传。

利用后场篮板球发动快攻时，抢到篮板球的队员在落地时要面对或侧对前场，保护好球，尽快准确地传给接应队员；如果被对方夹击或封堵，应快速运球突破，将球传出。接应队员应及时摆脱防守，在快速移动中接应。接应点应在中线和后场罚球线之间的区域。掷端线界外球快攻的发动与接应效果，主要取决于抢发球的速度。

2. 推进阶段

推进阶段是指快攻发动后与快攻结束之前的阶段，也是突破对方中场防守的过程。快速合理地向前推进，能造成人数、位置上的优势。快攻推进是通过中路、边线、中路和边线结合的推进路线，运用快速的传球和运球突破防守。

3. 结束阶段

结束阶段是指快攻推进至前场最后完成攻篮的阶段，它是决定快攻成败的关键，要尽力争取以多打少的优势来结束快攻。如遇人数相等或以少打多的情况，也要利用速度，趁对方立足未稳，果断而有配合地投篮，其余队员应迅速跟进拼抢篮板球和补篮。

（四）防守快攻战术

防守快攻是防守战术的重要组成部分，是在由攻转守的瞬间组织起来破坏对方快攻的防守战术。防守快攻要从全力拼抢篮板球开始，合理地运用封、夹、断等手段破坏对方第一传和快攻接应，并伺机夹击运球队员，破坏其快攻。退守时要前后照应，边退边防，提高个人以少防多的能力，降低对方快攻的成功率，并迅速落位组织阵地防守。

（1）堵截快攻的第一传和接应：有组织地堵截快攻的第一传和接应是制止快攻的关键。

（2）控制对手推进：当对方发动快攻后，前场防守队员不能消极地后撤，而应与对手保持一定的距离，边撤边防，控制对手推进速度，组织好防守阵形。

（3）防守快下队员：由攻转守时，除积极拼抢篮板球、封堵第一传和接应队员外，在后场的防守队员要迅速退守控制后场，在退守过程中要控制好中路，要对快下的队员严加防范，切断对方长传快攻的路线。

（4）提高队员以少防多的能力：当对方发动快攻成功，出现以少防多的不利局面时，防守队员要积极移动选位，重点保护篮下，运用假动作干扰其传球，制造进攻队员左右为难的局面，迫使对方失误或延缓进攻速度，为同伴争取退守时间。

（五）全队战术配合

1. 半场人盯人防守

半场人盯人防守战术是在篮球比赛中由进攻转为防守时，全队有组织地迅速退回后场，在半场范围内进行盯人防守的一种全队战术。它是篮球运动中各种防守战术的基础。半场人盯人防守战术，是以个人防守为基础，综合运用挤过、穿过、换防、关门和夹击等防守基础配合所组成的全队战术。

人盯人防守

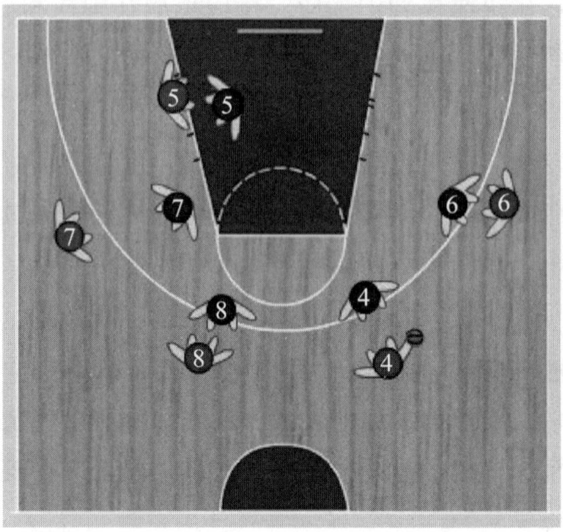

图 9-17　半场人盯人防守图示

2. 进攻半场人盯人防守

进攻半场人盯人防守战术是根据半场人盯人防守战术的特点，从每名队员的具体实际情况出发，综合运用传切、突分、掩护、策应等基础配合所组成的全队进攻战术。基本要求如下：

（1）从本队实际情况出发，合理组织进攻队形，迅速落位，有目的地组织战术进攻。

（2）人、球都动，连续穿插掩护，调动防守，制造防守漏洞。扩大攻击面，增加攻击点，使战术具有连续性。

（3）主攻明确，内外结合，集体配合与个人进攻相结合，控制进攻主动权。同时注意保持攻守平衡，提高攻守转换速度。

（4）掌握进攻节奏，快、慢、动、静相结合，提高战术的机动性和灵活性。

（5）组织冲抢前场篮板球，把冲抢前场篮板球作为战术的组成部分，并明确个人职责。

（6）进攻时，队员要注意观察和分析场上情况的变化，尤其要注意对方防守的变化，洞察对手的弱点，抓住战机进行攻击。

3. 区域联防

区域联防，顾名思义，是联合防守之意，可分为站位联防和对位联防，如果与人盯人防守结合，还可以变化成混防（混合防守）。联防与人盯人防守的最大不同，就是人盯人防守以防人为最终目的，而联防则以防球为最终目的。把区域联防和人盯人防守两种战术融为一体，比人盯人防守更具有集体性，比区域联防更具有针对性。

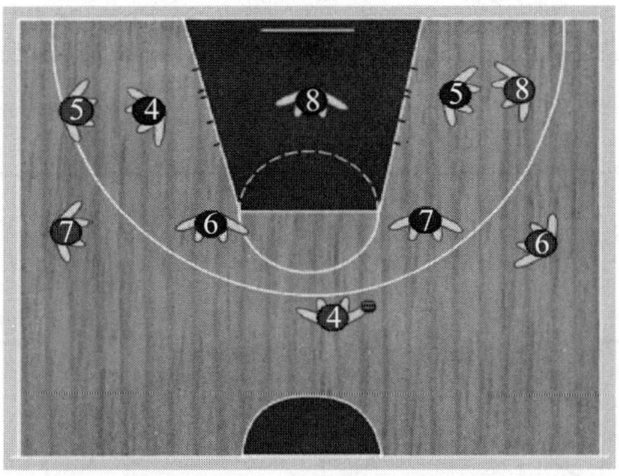

图 9－18　区域联防图示

知识窗

中国篮球历史上的最好成绩

中国男篮在奥运会和世锦赛的最好成绩都是第八名。中国女篮历史上的国际比赛成绩一直好于男篮，曾在 1992 年巴塞罗那奥运会上取得过银牌，在 1994 年世锦赛上夺得过亚军。

第三节　篮球规则简介

一、比赛场地和设备

(一) 场地

篮球场是一个长方形的坚实平面，无障碍物。其尺寸是：长 28 米、宽 15 米，从界线的内沿丈量。

(二) 设备

球篮包括篮圈和篮网。篮圈内径为 0.45 米，距离地面 3.05 米。

篮球外壳用皮、橡胶或合成材料制成；球的圆周不得小于 0.749 米，不得大于 0.780 米；重量不得少于 567 克，不得多于 650 克；充气后使球从 1.80 米的高度（从球的底部量起）落到球场的地面上，反弹起的高度不得低于 1.20 米（从球的顶部量起），也不得高于 1.40 米（从球的顶部量起）。

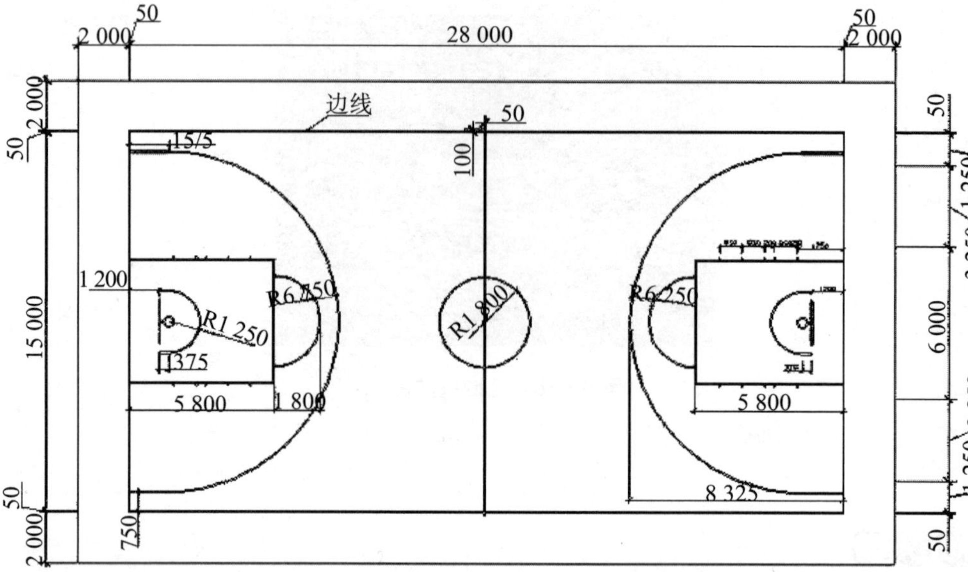

图 9－19　比赛场地尺寸（单位：毫米）

二、比赛规则

比赛由 4 节组成，每节 10 分钟（NBA 比赛为 12 分钟）。在第 1 节和第 2 节之间有 2 分钟的休息时间；第 2 节与第 3 节之间的休息时间为 15 分钟；如果第 4 节比赛结束得分相同，要延长 5 分钟作为决胜局进行比赛，必要时可以延长若干个决胜局，直到分出胜负为止。

三、违例及罚则

1. 运球违例（两次运球或非法运球）

球在一手或双手之中停留的一刹那运球即停止。不能翻腕运球（携带球），不能双手同时拍球，不能两次运球。

2. 带球走违例

在比赛中，持活球的队员用同一脚向任何方向踏出一次或数次，另一脚（称为中轴脚）或双脚超出规则所述的限制向任一方向非法移动，即带球走违例，俗称“走步”。

3. 球回后场

位于前场的控球队员不得使球回后场。当控球队员出现下列情况时就认为球已进入后场：

（1）在球进入后场前最后触球。

（2）在下列情况后，他的同队队员首先触及球：

1）球已触及后场；

2）该队员触及后场。

（3）该限制适用于前场的所有情况，包括掷界外球。

（4）被防守队员断回后场的球可以被双方任一球队重新获得。

4. 违反时间规定

（1）3 秒钟规则：球队控制球时，该队队员在对方的限制区内及限制线上停留不得超过持续 3 秒钟。3 秒钟的限制不适用于当投篮的球正在空中时、掷界外球时、抢篮板球时或死球时。队员在限制区停留接近 3 秒钟时，可默认其运球投篮。球队没有控制球或计时钟不走时就没有这条规则的违例。

（2）5 秒钟规则：第一，罚球队员在 5 秒钟内未将球离手投出；第二，投掷界外球队员未在 5 秒钟内使球离手；第三，持球队员被严密防守时（在正常的一步内），5 秒钟内未能传、投或运球。

（3）8 秒钟规则：当一名队员在后场控制球时，该队必须在 8 秒钟内使球进入前场。

（4）24 秒钟规则：当一名队员在场上控制一个活球时，该队必须在 24 秒钟内完成投篮。

5. 队员出界和球出界

当队员身体的任何部位与界线、界线上方或界线外的地面，或除队员以外的任何物体接触时，即为队员出界。当球触及界外的队员或任何其他工作人员及界线、界线上方或界线外的地面任何物体，或触及篮板的支柱或背面时，即为球出界。

6. 攻防中的干扰球

投篮时，球在飞行中下落并完全在篮圈水平面上时，进攻或防守队员均不能触球；当球在球篮中时，防守队员不得触球或球篮；当球触及篮圈时，攻守队员都不得触及球篮或篮板，但可以触球。

进攻队员违例，投中无效；防守队员违例，球即使没中也要判攻方得分。

7. 用脚踢球与用拳击球

故意用脚踢球、用拳击球或用腿的任何部分拦阻球为违例，脚或腿偶然碰球不算违例。

四、犯规及罚则

犯规是对规则的违犯，包括与对方队员的非法身体接触和违反体育道德的举止。

（一）侵人犯规

侵人犯规是一方队员和对方队员的接触犯规，无论球是活球或是死球，队员不应通过伸展手、臂、肘、肩、髋、腿、膝或脚来拉、阻挡、推、撞、绊、阻止对方队员行进；以及不应将身体弯曲成反常的姿势（超出他的圆柱体）；也不应放纵任何粗野或猛烈的动作。

（二）双方犯规

在篮球比赛中，双方犯规的类型不管是侵人犯规还是技术犯规都不判给罚球，只给队员登记犯规，不登记全队犯规。

如果宣判双方犯规或打架犯规时某队拥有球权，应保留球权，在靠近比赛中断地点的边线掷界外球继续比赛。如果宣判双方犯规或打架犯规时双方球队都未拥有球权，或投篮未成功球在空中，应由任何两个非同队的队员在中圈跳球继续比赛。如果投篮成功，得分有效，在底线掷界外球继续比赛。如果双方犯规是作为裁判员意见不同的结果，不计得分，应由任何两个非同队的队员在中圈跳球继续比赛。

（三）违反体育道德的犯规

某一队员蓄意地对持球或不持球的对方队员造成侵人犯规为违反体育道德的犯规。当球员犯规严重粗野，又或者球员防守时并非针对篮球而是进攻球员时，很容易导致受伤，可判断为违反体育道德犯规。

裁判员手势大全

规则明确指出：判断一起犯规是否违反体育道德，裁判员必须遵循下列原则：

第一个原则：如果队员通过合法的努力去抢球，也就是以正常的篮球动作去抢球，这时发生犯规，就不是违反体育道德的犯规。

第二个原则：如果队员努力去抢球但发生过分的接触，也就是严重的犯规，这种过分的接触就是违反体育道德的犯规。

第三个原则：如果队员恶意拉拽、抢、抱、抱摔、打或推远离开球的队员，那就不是在比赛，而是一种施暴行为，通常这样的行为就是违反体育道德的犯规。

规则还强调指出：裁判员只能判断动作，而且在比赛开始以及在比赛接近终了，也就是贯穿整场比赛都必须用相同的尺度去判断违反体育道德的犯规。对屡次违反体育道德的犯规队员，可取消其比赛资格。

（四）技术犯规

技术犯规是指所有不包括与对方队员接触的队员的犯规。队员不得漠视裁判的劝告或采取不正当的行为。

罚则：竞赛中队员的技术犯规判给一次罚球和在中场掷界外球；竞赛休息期间所有人员的技术犯规均判给两次罚球；竞赛中球队席上的人员技术犯规判给两罚一掷。

（五）其他规定

（1）决胜期内发生的所有全队犯规是下半时发生犯规的一部分。

（2）一个队员不论侵人犯规或技术犯规共达5次，在得到通知时必须自动退出比赛。

知识窗

罕见的篮球“盖帽”

苏联国家男子篮球队在一次比赛中，发生了一件颇有趣味的事。苏联国家男子篮球队的高大中锋阿赫塔耶夫（身高2.23米）在篮下得球后转身欲投，对方两名队员交换了一下眼色，一个人迅速骑在另一个人的肩上。骑在肩上的队员一挥手，“啪”的一声，一个漂亮的盖帽，将巨人阿赫塔耶夫的球击飞。这个超高中锋愣住了，真没想到还有人能盖他的“帽”。这时裁判员也没了主张，自己当了几十年裁判，这种情况还是第一次遇到。吹守方犯规吧，规则里没有这一条；不吹守方犯规吧，这种合二为一的身高优势又怎能服众？场外的观众初是惊愕，继而哄堂大笑，为这个篮球比赛史上罕见的精彩瞬间拼命鼓掌。

第四节　篮球运动欣赏

篮球运动是一项对抗性强、对队员综合素质要求高、强调集体协调配合的集体性运动项目。技术较简单，但战术复杂多变，既强调对抗性又有较强娱乐性，既注重运动员个人发挥又强调团队协同配合，是一项在全世界都非常普及的运动。

观看篮球赛时，一定的规则知识是必要的。在观看比赛初期，应注意队员的犯规或违例的动作，再看裁判的判决。一段时间后，对观众来说，对判罚的结果是看得很清楚的，一般犯规和违例都会做出正确判断，对裁判的水平也会打出一个客观的分数。

要想增加刺激性，最佳方法莫过于去做某一队的忠实球迷，为自己支持的球队进的每一个球叫好，即使是一次很普通的进攻。但要注意，倾向性不能取代文明举止。此外，还要善于发现教练的作用——战略的部署，应变的能力，暂停、换人是否得当和及时。这中间学问很深、名堂很多，要有一定水平才能观察到。有人把观看篮球比赛称为一种艺术欣赏。运动员们精湛的球技、优美的动作使人陶醉，而他们顽强的拼搏精神更值得我们学习和借鉴。另外，我们在看篮球赛时也要有针对性地去看，例如：

（1）看技术。既要看运动员优美的动作，又要看他们运用技术的时机和巧妙之处。既要欣赏运动员精湛的球艺，又要体察他们在球场上的灵感和智慧。

（2）看战术。既要看球队的战术形式，又要看战术运用的合理性与针对性。既要看战术配合的效果，又要体察队员间的默契和教练的胆识。

（3）看球风。既要欣赏运动员高超的技艺，又要感受他们的球风和内在品质。既要领略球星们的风采，又要体察球队的集体风格。

（4）看输赢。既要看比赛的胜负，又要看各队水平的发挥情况。既要看两队间斗智斗勇的较量，又要把成败得失当成一种生活体验。

有些爱好打篮球的男生认为，衡量一个篮球运动员的水平要用十项数据来说话：弹跳、力量、速度、命中率、助攻、抢断、封盖、篮板、失误、犯规。其实很多人在平时打球时只重视前四项，而忽略了后六项，其结果是在赛场上很难和队友配合到位并赢得比赛。

综合而言，篮球运动员应具备以下三项素质：

（1）过硬的身体素质。身体素质是篮球运动员的基础，包括身高、体重、速度、耐力、爆发力、弹跳等方面。之所以身体比技术和心理素质更重要，是因为很多技术是必须靠过硬的身体素质才能完成的。而当篮球运动员的身体素质很好时，对战术又执行得比较到位的话，心理状态也一定会不错。

（2）娴熟多变的技术。球场上每个位置都有适合自己的技术手段，像后卫就要能进行中远距离的跳投、命中率在50%左右、安全将球带到前场、助攻、突破上篮、突破分球等。

（3）冷静的心理素质。衡量一名篮球运动员心理的素质，要从两方面着手：一方面，当球队需要你冷静时，你能冷静而积极地贯彻教练拟订的战术安排，配合队友完成每次进攻和防守；另一方面，为了带动全队的斗志，在可控制自己情绪的情况下，饱含激情，积极拼抢。

总之，篮球比赛是一种非常让人享受的赛事。在观看比赛中，你会随着赛事的进行而让自己的全身心跟随着比赛走，或激动、或沮丧、或大喊、或流泪，似乎身体的每一个细胞都跟随运动员在赛场上奔跑，几乎忘了自己是谁，忘了身处何方，记得的只有篮球给自己带来的美妙感受。

知识窗

投篮命中率最高的运动员

美国加利福尼亚州圣约瑟城神投手纽曼，在1975年5月31日到6月1日的24小时内进行罚球表演，连续投篮13 116次，命中12 874次，命中率98.15%。1977年10月23日，他在加利福尼亚州乔斯城中央青年会蒙着眼睛进行罚球表演，命中率高达80%。他是世界上投篮命中率最高的运动员。

参加比赛最多的篮球运动员

美国费城的格利尔西斯，从1959年到1973年共参加比赛1 122场。在14年中平均每年参加比赛80.14场，是当时世界上参加篮球比赛最多的运动员。然而美国波士顿队的哈里克，在4年后又超越了格利尔西斯。他从1963年到1977年，在14年中共参加比赛1 188场，平均每年参加比赛84.85场，成为世界上参加篮球比赛最多的运动员。

实践与探究

1. 篮球运动起源于哪个国家？是由谁发明的？
2. 目前都有哪些大型篮球赛事？
3. 简述篮球双手胸前传接球的技术方法。
4. 简述篮球跑动步伐的种类。
5. 简述篮球技术犯规的种类。
6. 简述篮球基本进攻战术。

第十章　足球运动

学习要点

1. 了解足球运动的起源与发展；
2. 学习足球运动的简单进攻和防守动作；
3. 掌握足球比赛的基本战术和技能；
4. 了解足球运动的比赛规则及裁判工作；
5. 懂得如何欣赏足球比赛。

第一节　足球运动概述

一、足球运动的起源

足球运动是一项古老的体育活动，其历史源远流长。它的起源可以追溯到人类社会的史前时期。世界上不少民族都有过用脚玩球进行身体活动的历史，都属于足球游戏的范畴。通过对各国有关史料的比较，我国古代开展足球运动要早于其他国家，在 2 500 多年前的战国时期就有了名叫“蹋鞠”（蹴鞠）的足球运动。希腊人和罗马人在中世纪以前从事一种叫“哈巴斯托姆”的足球游戏。中世纪的欧洲，在骑士体育中流行着一种叫“苏里”的足球游戏。

现代足球运动起源于英国，从英国走向欧洲，从欧洲走向世界，已经成为世界上最受欢迎的体育项目，成为世界第一运动。

2001年国际足联宣布古代足球（蹴鞠）起源于中国的临淄。2005年5月20日，在瑞士苏黎世举行的国际足联百年庆典闭幕式上，国际足联主席布拉特先生为足球起源地临淄颁发了“足球起源地证书”。

图10－1　蹴鞠

二、现代足球运动发展概况

现代足球运动诞生之后，很快传播到世界各地，并迅速发展。1904年5月21日，在巴黎成立了国际足球联合会，简称国际足联，英文缩写为FIFA。现在，参加国际足联的国家和地区已达200多个，是世界上最大的单项体育组织之一。

（一）世界足球锦标赛（世界杯足球赛）

1928年国际足联在荷兰首都阿姆斯特丹举行会议，决定从1930年起每4年举行一届世界足球锦标赛（后改为世界杯足球赛），到2018年共举办了21届。冠军奖杯原为“雷米特杯”，1970年第9届比赛时由于巴西队第三次夺得冠军而被永久占有。从1974年第10届比赛开始启用名称“国际足联世界杯”（大力神杯），为永久流动。世界杯足球赛是国际足联组织的规模最大、水平最高的足球比赛。

（二）其他世界大型足球赛事

1900年足球正式成为奥运会的比赛项目，参加奥运会的足球运动员均为业余球员。1984年4月国际足联主席阿维兰热宣布，除不准欧洲和南美洲参加过世界杯足球赛的队员参加奥运会足球比赛外，今后不再区分职业和业余球员，但奥运会足球比赛将对参赛队员年龄（23岁）加以限制。1993年，国际足联执行委员会决定，允许每个参加奥运会足球决赛的队伍有3名超过23岁的队员。

另外，还有世界青年（20岁以下）足球锦标赛、国际足联世界青年（17岁以下）锦标赛、世界女子足球锦标赛、国际足联室内5人制足球世界锦标赛、世界俱乐部足球锦标赛等。

随着职业足球的深入普及，许多国家联赛以及洲际比赛的地位越来越重要。如号称“小世界杯”的欧洲足球锦标赛（欧洲杯）、英超联赛、意甲联赛、西甲联赛等。

第二节　足球的基本技战术及练习方法

一、足球基本技术及练习方法

足球的基本技术主要包括踢球、接球、运球、抢截球、头顶球、掷界外球、守门员技术等。

（一）踢球技术

踢球是足球运动中最基本的技术，主要用于传球和射门。踢球的方法很多，包括脚内侧踢球、脚背正面踢球、脚背内侧踢球、脚背外侧踢球、脚尖和脚跟踢球等多种，一般均由助跑、支撑脚站位、踢球腿摆动、击球和踢球后的随前动作 5 个环节组成。

1. 脚内侧踢球

脚内侧踢球的方法简单易掌握，出球平稳、准确，利于同伴处理，是短距离传接球、射门的常用方法。

动作要领：直线助跑，最后一步稍大，支撑脚踏在球侧约 15 厘米处，膝关节微屈，脚尖指向出球方向。踢球腿以髋关节为轴由后向前摆动，膝踝外展，脚尖微翘，以脚内侧部位对准来球，当膝关节接近球的正上方时，小腿加速前摆，击球瞬间脚保持固定，击球的后中部。

图 10－2　脚内侧踢球

口诀
直跑球侧撑膝屈，
顺摆踝外展尖翘，
球准加速摆前顶，
击球后中部固定。

2. 脚背正面踢球

脚背正面踢球的动作顺畅，便于发力，球多以直线飞行，利于同伴掌握，是长距离传球和射门的重要方法。

动作要领：直线助跑，支撑脚踏在球侧约 15 厘米处，膝关节微屈，脚尖指向出球方向。前摆时，大腿以髋关节为轴带动小腿前摆，当膝关节摆近至球的上方时，小腿加速前摆，脚背绷直，脚趾紧扣，以脚背正面击球的后中部，击球后，踢球腿顺势前摆着地。

口诀
直线助跑膝弯曲，
大腿带动脚背击，
触球刹那脚背直，
收腹摆腿球前飞。

图 10－3　脚背正面踢球

3. 脚背内侧踢球

脚背内侧踢球的摆腿动作顺畅，脚触球面积大，出球平稳有力，而且性能变化很多，可直线可弧线，可以高远球亦可以低平球，是传球、射门的重要方法。

动作要领：斜线助跑，与出球方向约成 45°角，最后一步稍大，支撑脚后部外沿先着地，然后过渡到全脚掌，踏在球的侧后方约 25 厘米处，脚尖指向出球方向，膝关节微屈；支撑的同时，踢球腿以髋关节为轴，大腿带动小腿由外后向前内略成弧线摆动，膝、踝关节稍外旋，当膝关节摆至接近球的内侧上方时，小腿加速前摆。击球时，膝向前顶送，脚背绷直，脚趾扣紧斜下指，以脚背内侧击球的后中下部，击球后顺势前摆着地。

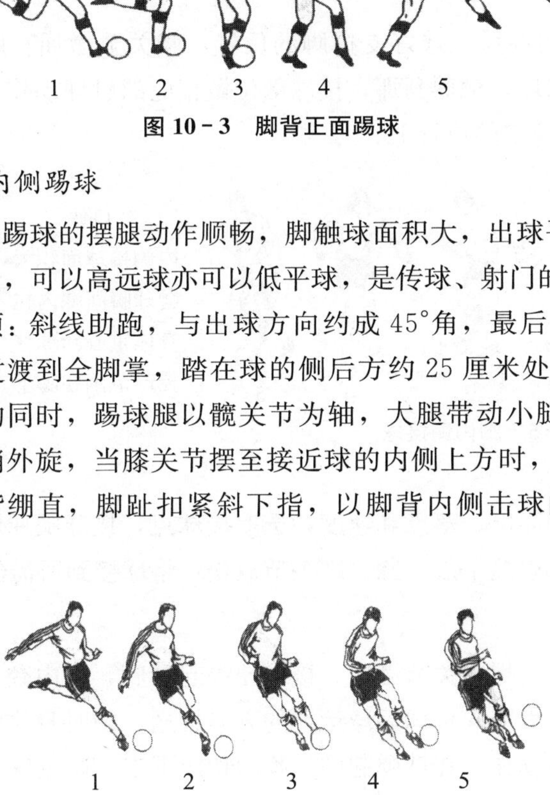

口诀
无论定位和地滚，
膝踝外展脚尖翘，
脚腕绷紧触击球，
摆幅速率注意到。

图 10－4　脚背内侧踢球

4. 踢球练习方法

（1）助跑、支撑练习，练习支撑脚的稳定性及身体的控制能力。

（2）原地摆腿、击球练习，体会踢球的动作要领。

（3）两人一球，一人用脚底踩在球上（踩球脚脚尖翘起，脚底与地面夹角成 45°左右，将球卡在地上），另一人轻踢“固定球”练习。

（4）对着足球墙踢定位球练习，距离由近到远，力量由小到大。

（5）两人对踢定位球练习。

（6）踢运动状态球的练习。

（7）两人或多人之间的传球练习。

（二）接球技术

接球是指运动员运用身体的有效部位，将运行中的球有目的地接控在所需位置上的动作方法。其中触球动作又可分为缓冲、迎撤、压推、切挡、拨转和收挺几种方法。按触球部位可分为脚部、腿部、腹部、头部几个大类。

1. 脚内侧接球

身体正对来球，判断来球的性质，选好支撑脚的位置，膝关节微屈。膝、踝关节外旋，脚尖微翘，用脚内侧对准来球。触球刹那，接球部位做相应的触球动作（如缓冲、切挡、拨转等），将球控制在事先预定的位置上。

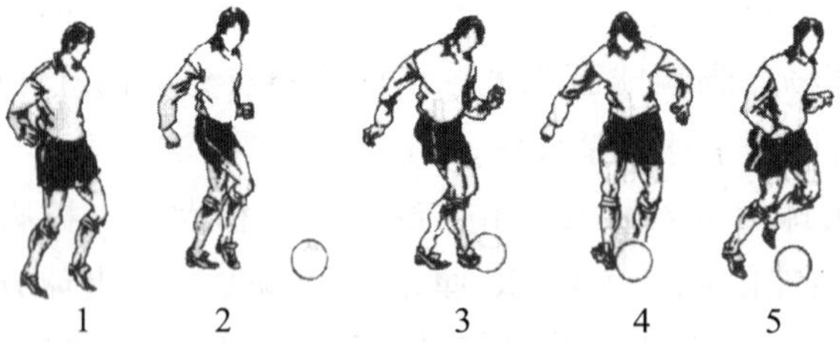

口诀

内侧接球面积大，
触球瞬间踝内拉，
身体重心随球移，
控球范围在胯下。

图 10－5　脚内侧接球

2. 脚背正面接球

身体正对来球，判断来球的高度、落点和速度，选取接球点，接球腿屈膝提起，用脚背正面迎球。接球瞬间，接球脚引撤下放，膝、踝关节放松，将球接到所需位置上。

3. 脚背外侧接球

将接球点放在接球腿一侧，支撑腿关节微屈，接球腿提起屈膝，脚内翻，小腿和脚背外侧与地面成一夹角。接球时，大腿向接球后球运行的方向推送，同时身体随球转动。接反弹球时，以膝关节领先做扣压动作，在球弹起的一瞬间切压下来，避免球弹起。

4. 大腿接球

大腿接球主要是运用大腿中部，一般适宜接弧度较大的高空下落球或平行于大腿高度的来球。身体正对来球，接球腿大腿抬起，以大腿中部对准下落的球，肌肉适当放松。在触球的瞬间，大腿迅速下撤，使球落在与下一个动作衔接所需要的位置上。

接低平球时，面对来球，接球腿以大腿中部对准来球，屈膝稍前迎。大腿在接触球的瞬间，随球后撤，使球落在与下一个动作衔接所需要的位置上。

5. 胸部接球

挺胸式接球时，身体正对来球，两腿自然开立，膝微屈，两臂自然张开，上体稍后仰，与来球形成一定的角度。触球刹那，胸部主动挺送，使球向前上方弹起后落于体前。

缩胸式接球适用于齐胸的平直球，在触球瞬间，通过迅速收腹、缩胸来缓冲来球的力量，使球直接落在身体前面。

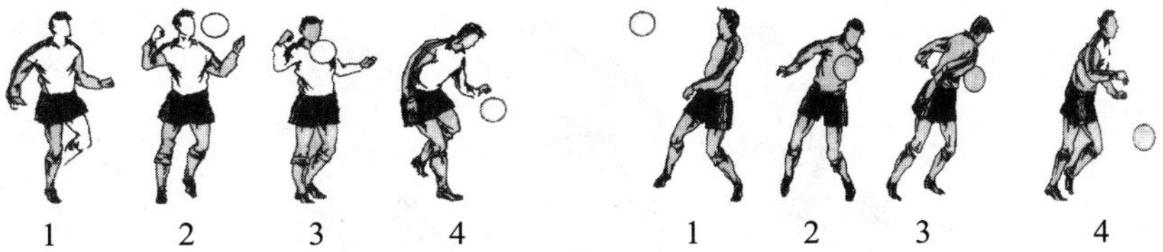

挺胸式接球　　　　缩胸式接球

图 10－6　胸部接球

6. 接球练习方法

（1）各接球部位的抛接练习。可自抛自练，也可两人对练。

（2）接地滚球、空中球、反弹球练习。可结合足球墙、网踢接球自练，也可进行各种形式的由近距离到远距离的传接球对练。

（3）在跑动中速度由慢到快的传接练习。

（4）结合其他技术的综合性练习和传抢游戏。

（三）运球技术

运球是指足球运动员在跑动中运用脚的推拨动作在自己控制范围内连续触球。合理运用运球技术，对调控比赛节奏、丰富战术变化、破解密集防守、创造射门机会都具有实际的意义。

1. 脚内侧运球

支撑脚在球的侧前方落位，膝微屈，上体稍向前倾并侧对球，随着重心前移，运球脚膝外转，用脚内侧部位推球前进。脚内侧运球的动作特点是容易控制球，但速度慢，适用于掩护性运球。

脚内侧运球

图 10－7　脚内侧运球

2. 脚背正面运球

身体为正常跑动姿势，上体稍前倾，步幅不宜过大，运球脚提起，膝关节微屈，髋关节前送，提踵，脚尖下指，在着地前用脚背正面部分触球的后中部将球向前推送。脚背正面运球的动作特点是速度快，但线路单一，推进时前方需要有较大的纵深距离。

脚背正面运球

图 10－8　脚背正面运球

3. 脚背外侧运球

跑动时身体放松，上体稍前倾，步幅稍小，运球脚提起时膝弯曲，脚跟提起，脚尖稍内转，在前伸着地前，用脚背外侧推拨球。脚背外侧运球灵活性强，易于控制运球方向和发挥运球速度，同时便于对球进行保护，是一种重要的运球动作方法。

4. 运球练习方法

运球技术没有踢球、接球技术那样丰富多彩，但是运球作为一项最基本的技术，需要熟练的“脚感”作为基础，因此运球练习应从培养“脚感”出发，遵循由简到难、由基础到复杂、由慢速到快速的练习原则。

(1) 培养脚触球的感觉（即脚感）。可通过推、拉、拨、扣、颠球等基本练习，适应和熟悉球性，建立和提高球感，同时发展脚步协调性。

(2) 明确运球技术的“推拨球”的概念及特征。直线运球：发展脚背正面、脚背外侧的运球能力，可先从单只脚连续运球到左右脚交替运球，练习过程中必须突出“蹬→摆→推（拨）”环节，尽量保持人、球速度的和谐统一。

(3) 曲线运球。包括弧线运球、折线运球、圆形运球等练习，主要发展脚内侧的运球能力，练习过程中必须突出“球动人动、人球一体”。

(4) 运球练习。在限定的时间内，限定触球部位的运球练习，可加强对身体的控制能力。

(5) 在规定的距离内，限定触球次数的运球练习，可加强触球力量、速度的控制能力。

(6)“外界信号控制”练习法。通过声音信号，进行变速、变向、扣球、转身运球的练习，可加强反应能力及对身体、球的控制能力。

(7) 通过视觉信号，进行急停、变向练习，可增强运球观察的习惯。

(8) 利用标志筒、杆等辅助工具进行各种形式的运球练习。

(四) 抢截球技术

抢截球是足球运动技术的一种，是将对方控制或传出的球占为己有，或破坏对方对球的控制的技术。抢截球是比赛中由守转攻的主要手段，可分抢球和断球两种，有正面抢、侧面抢和铲球等动作方法。抢球时须善于利用合理冲撞，动作快速、凶猛、果断。正确的判断和选择是动作成功的关键。

1. 正面抢球

进攻者运球正面对着抢球者而来，抢球者为了将对手所控制的球抢过来或破坏其所采用的动作方法，称为正面抢球。包括正面跨步抢球和正面倒地铲球。

（1）正面跨步抢球。两脚前后开立，两膝微屈，身体重心下降并放在两脚之间，面向对手，在对手运球脚触球即将着地或刚着地时，支撑脚用力后蹬，抢球脚以脚内侧对着球跨出，膝关节弯曲、上体前倾，身体重心移至抢球脚上，另一脚立即前跨。如果双方的脚同时触球，则要顺势提拉，使球从对方脚背滚过；同时身体重心迅速跟上，把球控制好。在离球稍远抢不到的情况下，则可用脚尖捅抢。

图 10－9 正面跨步抢球

（2）正面倒地铲球。两脚前后开立，两膝微屈，身体重心下降并放在两脚之间，面向对手。在对手运球脚触球即将着地或刚着地时，一脚立即用力后蹬，另一脚沿地面向前滑铲，同时上体侧转后仰倒地，接着蹬地脚迅速沿地面呈弧形扫踢球，屈肘用手扶地或接着侧滚。

2. 侧面抢球

侧面抢球是与运球者平行跑动或从后面追成平行位时所实施的抢球动作。主要包括合理冲撞抢球、异侧脚铲球和同侧脚铲球三种情况。

（1）合理冲撞抢球。当与对手并肩跑动时身体重心稍下降，同对手接触一侧的臂紧贴自己的身体。当对手靠近自己一侧的脚离地时，用肘关节以上部位冲撞对手的相应部位，使其失去平衡而乘机将球抢过来。

（2）异侧脚铲球。当控球者拨出球的一刹那，抢球者后脚（同侧脚）用力后蹬地成跨步，前脚（异侧脚）以脚外侧沿地面向前内侧滑出，用脚底蹬球。然后，小腿外侧、大腿外侧和臀部依次着地。

（3）同侧脚铲球。当控球者拨出球的一刹那，抢球者后脚（异侧脚）用力后蹬成跨步，前脚（同侧脚）以脚外侧沿地面向前外侧滑出，用脚背或脚尖将球踢或捅出。然后，小腿外侧、大腿外侧和臀部依次着地。

图 10－10　侧面抢球

3. 侧后抢球

侧后抢球多是在对手突破的情况下，防守队员进行的回追反抢技术。由于位置上的劣势，因此必须靠铲的抢动作争取主动，分为同侧铲球和异侧铲球。其铲球动作同侧面铲球，只是要特别注意铲球的时机与动作，不能造成先铲到人而犯规。

图 10－11　侧后抢球

4. 抢截球练习方法

（1）无球模仿练习；

（2）二人一球，做原地跨步抢球练习；

（3）模拟对抗抢截球，一人慢运球，另一人做正面抢截球练习；

（4）二人在同向慢跑和快跑中进行冲撞抢球练习。

头球

（五）头顶球技术

头顶球是指运动员有目的地运用额部将球击向预定目标的动作方法。头顶球技术是传球、射门、空中抢断球的有效手段，特别是在争高空球时，头顶球技术更为重要，是争取时间、空间优势的重要技术手段。头顶球技术按顶球部位可以分为前额正面顶球和前额侧面顶球。

1. 前额正面顶球

前额正面顶球技术特点是触球部位开阔、平坦，动作发力顺畅，容易控制出球方向，是传球、射门常用的技术方法。

动作要领：原地顶球时，身体正对来球，两眼盯球，两腿自然开立，膝关节微屈；当球临近时，上体稍后仰，展腹挺胸，两臂自然张开，下颌紧收，身体自上而下蹬地、收腹、摆体、顶送发力，当头摆至身体垂直部位时，用前额正面顶击球的后中部。

跳起头顶球时，首先根据球的速度、高度，选择起跳位置，起跳脚积极蹬地发力，手臂协调向上摆；跳起后，展腹挺胸，形成“背弓”，睁眼盯球，快速收腹摆体，下颌收紧，前额积极迎球顶送；顶球后屈膝缓冲落地。

图 10－12　前额正面顶球

2. 前额侧面顶球

前额侧面顶球技术特点是动作快速、变向突然，出球路线难以判断，对球门的威胁性极大；但动作难度较大，力量偏小，多用于防守时破坏球以及进攻时接传中球射门。

动作要领：原地顶球时，身体稍侧对来球，两脚左右开立，顶球方向一侧的腿在前，身体侧后微屈，重心落在后腿上，两臂自然张开，眼睛注视来球。顶球时，后侧腿用力蹬伸，身体顺势向出球方向侧摆，同时颈部侧甩发力，用前额侧部将球顶出。

跳起顶球动作与前额正面跳顶动作基本一致，只是在跳起后，上体向出球的反方向转体。

图 10－13　前额侧面顶球

3. 头顶球练习方法

（1）徒手模仿头顶球动作。

（2）两人一球，一人抛球，一人顶球；或一人一球，自抛自顶；或用吊球进行练习，体会顶球部位和动作要领。

（3）两人一球，相距 5 米，自抛自顶给对方；或一人一球对墙练习。

（4）两人一球，一抛一顶，连续对顶或在一进一退中顶。

（5）三人一球，进行三角顶球练习比赛，在规定时间内连续顶球次数多者获胜。

（六）掷界外球技术

界外球是足球比赛中当足球由场内地面或在空中完全滚（跃）出足球场边界线后，由裁判判罚给最后触球方的对手，让其由足球出界处掷向场内任何方向，以重新开始比赛的

掷界外球

一种方式。正确地掷界外球有利于本队队员形成攻势而破门；错误地掷界外球会造成违例，而由裁判重新判罚。

动作要领：首先，掷界外球的队员要面向比赛场地。然后，两脚前后开立，屈膝后仰，双手相对，持球的后侧，屈肘置球于头后。掷球后，后脚用力蹬地发力，依次进行摆体收腹、挥臂、甩腕动作，三个动作连贯为一体，迅速有力地将球掷向预定目标。

图 10－14　掷界外球

(七) 守门员技术

守门员是全队的最后一道防线，其主要职责是化解对方射门所造成的威胁，阻止对手得分。一个优秀的守门员对于整支球队来说是非常重要的，人们常说“一个优秀守门员抵得上半支球队”就是指守门员的重要性。

1. 准备姿势

准备姿势即守门员采取行动之前所保持的身体姿势。两脚平行开立，上体略前倾，两腿自然屈蹲，脚跟稍提，重心保持在前脚掌上，双臂自然屈肘放在体前，五指自然张开，掌心向下，注意力保持高度集中，两眼始终注视着球。

2. 脚步移动

当对方进攻时，守门员要及时站好位置，并随着球的转移合理地移动脚步，以调整防守位置。守门员的位置应在球所在的地点和两个球门柱之间夹角的分角线上。当对手射门距离较近时，适当向前移动，以缩小扑球角度；当对手射门距离较远时，适当后撤，以防止对手吊射入门。移动脚步方法有两种：一是侧滑步移动，身体正对来球（以向右为例），左脚用力蹬地，右脚离地向右侧滑动，左脚迅速跟上，一般用于对手射低平球时两侧扑球移动。二是交叉步移动，上体向右倾斜，身体重心移到右脚外侧，然后左脚用力蹬离地面向右侧横跨与右腿交叉落地；落地时用脚掌外侧着地，再过渡到全脚掌着地，同时向右横跨一步再成准备姿势。交叉步移动一般用于移动距离较长的情况，多与扑球结合运用。

3. 接球技术

（1）接高球。接高球包括跳起接球和不跳起接球。守门员能否将球稳稳接住，其接球的手型起关键作用。双手自然张开，拇指相对，食指与拇指形成“球窝状”。要接触球的后中部，触球部位以手指为主。在接球的一瞬间，两手要有缓冲动作，将球牢牢控制在手中。

图 10－15　接高球

（2）腹部接球。身体正对来球，当球临近时，根据来球高度做好相应的接球姿势。接球时，两臂尽量前伸迎球，掌心向上，手指张开成“簸箕”状。手指触球的瞬间，屈臂夹肘收球缓冲，并顺势屈腕、压胸，将球抱牢于胸前。

图 10－16　腹部接球

（3）接地滚球。接地滚球分为直体接球和单膝跪地接球两种。直体接球时，两脚要自然并拢，脚尖对准来球，上体前屈，两臂自然下垂，手指自然张开，手心向前，两手接球底部；接球后，两臂自然弯曲，并互相靠拢，将球抱至胸前。单膝跪地接球时，两脚前后开立，前腿弯曲，支持身体重心，后腿跪立，膝关节接近地面，并靠拢前脚跟，上体前倾，手臂下垂，掌心对准来球，两手接球底部，接球后将球抱至胸前。

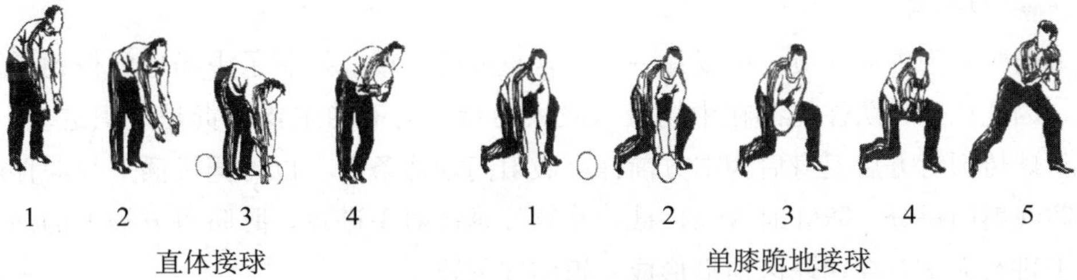

图 10－17　接地滚球

（4）托、击球技术。托、击球技术是守门员在应急情况下的应变运用。托球时，近侧手臂伸出迎球，触球刹那，手腕后仰，用掌根部顶推发力，将球向侧或向上托出。击球一般用于出击时的防守，在争抢高球无把握的情形下，可利用单拳或双拳将球击出。双拳击球时，在起跳的上升阶段，双手于胸前屈肘握拳，两拳并拢，掌心相对，至最高点时，双拳同时迎球并冲出击球。单拳击球时，击球手臂位于肩侧，屈肘握拳，体稍侧转，以肘带肩挥拳，用拳面将球击出。

4. 守门员技术练习方法

(1) 守门时按同伴的手势做左右或前后的移动练习。

(2) 接同伴抛来或踢来的地滚球、平直球和高空球。

(3) 守门员接自己对墙掷出的各种反弹回来的球。

二、足球基本战术

足球战术是指比赛双方为了充分发挥个人与集体的特长，攻击对方的弱点，取得比赛胜利所采用的手段和方法。根据攻防的基本特点，足球战术可分为进攻战术、防守战术、比赛阵形三大部分。攻防战术又包括个人、局部和全队整体的攻防战术以及定位球战术。战术的运用是以体能为前提、以技术为基础、以心理为保证的。

(一) 各个位置的职责

1. 边后卫的职责

边后卫主要是防守对方的边锋以及其他进攻队员在边路的活动，破坏对方由边路发动的进攻，同时可利用插上助攻式运球来直接威胁对方球门。

2. 中后卫的职责

中后卫有突前中后卫和拖后中后卫之分。前者主要任务是盯守对方突前的最具威胁力的中锋，因而又被称为盯人中后卫；后者则主要担负整个防线的指挥任务，其站位经常处于其他防守队员后面，一般称为自由中后卫。

3. 前卫的职责

前卫通常称为中场队员。中场是一个非常重要的区域，控制了中场也就得到了比赛的主动权，因此比赛各队往往都在中场投入较大力量。前卫的主要职责是组织进攻，及时、准确地将球传到对方后卫身后为本方前锋突破射门创造条件，也可伺机插上与同伴配合突破对手防线射门得分。防守时就地拦截，瓦解、延缓对手进攻，盯防对方插上的前卫，并协助后卫进行夹击，在罚球区前沿形成一道防守屏障。

4. 前锋的职责

通过传切配合，运球突破防守进行射门得分。丢球后就地展开反抢，抢球不成功则在中场游弋以牵制对方防守者，削弱对方的进攻力量。

(二) 局部进攻战术

1. 传切配合

传切配合是指控球队员将球传给切入的进攻队员的配合方法，是局部进攻战术中运用最多的方法。传切配合可以分为直传斜切、斜传直切和斜传斜切三种方法。

2. 交叉掩护配合

交叉掩护配合是指在局部区域两名进攻队员在运球交叉换位时，以自己身体掩护同伴越过防守队员的配合方法。

3. 二过一配合

二过一配合是在局部区域，两名进攻队员通过两次传球越过一名防守队员的战术手段。配合形式包括直插斜传二过一、斜插直传二过一和回传反切二过一。

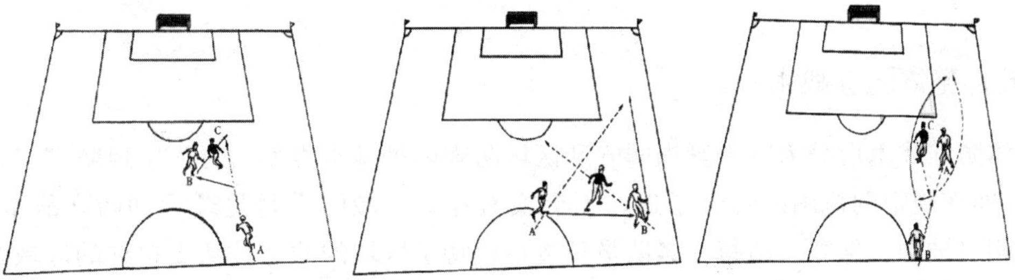

注：实线为传球路线，虚线为球员移动路线

图 10－18　二过一战术配合

(三) 整体进攻战术

整体进攻战术是指在比赛中一方得球后，通过队员之间的传递配合达到射门的目的而采用的配合方法。与局部进攻战术相比，整体进攻战术的进攻面比较广，涉及队员比较多，是全队协调一致的行动，体现了一个队的进攻能力和配合实力。

1. 边路进攻

利用球场两侧区域发起进攻的方法叫边路进攻。边路进攻是整体进攻战术的主要形式之一，其主要特点是有利于发挥进攻速度，打破对方防线以制造缺口。

2. 中路进攻

中路进攻是利用球场中间区域组织的进攻。这种进攻虽能直接射门，但难度很大，因为中路防守最为严密。进攻队员必须反应敏锐、意识强、技术高、敢于冒险、速度快和善于跑位策应。

3. 快速反击

比赛中当对方进攻时，后卫线往往压至中场附近，防守人数也由于插上进攻和助攻而相对减少，此时如能抓住对方防区空隙较大和回防较慢的机会，乘其失球发动快速反击，往往能取得良好的效果。

(四) 局部防守战术

局部防守战术是两个或两个以上的防守队员之间的配合方法，是整体防守战术的基础。其基本配合形式有：保护、补位和围抢。

（1）保护是指在逼抢持球对手的同伴身后，选择适当的位置协助防守并阻止对方突破的战术配合方法。

（2）补位是指当防守过程中一个防守队员被对手突破时，另一个队员立即上前进行堵封，以弥补防守漏洞的配合方法。

（3）围抢是指比赛中在某局部位置上，防守一方利用人数上的相对优势（通常是两三个队员）同时围堵对方的持球队员，以求在短暂时间内达到抢断或破坏对方的目的。

（五）整体防守战术

整体防守战术可分为盯人紧逼防守和区域防守两种基本类型。盯人紧逼防守（人盯人防守），即在规定的范围内盯人紧逼，不交换看守。区域防守是足球运动防守战术之一，是一种相对被动、保守，由每一名队员负责一块特定区域的防守技巧。单纯的区域防守或者单纯的盯人防守都有劣势，在当今的比赛中已经很少使用。混合盯人防守是目前最为合理的防守战术，即盯人防守和区域防守相结合，在个人的防区内紧逼，做交替防守。

（六）定位球战术

定位球战术包括：中圈开球、掷界外球、球门球、罚球点球、角球和任意球。较重要的是角球和罚球区附近的任意球战术，因为一个定位球往往决定了关键性比赛的胜负。有资料统计，40%左右的进球源于定位球，因此定位球战术训练就显得至关重要。

1. 任意球攻守战术

一般而言，战术配合简练，成功的可能性就会大些。对对方构成较大威胁的是发生在罚球弧处的任意球，这里将着重分析前场 30 米罚球区附近的任意球。

（1）直接射门。在前场 30 米区域内获得任意球的机会时，只要有可能射门，最好的办法就是直接射门。随着守队排墙人数的增加，直接射入对方球门变得更加困难，因此，射手更需要掌握高超的踢弧线球的技术。同时，进攻队员常采用在对方人墙的两侧或中间"夹塞"的办法，以此在射门前阻挡守门员的视线，使其看不清罚球队员的动作，而在射门时这些队员迅速让出空当，使射出的球通过空当。

（2）配合射门。在罚球区的侧角和两边，当不能直接射门时，则应进行配合射门，经常采用的有短传配合和长传配合两种。配合的传球次数宜少不宜多，宜简不宜繁。传球和射门配合要默契。为避开人墙，要用假动作分散对方的注意。

2. 角球攻守战术

（1）角球的进攻战术。随着技术的提高，角球的威胁大增。角球进攻战术可分为短传配合战术和长传直接传至门前抢点战术。短传配合战术应快速、简练、突然，而且在整场比赛中运用频率不要太高，与长传穿插配合使用效果更佳。长传球则分为传前点战

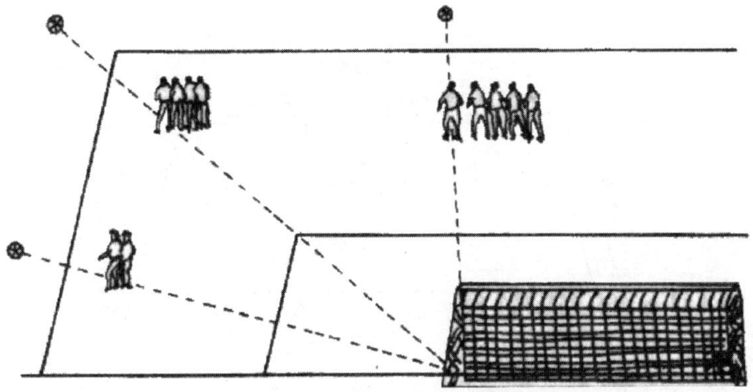

图 10-19 不同区域的人墙站位

术和传后点战术两种。传前点需要踢出弧度低平、向球门旋转的球，顶球队员站在近门柱处，迎球向前跑动，转身向球门前上角蹭顶；传后点则要弧度较高，落点在门柱前宽 3 米、长 8 米的主要得分区域内，由身材高大、争顶能力强的队员头球攻门。

（2）角球的防守战术。对方踢角球时，前锋、前卫都要及时回位布防，在门柱的两侧各安排一名防守队员弥补守门员的防守“盲区”，身材高大、头球技术好的队员守住门前最危险区域，其他队员进行人盯人贴身紧逼防守，并占据重要位置；角球顶出之后，全队要迅速压上，既可减缓门前压力，又能导致对方越位犯规。

第三节 足球规则简介

一、足球比赛场地介绍

（一）场地

国际足联规定世界杯决赛阶段比赛场地为长 105 米、宽 68 米。国内基层比赛的场地可因地制宜，但在任何情况下，边线的长度必须大于球门线的长度，场内各区域的面积不得变更。球场地面必须平坦、硬度合适，以不伤害运动员和不影响球赛的正常运行为原则。国际足联世界杯足球赛组委会曾指令世界杯足球赛不得在人造草皮球场上进行。

（二）界线

球场各线须与地面平齐，不得做成 V 形凹槽或高出地面的凸线。线的颜色须清晰。土地球场最好用白灰粉或灰浆画线。场地各线的宽度不超过 12 厘米（一般以 12 厘米为宜）。边线与球门线的宽度应包括在场地面积之内，其他各线宽度亦应包括在该区域面积之内。球门区和罚球区的丈量，应从球门柱内侧和球门线外沿量起。球门线的宽度必须与球门柱的宽度相等。

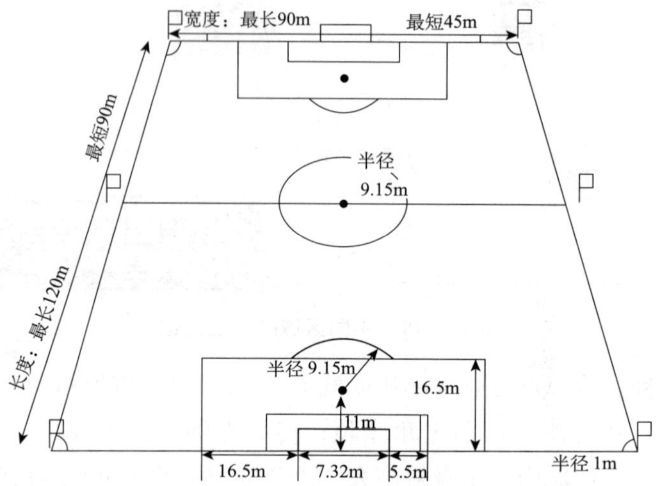

图 10－20　足球比赛场地

（三）球门

比赛场地的球门应是固定的，门柱及横梁的宽度与厚度均应相同。球门颜色必须是白色。球门网应适当撑起，使守门员有充分的活动空间，并在球进网后不至于弹出。

（四）足球的标准

足球是圆形的，以皮革或其他合适的材料制成。球体的圆周不得超过 70 厘米、不得少于 68 厘米。球的重量在比赛开始时，不得超过 450 克、不得少于 410 克。如果在比赛中球破裂或不再符合标准，应停止比赛，更换标准的球，在球破裂的地点坠球重新开始比赛。如果当时球是在球门区内，则坠球的地点是在平行球门线的球门区线上最接近比赛停止时球的位置的地点。比赛时间内未经过裁判同意，不可更换比赛用球。正式的国际足球比赛分为上、下两个半场，每半场 45 分钟，中间休息时间不得超过 15 分钟。

二、参赛队员及裁判员

每队上场队员不得多于 11 名，其中必须有 1 名守门员。如果一队的场上队员少于 7 人，则比赛不能开始。每场比赛最多可以使用 3 名替补队员；场外和场上队员未经裁判员许可不能擅自进出场地。比赛时守门员和其他队员的位置不能随意交换，如需要交换，须经过裁判员同意。

一场正式的足球比赛由一名裁判员、两名助理裁判员、一名第四官员担任裁判工作。裁判员的职责：有场上的最终判决权，决定比赛时间是否延长，比赛是否推迟和中止。助理裁判员的职责：示意越位及球出界，协助裁判员进行场上判罚，但没有最终判决权。

三、越位

进攻队员较球和最后第二名对方球员更接近于对方球门线（与之平行则不是），即为越位。队员处于越位位置本身并不是犯规，只有在同队队员踢或触及球的一瞬间，这名处于越位位置的球员干扰比赛、干扰防守队员、利用越位位置获得利益时才会被判为越位犯规。队员直接接到球门球、角球、界外球则不算越位犯规。

四、犯规与不正当行为

队员在比赛中如果出现以下行为则被判犯规或不正当行为，在犯规地点判罚给对方踢直接任意球。如果下列犯规出现在本方罚球区内，则被判罚球点球：

（1）踢或企图踢对方队员；
（2）绊摔或企图绊摔对方；
（3）跳向对方队员；
（4）猛烈地或带有危险性地冲撞对方队员；
（5）打或企图打对方队员；
（6）向对方队员吐口水；
（7）拉扯对方队员；
（8）推对方队员；
（9）故意手球（不包括守门员在本方罚球区内）；
（10）为了实现对球的控制而抢截对方球员时，于触球前触及对方队员。

五、出示红黄牌

1. 需要被黄牌警告的犯规或不正当行为

（1）比赛开始后，队员擅自在比赛进行中离场、进场而未经裁判员允许；
（2）队员连续违反规则；
（3）延误比赛重新开始；
（4）罚角球、任意球、掷界外球时不退出规定的距离；
（5）犯有非体育道德行为；
（6）以语言或行动表示异议。

2. 队员出现下列情况时，裁判员出示红牌并罚令其出场

（1）有暴力犯规行为的；
（2）严重犯规的；
（3）向对方或其他任何人吐口水；

（4）经黄牌警告后，因犯规又被给予第二次黄牌警告；

（5）使用无礼的、侮辱性或辱骂性的语言及动作；

（6）用可能被判为直接任意球的犯规，破坏对方向着本方球门移动着的明显进球得分机会。

六、掷界外球

掷界外球时球员必须面向球场，两脚均应有一部分站在边线上或边线外，不得全部离地，用双手将球从头后经头顶掷入场内。掷球员在球被其他队员踢或触及前不得再次触球。界外球不可以直接掷入球门得分。

七、罚球点球

在比赛进行中，一个队在本方罚球区由于违反了可判为直接任意球的十种犯规之一而被判罚的任意球，应执行罚球点球。罚球点球时，除主罚队员之外的双方队员不能进入罚球区。如防守方提前进入罚球区，进球有效，不进则重罚；如进攻方提前进入罚球区，进球应重踢，如不进则为防守方球门球。在罚球点球时，守门员可以在球门线上左右移动，但不可以提前向前移动。

第四节　足球运动欣赏

激动人心的足球比赛往往会让球迷为之疯狂，那么观看一场足球比赛，作为观众应该如何去欣赏？

一、了解比赛规则，做好看前准备

我们首先需要了解的就是该场比赛是由国际足联统一组织的比赛（如世界杯、亚洲杯等），还是普普通通的友谊赛、邀请赛抑或是自己国家的联赛。如果是前者，则会严格按照国际足联制定的足球比赛规则来执行。国际足联也会派出监督员到场，保证规则的实施。而后者则相对宽松，可自定一些变通的规则，以达到增进感情、切磋球技的目的。

看前准备是我们需要做的第二步。这里所说的必要准备是指了解双方技术风格。赛前了解清楚比赛双方的技术风格会使观球的乐趣大增。一般来讲，两支不同流派的球队交锋，比同属一种流派两支球队的对垒要精彩得多。除此之外，摸清参赛双方过去交锋的成绩也是必要的。

还有，本场比赛是否重要，是否关系到某一对垒双方或者影响第三方、第四方的前景等，这些情况最好也能掌握。不同流派自然会有其不同的特点，在战术打法上的表现也不尽相同。

如果是在电视机前观看，解说员一般都会对比赛双方做出介绍，看前准备也不用太过仔细。

二、关注比赛本身，读懂体育精神

对球员来讲，是否在场上拼尽全力完成比赛，是否做出有违体育道德的行为或动作是很重要的。一支球队中有无球星助阵，有时直接关系到比赛的上座率及比赛的精彩程度。同时，真正的世界级球星也会以自己出众的球技使他所在的球队在竞争中处于有利的位置。所以，看一个队中有无球星，将是衡量一场比赛精彩程度的一个重要因素。

对教练来讲，临场指挥水平是关键。教练在比赛中的指挥，从某种意义上讲，比主力队员在场上的作用还要重要。因此，衡量一名教练的水平，临场指挥能力的高低是一个重要参考依据。教练的临场指挥水平主要反映在临场战术的改变及场上队员的调遣上。

对裁判员来讲，一场比赛能否顺利进行、双方的技术和战术水平能否得到最大限度的发挥，裁判员的水平高低和执法是否合理将起到至关重要的作用。一名高水平的、执法公正的裁判员，应是一名善于处理赛场复杂情况的能手，能控制双方的过激情绪，及时惩罚严重违规的队员，而不管其名气有多大。在对关键球，特别是有争议的球的处理上，果断、准确，手势清晰、语言简洁，让人心服口服、经得起推敲。可以说，有一名好的裁判员，比赛就成功了一半。另外，他还应该是一名“心理学家”，能及时洞察犯规队员是有意还是无意，在判罚的同时，会使用自己的魅力去征服球员，收到红、黄牌所达不到的判罚效果。球迷在观察的时候，不要忘了观察裁判员的执法是否合理，起到舆论监督的作用。

再就是体育精神，从整体上说，我们应注意欣赏蕴含在体育比赛中的那种崇高的体育精神，它包括竞争精神、自我超越精神和团结协作精神。体育比赛的最大魅力在于永恒的竞争，在于有规则的、公平的、平等的、和平的竞争。体育比赛的魅力还在于运动场上的团结协作和配合默契。一个眼神、一个手势、一句简单的语言提示，均可以使运动员之间的配合做到天衣无缝，犹如行云流水，从而达到最佳的境界。而足球就是对这种体育精神的最好诠释。

三、做出中肯评价，提高欣赏水平

欣赏足球比赛，观看比赛的精彩场面固然是一种奇妙的享受，而赛后如能融入自己的观点去品味、评论它，同样能使你陶醉其中。曾有人说：真正的球迷，足球给他带来的乐趣，三分之一在赛前，三分之一在赛中，还有三分之一在赛后。

一场激烈、精彩的比赛结束后，对成败双方得失的因果关系做出自己的判断，对双方技战术特点谈谈自己的看法，都会使你观赛的档次提高。

赛前，展望双方的获胜前景；赛中，细心观察双方的水平发挥；赛后，大胆预测双方下一轮的比赛情况。如能这样，你就不再是一名简单的观众。球迷朋友们不要把自己对足球的热情局限在球场上一时的宣泄，不妨把它的内涵引申出来，赛后和你的家人、朋友甚至素不相识的人谈谈感受，既可是人生大角度的，也可是局部细微之处的。再注意下赛后报刊的评论文章，逐步提高自己的分析、观摩水平。

四、拥有一颗热爱足球的心

当之无愧的世界第一运动——足球运动，令无数人如痴如醉。这项运动的魅力究竟从何而来？我们在感受足球比赛魅力的同时，没有谁不会爱上足球带来的激情，没有谁不会被足球带来的惊奇与魔力所感染。

实践与探究

1. 试分析运球、踢球、接球、头顶球的技术动作过程。
2. 试分析踢球、接球技术的易犯错误及纠正方法。
3. 简述整体进攻战术、防守战术分类、打法及特点。
4. 主要的定位球有哪些攻守方法及要求？
5. 什么情况下应判罚队员越位犯规？试举例并绘图说明。

第十一章 排球运动

学习要点

1. 了解当代排球的发展趋势；
2. 掌握排球基本的技术和战术；
3. 掌握排球的规则和裁判原则，提高比赛和欣赏水平。

第一节 排球运动概述

一、排球运动的起源和发展

排球从开始仅仅是少数人的一种游戏、娱乐手段，发展到今天，成为遍及世界五大洲，为广大群众所喜闻乐见的体育运动项目之一。

1895 年，美国马萨诸塞州霍利奥克市基督教男子青年会体育干事威廉·G. 摩根认为当时流行的篮球运动过于激烈，于是创造了一种比较温和的、老少皆宜的室内游戏。1896 年，美国斯普林菲尔德市立学校的霍尔斯泰德博士把摩根发明的游戏起名为“volleyball”，并沿用至今。1896 年，在斯普林菲尔德体育学院举行了世界上最早的排球比赛。1897 年，摩根制定了排球比赛规则，当时他规定采用“轮转制”“每局 15 分”，1918 年又做出了上场人数为 6 人的规定。从此，欧美开始流行 6 人排球。1947 年，排球运动世界性组织——国际排球联合会成立。1964 年，排球被列为奥运会正式比赛项目。1998 年，国际排联决定增设自由人的位置，并改用蓝、黄、白三色排球进行比赛。

二、排球场地和人员

排球比赛场地长 18 米、宽 9 米，由一条中线分为两个均等的场区。中线架有一定高度的球网，比赛双方站在两边，每队上场队员 6 人，分前后排站立。在发球队员击球时，双方队员（发球队员除外）必须在本场区内站成两排，前排三名队员的位置为 4 号位（左边）、3 号位（中间）和 2 号位（右边）；后排三名队员的位置必须比其相应的前排队员离网更远，其位置为 5 号位（左边）、6 号位（中间）和 1 号位（右边）。排球阵容配备的组织形式一般有“二四”配备、“五一”配备和“三三”配备三种。

三、更多形式的排球运动

沙滩排球在 20 世纪 20 年代初在加利福尼亚州圣莫尼卡海滩兴起。1930 年，圣莫尼卡举行了第一场双人配合的沙滩排球赛，这种阵形成为现在最普及的打法。1996 年，沙滩排球首次成为奥运会的比赛项目。

气排球运动是一项集运动、休闲、娱乐为一体的群众性体育项目。作为一项新的体育运动项目，气排球受到越来越多老年朋友的青睐。其打法和记分方法与竞技排球基本相同。气排球由软塑料制成。比赛用球重约 120 克，比普通排球轻 100～150 克；圆周 74～76 厘米，比普通排球圆周长 15～18 厘米。

四、排球运动赛事

排球运动世界大赛主要有世界锦标赛、世界杯赛、奥运会排球赛、世界沙滩排球锦标（巡回）赛、残疾人奥运会排球赛。中国女排 1981—1986 年夺得“五连冠”（1983 年由于历史原因，并未举行世界级女排比赛），全国人民欢欣鼓舞，掀起了学习中国女排拼搏精神的热潮。排球运动发展至今，各国的水平不断提高，一枝独秀的历史已不存在，俄罗斯、美国、德国、古巴、意大利、巴西、中国等世界强队水平没有绝对的优势可言，只有不断创新技战术才能有更大的进步。

第二节　排球的基本技战术及练习方法

排球的基本技术包括垫球、传球、发球、扣球和拦网五项。排球战术是指队员在比赛中，根据排球规则要求、排球运动规律以及比赛双方的具体情况及临场的发展变化，合理运用技术所采取的有目的、有预见性的个人和集体配合行动。

一、准备姿势、移动

（一）准备姿势

准备姿势是指为了便于完成各种技术动作而采取的合理的身体姿势，分为稍蹲、半蹲和低蹲三种。合理的准备姿势既要使身体重心处于相对稳定的状态，又要便于移动和完成各种发球的动作，为迅速起动、快速移动及击球创造最好的条件。多采用半蹲准备姿势，技术要点为屈膝提踵，含胸收腹，身体微动。

准备姿势
及移动

稍蹲姿势　　半蹲姿势　　低蹲姿势

图 11－1　准备姿势

（二）移动

快速移动便于击球，有利于占据场上的恰当位置。移动是否到位，直接影响技战术的质量。常用的移动步法有并步、滑步、跑步、交叉步、跨步等。

1. 并步

当来球距身体一步左右时可采用并步移动。如向前移动，则后脚蹬地，前脚向来球方向跨出一步，后腿迅速跟上做好击球准备。

2. 滑步

当球在体侧稍远，并步不能直接近球时，可快速连续并步，连续的并步即滑步。

3. 跑步

当球离身体较远时需用跑步。采用跑步移动时，两臂要配合摆动，根据来球的方向，边跑边转身，并逐渐降低重心，做好击球准备。

4. 交叉步

以向右交叉步为例，上体稍向右转，左脚从右脚前面向右交叉迈出一步，然后右脚再向右跨出一大步，同时身体转向来球方向，保持击球前的姿势。

5. 跨步

跨步比交叉步移动距离近，便于接 1～2 米的低球。移动时步幅较大，身体重心较低，如向前移动，则后脚用力蹬地，前脚向前跨出一大步，膝部弯曲，上体前倾，身体重心移至前腿上，可以向前、向斜前或向侧方移动。

(三) 练习方法

(1) 成四列横排，在教师的口令指导下做各种准备姿势。

(2) 两人一组，一人先做准备姿势的练习，另一人在旁边观察并纠正其错误动作。两人相互交换练习。

(3) 开始成半蹲准备姿势，在教师的口令、手势下做各种移动步法练习。

(4) 在 3 米线内用滑步和交叉步进行往返移动，要求手触到两侧的线。

(5) 两人一组一球，相距 6 米，一人将球滚向另一人体侧 3 米处，另一人快速移动，将球接住后再把球滚回给对方，如此反复进行。

(6) 成一路纵队，教师在前往地面按拍球，当球反弹上去时，学生快速移动从球下部过去，依次进行。

二、垫球技术

垫球的技术有正面双手垫球、体侧垫球、跨步垫球、单手垫球、背垫球、前扑垫球、鱼跃垫球等。这里主要介绍最基本的正面双手垫球。

(一) 基本手型

垫球的基本手型有抱拳式和叠掌式。

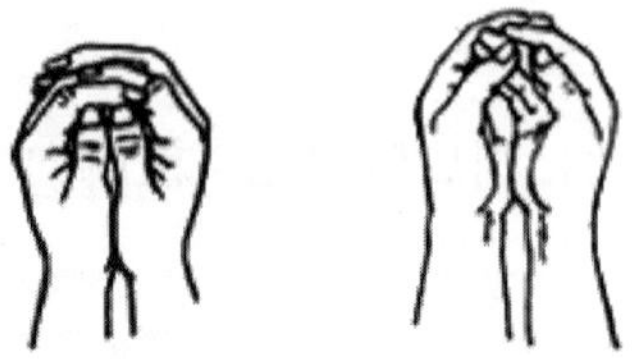

抱拳式　　叠掌式

图 11－2　垫球的手型

1　2　3　4

图 11－3　正面双手垫球

(二) 击球部位

击球部位在手腕往上 10 厘米左右。

(三) 技术要点

两臂夹紧，插入球下，手腕下压，蹬地抬臂，提肩顶肘迎击球。身体重心向抬臂方向伴送球。

(四) 练习方法

1. 徒手动作模仿练习

(1) 成两列纵队，在教师的口令指导下，进行原地的徒手垫球动作练习。

(2) 在教师的口令下，做移动后的徒手垫球动作练习。

(3) 两人一组面对面站立，一人先原地做徒手垫球动作练习，另一人纠正指导，然后交换练习。

2. 结合球的练习

(1) 两人一组，一人持球于腹部前方，另一人从准备姿势开始，手臂主动插到球的下部，做垫球模仿练习。

(2) 两人一组，面对面距离 3～4 米，一人抛球，另一人将抛来的球垫起到指定位置。

(3) 两人一组，相距 3～4 米，进行连续的对垫练习。

(4) 两人一组，一人原地固定保持不动，另一人左右移动。固定者把球垫向两侧，另一人迅速移动将球垫回。

(5) 三人一组，一人隔网发球，另两人垫球，将球垫到指定位置。

(五) 其他形式的垫球技术

(1) 跨步垫球适用于来球距身体 1 米左右，来球较低或速度较快来不及移动对正来球时。

(2) 跪垫适用于来球低而远时。

(3) 让垫适用于来球弧度平、速度快时。

(4) 当来球距身体远而低，用跨步垫球不能触及来球时，可采用滚翻垫球。

(5) 当来球在前方低而远，来不及向前跨步、移动去接近球时，可采用前扑垫球。

(6) 当来球较远、速度快，来不及或不便用双手垫球时，可采用单手垫球。

(7) 当来球用手无法触及时，可采用脚垫球。

三、传球技术

传球是排球运动的基本技术之一，是通过利用手指、手腕的弹击动作将球传至目标方向的击球动作，是排球组织战术的基础。

(一) 技术要点

(1) 做好排球的准备姿势。

(2) 手腕后仰，手指自然分开、微屈，两手张开呈半球状，小指朝前，拇指接近“一”字形，间隔 2 厘米左右，置于头的前额上方一球处，准备传球。

（3）用拇指、食指、中指承受球的压力，无名指和小指控制球的方向。触球瞬间，用手指弹力和手腕、伸臂、蹬地的力量将球传出。

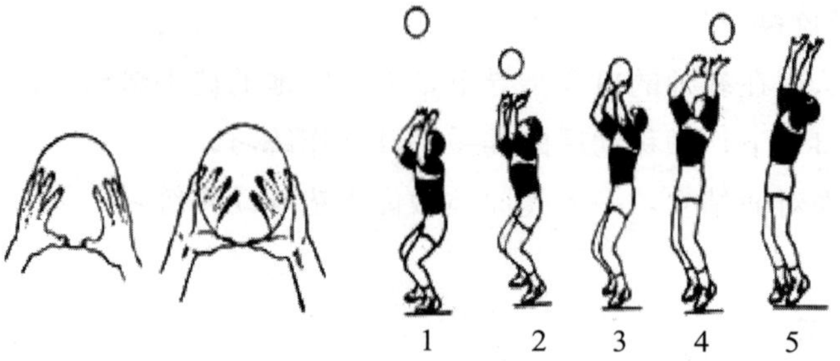

图 11－4　传球手型和传球动作分解

（二）练习方法

（1）成两列横排，根据教师的口令做原地的徒手传球练习。

（2）两人一组，一人原地做徒手传球练习，另一人仔细观察并纠正错误动作。

（3）一人一球，将球往头顶上抛，用传球手型把球接住，同时检查手型正确与否。

（4）面对墙 40～50 厘米，连续对墙进行传球练习，体会手指、手腕的发力，建立并巩固正确的传球手型。

（5）自抛自传，连续传球高度不低于 40 厘米。

（6）两人一组一球，相距 3～4 米，一人抛球，另一人将抛到额前上方的来球传到指定位置。

（7）两人一组一球，相距 3～4 米，连续对传。

四、发球技术

双手正面传球、下手发球、素质训练

发球是排球运动的基本技术之一，在排球比赛中是一项重要的进攻手段，是指发球队员在发球区域将球抛起后，用一只手将球击打入对方场区的一种技术动作。

发球是比赛的开始，精准而富有攻击性的大力发球可以直接得分或者破坏对手的战术意图。一个强而有效的发球能够振奋全队精神，鼓舞全队士气，同时给对手造成很大的压力，挫伤其锐气。发球技术主要有正面上手发球、正面下手发球、侧面下手发球、正面上手发飘球、勾手大力发球和跳发球等。

（一）正面上手发球

此发球方式面对球网站位便于观察对方，易于控制落点，准确性较高，能充分地利用收腹力量带动手臂迅速挥动去击球，使发出的球力量大、速度快、弧线平。

准备姿势：发球者面对球网（以右手发球为例），两脚前后自然开立，左脚在前，右脚在后，右手持球在腹前。

抛球摆臂：左手将球平稳抛至右肩前上方，高度适中。在抛球的同时，右臂屈肘抬起并后引，肘关节与肩部齐平，手掌自然张开，呈勺形，上体稍向右侧转动，抬头、挺胸、展腹，身体重心移至左脚。

挥臂击球：击球时，两脚蹬地，上体迅速向左转动，迅速收腹，带动手臂向右肩上方加速挥动，以全手掌击球的后中下部。击球时，手臂要充分伸直，手掌和手腕要迅速而明显地做推压动作，使球向前呈上旋式飞行。击球后，迅速进场比赛。

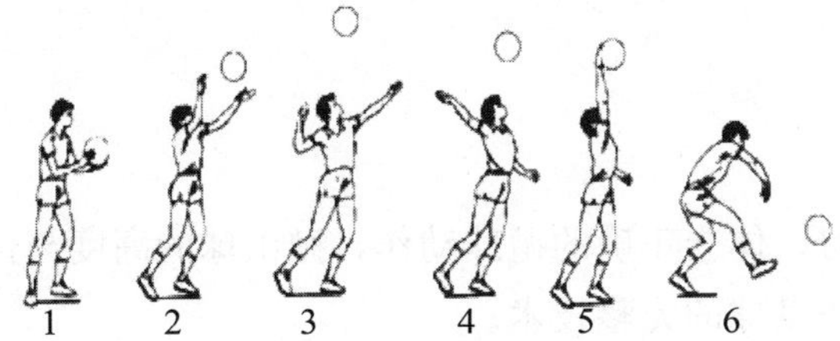

图 11－5　正面上手发球

（二）正面下手发球

准备姿势：身体正对球网方向（以右手发球为例），两脚前后站立，屈膝，左脚在前，上体稍前倾，重心侧重于后脚上。

抛球摆臂：左手持球置于腹部前方，将球上抛于体前右侧，抛球同时右臂伸直，以肩关节为轴自然向后摆动，后腿蹬地发力，身体重心随右手向前摆动击球移至前脚上。

挥臂击球：击球时，手指、手腕保持紧张。在腹部前方用掌根、全掌或虎口击球的中下部。

图 11－6　正面下手发球

（三）侧面下手发球

侧面下手发球可借助蹬地转体力量带动手臂挥动击球，比较省力，但攻击性不强，一般适合初学者。

准备姿势：队员左肩对网（以右手发球为例），两脚左右开立，与肩同宽，两膝稍屈，上体稍前倾，左手持球于腹前。

图 11－7　侧面下手发球

抛球摆臂：左手将球平稳抛至腹前离身体约一臂之距，离手高度约 30 厘米。

挥臂击球：在抛球同时，右臂伸直向身体右侧后下方摆动。以右脚蹬地，身体向左转体带动右臂向体前上方挥动，在腹前以全掌或掌根击球的后下方。击球后，迅速进场比赛。

（四）练习方法

（1）持球做抛球练习，体会正确的抛球动作，抛出球的高度与位置稳定。

（2）徒手练习，模仿发球的完整技术。

（3）练习发球的挥臂动作，对固定目标做挥臂击球练习，体会挥臂击球和协调用力的动作要领。

（4）结合抛球（近网）进行引臂和挥臂练习，掌握抛球引臂与挥臂击球动作的配合。

（5）两人迎面（或隔网）站立，相隔 6～9 米练习发球，也可近距离对墙进行发球练习，体会完整的发球技术。

（6）在发球区发球，体会发球时正确的全身协调用力。

五、扣球技术

接发球、扣球

扣球是排球的基本技术之一，由扣球队员通过合理的助跑起跳在空中快速挥臂击球而完成，是进攻中积极有效的方法及得分的主要手段，也是衡量一个球队的进攻实力和比赛中夺取胜利的重要因素之一。其攻击性和威力表现在高度、力量、速度变化、技巧、突然性以及各种假动作和佯攻等方面。基本动作包括判断、助跑起跳、挥臂击球和落地这四个互相紧密衔接的部分。有正面扣球、调整扣球、勾手扣球和自我掩护扣球等，下面主要介绍正面扣球。

（一）正面扣球

正面扣球由于面对球网，便于观察，能根据对方拦防情况，随时改变扣球路线和力量，挥臂动作灵活，准确性高，便于控制球的落点，是最基本和最有效的进攻方法，也是各种扣球技术的基础。

准备姿势：一般站在距离球网 3 米左右，两臂自然下垂，稍蹲，脚步不要站死，两眼观察来球，做好助跑起跳的准备。

助跑起跳：助跑的方向、速度和步数根据二传来球的方向、速度和弧度决定。可用一步、两步、三步或多步助跑。一般以两步助跑为主，关键在最后一步。助跑时（以右手扣球为例），左脚先向前迈出一步，接着右脚迅速跨一大步，左脚及时并上，落在右脚稍前面，两膝弯曲稍内扣，两臂由身后经体侧迅速向前上方摆起，带动身体腾空。

挥臂击球：起跳后挺胸展腹，上体稍向右转，左手自然置于体前，右臂向上方抬起，肘关节略高于肩，身体成反弓形。挥臂时，以迅速转体、收腹动作发力，依次带动肩、肘、腕各关节上成鞭甩动作向前上方弧形挥动，在右肩前上方最高点击球。击球时，提肩、伸臂，五指微张呈勺型，以全掌包满球，击球的后中部，力量通过球中心，手腕有推压动作，使球向前下方旋转飞行。

落地：落地时要用前脚掌先着地并屈膝，以缓冲落地时的冲力，并迅速准备做下一个动作。

图 11－8　正面扣球

（二）练习方法

（1）原地模仿扣球练习，体会挥臂动作。

（2）扣固定球练习。

（3）做两步助跑起跳后的徒手挥臂练习。

（4）一人一球原地对墙自抛自扣练习。

（5）教练员抛球，队员用两步助跑起跳扣球。

（6）队员依次轮换扣教练员抛出的 4 号位与 2 号位一般球。

六、拦网技术

拦网是前排队员在网前跳起用双手阻拦对方的扣球，它既是防守技术，也是进攻手段。它是防守的第一道防线，是反攻的重要环节，通过有效的拦网可减轻后排防守的压力。拦网既可以原地踏跳，也可以移动助跑起跳；既可以单人拦网，也可以双人或多人拦网。

拦网

单人拦网　　拦网手型　捂盖球动作　包球动作

图 11－9　拦网技术

（一）单人拦网

准备姿势：面对球网，两脚平行开立约与肩宽，两膝稍屈，两手自然置于胸前。

移动：可采用并步、跨步、滑步、交叉步、跑步等，将身体重心移动到拦网位置，准备起跳。

起跳：移动后立即制动，使身体正对球网后起跳，或在起跳过程中在空中使身体转向球网。起跳时，重心降低，两膝弯曲，两脚用力蹬地，两臂在体侧划小弧用力上摆，带动身体向上垂直起跳。

空中动作：起跳后稍收腹，控制平衡。两手从额前贴近并平行于网向网上沿前上方伸出，两臂伸直，两手尽量伸向对方上空，两手自然张开，屈指屈腕呈勺型。击球时，提肩压腕。

落地：拦网后自然落回地面，落地时屈膝缓冲，准备做下一个动作。

（二）集体拦网

两人或三人的协同拦网称为集体拦网，目的在于扩大拦网面积，多数为双人拦网。

拦 4 号位或 2 号位扣球时，2 号位或 4 号位先取位，拦直线或中斜线，3 号位并过来拦中斜线或小斜线。拦 3 号位扣球时，3 号位先取位，2 号位或 4 号位并过来一人，两人平分转体线。集体拦网队员间的距离、两人相邻手距要保持好，尽量组成统一屏障。

（三）练习方法

（1）降低球网，原地做徒手伸臂拦网动作练习。

（2）两人一组在低网前隔网站立，一人将球举在网上，另一人原地做拦网动作，体会拦网手形。

（3）两人一组隔网站立，依次向 2、3、4 号位练习移动拦网，要求空中碰手。

（4）3 号位队员依次轮流做向左右移动的拦网练习及配合以 2、4 号位队员为主的拦网练习。

（5）教练员在高台上自抛自扣固定路线与不同路线的球，队员起跳拦网。

七、排球基本战术

（一）阵容配备

阵容配备是指比赛时场上人员的搭配布置。阵容配备的目的是合理地把全队的力量搭配好，更有效地发挥每一个队员的特长和作用。根据各队不同的技术水平和战术特点，一般有以下三种阵容配备。

阵容配备

1. “二四”配备

即场上两个二传队员、四个进攻队员（其中两个主攻队员、两个副攻队员），安排在对称的位置上。每一轮次前排都有一个二传队员和两个进攻队员，便于组织前排二传传球的两点进攻和后排二传插上传球的三点进攻。但每个进攻队员必须熟悉两个二传队员的传球特点，配合比较困难。

2. “五一”配备

即场上一个二传队员、五个进攻队员。为了弥补有时主要二传队员来不及传球所出现的被动局面，通常在二传队员的对角位置上，配备一名有进攻能力的接应二传队员。二传队员在前排时采用两点进攻，二传队员在后排时采用插上传球的三点进攻。“五一”配备中，全队进攻队员只需适应一名二传队员传球的习惯、特点，容易建立彼此配合的默契。但防守时，二传队员如在后排，要插上传球，难度较大。

3. “三三”配备

即三名能攻的队员与三名能传的队员间隔站位，使每一轮次都有传有扣，是初学者常用的一种阵容配备。

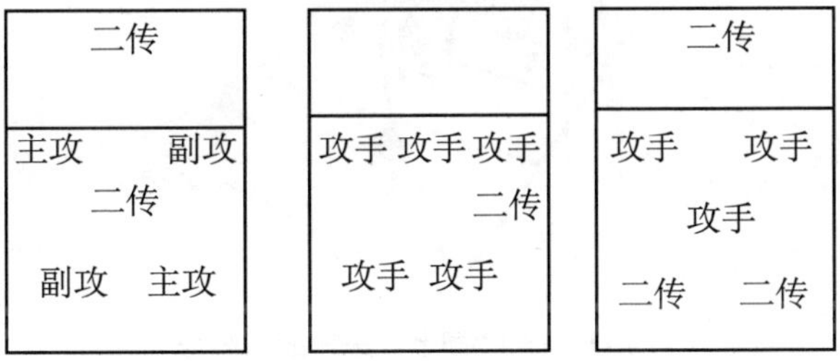

“二四”配备　“五一”配备　“三三”配备

图 11-10　阵容配备

(二) 进攻战术阵形

立体进攻

进攻战术阵形即进攻时所采取的队形。不论是接对方发过来、扣过来、拦过来还是传、垫过来的球，进攻时所采用的阵形是基本一致的，不外乎“中一二”“边一二”“插上”三种。

1. “中一二”进攻战术阵形

即 3 号位队员作二传，将球传给 4、2 号位队员进攻的组织形式。其优点是一传向 3 号位垫球比较容易，因而有利于组织进攻，适合初学者采用；二传队员在网前接应一传的移动距离近，向 2、4 号位传球的距离较短，容易传准。缺点是战术变化少，进攻意图容易被对方识破。

2. “边一二”进攻战术阵形

即2号位队员作二传，将球传给3、4号位队员进攻的组织形式。其优点是右手扣球者在3、4号位扣球比较顺手，战术变化较多。缺点是5号位接一传时，向2号位垫球距离较远；一传垫到4号位时，二传传球较为困难。

3. “插上”进攻战术阵形

即二传队员由后排插上到前排作二传，把球传给前排4、3、2号位队员进攻的组织形式。其优点是能保持前排三点进攻，战术配合变化多，并能利用网的全长组织进攻。缺点是对插上二传队员的要求较高。

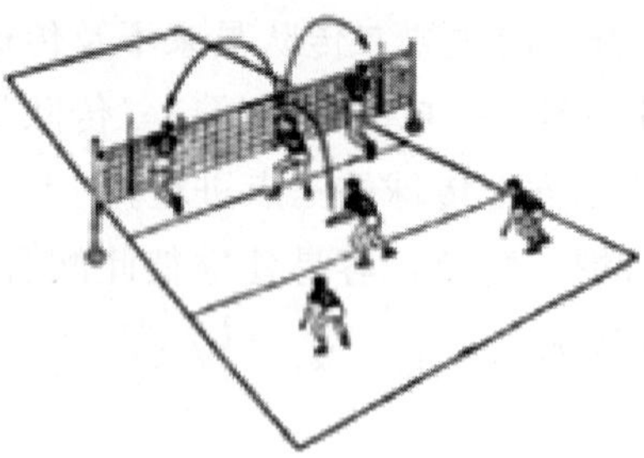

图11-11 “中一二”进攻战术阵形

图11-12 “边一二”进攻战术阵形

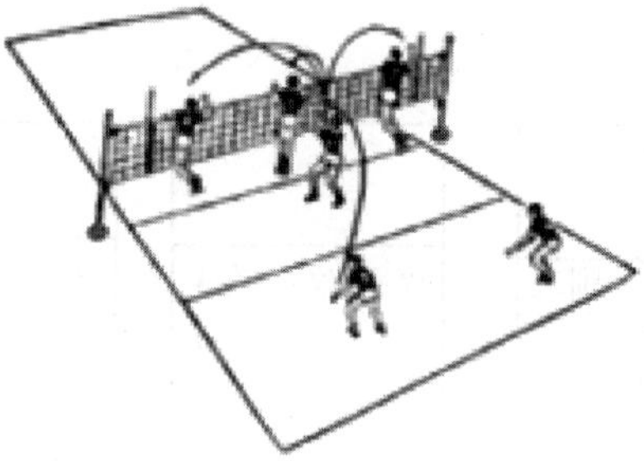

图11-13 “插上”进攻战术阵形

（三）防守战术阵形

根据对方进攻特点，防守可分为单人拦网、双人拦网和无人拦网下的防守战术。

1. 单人拦网防守战术阵形

当对方扣球威力不大、扣球路线变化不多、轻打吊球较多时，可以主动采用单人拦网的防守阵形。

2. 双人拦网防守战术阵形

当对方水平较高、进攻力量较强、进攻线路变化较多时，可采用这种防守阵形，即两人拦网、4人接球。通常分为“边跟进”和“心跟进”两种。

（1）“边跟进”防守战术。当对方进攻时，乙方前排两人拦网，另一名不拦网者后撤，同后排三名队员组成半弧形防守阵形，也称马蹄形防守。如遇对方吊球，由后排同列队员

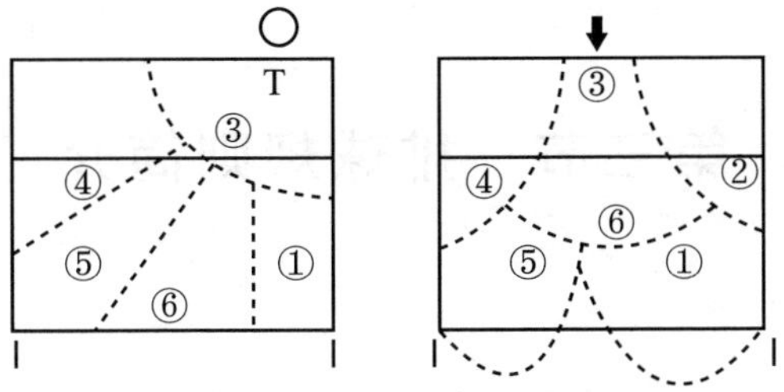

图 11－14 单人拦网防守战术阵形

（1 号位或 5 号位）跟进，同时 6 号位队员要根据情况灵活补位。这种战术形式的优点是有利于防止对方的重扣，便于组织反攻；缺点是场中间空隙较大，对方吊球时较难保护，防对方直线进攻的能力较差。

（2）"心跟进"防守战术。采用这种形式，前排队员在布局上同"边跟进"的形式一样，6 号位队员先站在离网 4 米左右的位置上，如遇到对方吊球，则向前跟进；如对方向后排进攻，则迅速后退，协同 1 号位和 5 号位队员进行防守。其优点是加强了前场的防守力量，缺点是后场区域较空。

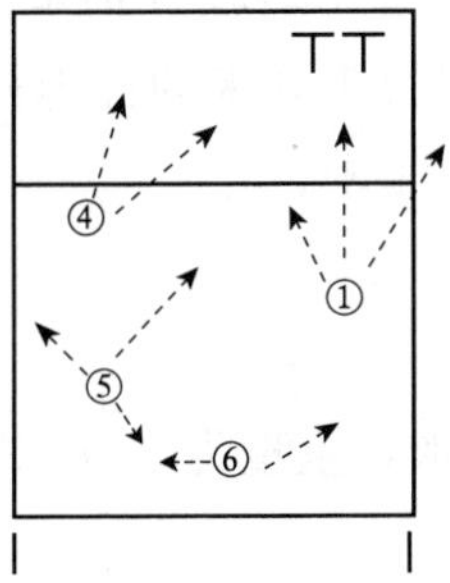

图 11－15 "边跟进"防守战术

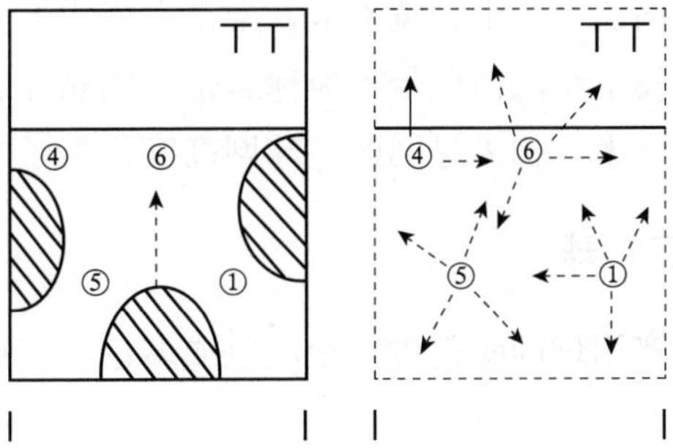

图 11－16 "心跟进"防守战术

3. 进攻防守的练习方法

（1）6 人站位的接发球练习及轮转。

（2）教练员在对场抛球，队员接球后进行规定的战术配合练习。

（3）教练员在中后场发轻球，队员接发球后进行战术配合练习。

（4）教练员在发球区发球（力量自控），队员三人一组接发球后进行战术配合，同时可增加单、双人拦网。

（5）分两组，一组发球、另一组接发球组织进攻，在完成规定数目后轮转位置，两组变换练习。

（6）教练员或二传手作二传，由 2、3、4 号位队员扣球，另一方进行防守战术练习。

（7）固定 2、4 号位的扣球，进行防守与组织反攻练习。

（8）6 对 6 防守反攻练习，教练员在场外抛球，双方队员练习进攻与反攻。

（9）分组教学比赛。

第三节 排球规则简介

一、场地与设备

(一) 球场

排球比赛场地由中线的中心线分为长 9 米、宽 9 米的两个相等的场区。前场区：每个场区各画一条距离中线中心线 3 米的进攻线（其宽度包括在内）。发球区：在两边的端线外、两条边线的延长线上，各画两条长 15 厘米垂直并距离端线 20 厘米的短线，两条短线之间为发球区。

(二) 球网

球网长 9.5 米、宽 1 米，架设在中线上空。在球网两端垂直于边线分别系有两条宽 5 厘米、长 1 米的白色带子为标志带，紧靠标志带外沿各有一根长 1.8 米的标志杆。两标志杆间距 9 米，称为过网区。球网高度：男子 2.43 米，女子 2.24 米。

(三) 球

比赛用球的颜色可以是浅色或多色，圆周长为 65～67 厘米，重量为 260～280 克。

二、记分办法

排球比赛一般采用五局三胜制或三局两胜制。胜三局或两局的队胜一场。比赛中，某队胜 1 球，即得 1 分（每球得分制）。接发球队胜 1 球时得 1 分，同时获得发球权，队员按顺时针方向轮转一个位置。每局比赛（决胜局第 5 局除外）先得 25 分并同时领先对手 2 分的队胜一局。当比分为 24∶24 时，比赛继续进行直至某队领先 2 分（26∶24、27∶25……）为止。决胜局先得 15 分并同时领先对手 2 分的队获胜。当比分为 14∶14 时，比赛继续进行直至某队领先 2 分（16∶14、17∶15……）为止。

三、暂停和换人

在比赛间断时，教练员和场上队长都可以要求合法的暂停和换人。在比赛中，每队最多可以请求 2 次暂停和 6 人次换人。暂停时间限制为 30 秒钟。第 1～4 局，每局另外有 2 次时间各为 60 秒钟的技术暂停，每当领先队达到 8 分和 16 分时自动执行。决胜局（第 5 局）没有技术暂停，每队在该局中可请求 2 次 30 秒钟的普通暂停。每局每队最多可替换 6

人次。队员一上一下为 1 人次换人。在一次换人中可以同时替换一人或多人。主力队员可以换下场和再次上场，但是再上场时，只能换原来替换他的替补队员，替补队员每局只能上场比赛一次。

四、延误比赛

延误比赛的行为包括：换人延误时间；在裁判员鸣哨恢复比赛后，拖延暂停的时间；请求不合法的替换，在同一局中再次提出不符合规定的请求；场上队员拖延比赛的继续进行。延误比赛为全队的行为犯规，同一局中第一次延误，应判延误警告，再次出现则判延误判罚。

五、发球犯规和判罚

（一）发球击球时的犯规

（1）发球次序错误。获得发球权的一方，6 名场上队员先按顺时针方向轮转一个位置，由轮转到 1 号位的队员发球。未按记分表上所登记的发球次序发球为发球次序错误。记录员在比赛中负责对每一发球人次进行核对，发现发球次序错误应立即示意（用铃或哨）并及时通知第二裁判员，由第二裁判员通知第一裁判员做出判罚。判罚如下：

1）队员恢复到正确位置；

2）如果在发球次序错误中没造成得分，则判失 1 分；

3）如果在发球次序错误中已造成得分，记录员必须准确地确定发球次序错误从何时发生，从而取消该队发球次序发生错误过程中的所有得分，对方得分仍然有效，再判罚该队失 1 分；

4）若已得分而又不能确定其发球次序错误从何时发生，则给予失 1 分的判罚。

（2）发球队员在击球时或击球起跳时踏及场区（包括端线）或发球区以外地面。

（3）发球队员在第一裁判员鸣哨允许发球后 8 秒钟内未将球击出。

（4）球未被抛起或持球手未清楚撤离就击球。

（5）双手击球或单手将球抛出、推出。

（6）将球抛起准备发球却未击球。

（二）发球击球后的犯规

（1）球触及发球队其他队员或球的整体没有从过网区内通过球网的垂直平面；

（2）界外球；

（3）球越过发球掩护的个人或集体（在发球时，某一队员或两名以上队员密集站位或挥臂跳跃、移动遮挡接发球队员，且发出去的球从他或他们上空飞过，则构成个人或集体发球掩护犯规）。

发球区外发球犯规由第一裁判员及负责端线的司线员共同负责判定，判犯规队失1分。

(三) 位置错误

排球规则规定，当发球队员击球时，如果场上队员不在其正确位置上，则构成位置错误犯规。有下列情况之一者均为位置错误犯规：

(1) 发球队员击球时，场上其他队员未完全站在本场区内；

(2) 发球队员击球时，场上队员未按“每一名前排队员至少有一只脚的一部分比同列后排队员的双脚距中线更近”的规定站位；

(3) 发球队员击球时，场上队员未按“每一名左边（右边）队员至少有一只脚的一部分比同排中间队员的双脚距左（右）边线更近”的规定站位。

六、击球犯规和判罚

(一) 连击犯规

排球比赛时，运动员身体任何部分均可触球，但一名队员（拦网队员除外）连续击球两次或球连续触及其身体的不同部位即为连击犯规。但在第一次击球时，允许队员在同一击球动作中，球连续触及其身体的不同部位。第一次击球是指：接发球、接所有从对方击过来的球、接对方拦回的球、接触本方拦网队员后的球。

(二) 持球犯规

排球运动员在比赛中，身体任何部分均可触球。但球必须被清晰地击出，不得有较长时间的停留，也不许有捞、捧、推、掷等动作，否则即为持球犯规。

(三) 四次击球犯规

一个队连续触球四次（拦网除外）为四次击球犯规。队员不论是主动击球还是被动触及，均算该队员击球一次。

(四) 借助击球犯规

队员在比赛场地内借助同伴或任何物体的支持进行击球，皆为借助击球犯规。

(五) 同时击球犯规

双方队员或同队队员可以同时触球。同队的两名或两名以上队员同时触到球，被计为两次或两次以上击球（拦网除外）。双方队员在网上同时击球后，如果球落入场内，应继续比赛，获得球的一方仍可击球三次。

击球犯规与否均由第一裁判员负责判定。

七、队员在球网附近的犯规

队员在球网附近的犯规包括过网击球犯规、过中线犯规、触网犯规和网下穿越进入对方空间妨碍对方比赛犯规等。对方进攻性击球前或击球时，在对方空间触及球为过网击球犯规。比赛进行中，队员整只脚、手或身体其他任何部分越过中线并接触对方场区，为过中线犯规。比赛过程中，队员触网或触标志杆不是犯规，但队员在击球时或干扰比赛情况下的触网或触标志杆为犯规。队员击球后可以触及网柱、全网长以外的网绳或其他任何物体，但不得影响比赛。比赛过程中，在不妨碍比赛的情况下，允许队员在网下穿越进入对方空间。若网下穿越进入对方空间的队员妨碍了对方比赛则为犯规。

过中线犯规由第二裁判员负责判定，发现犯规后应立即鸣哨，做出手势，第一裁判员同样有权判定。

触网犯规由第一裁判员观察进攻方及双方队员网上沿以上部分有无犯规，第二裁判员观察拦网方及双方队员球网上沿以下部分有无犯规。

八、拦网犯规

拦网犯规包括过网拦网犯规、后排队员拦网犯规、拦发球犯规和从标志杆外伸入对方空间拦网犯规几种情况。在对方进攻性击球前或击球时，在对方空间拦网触球为过网拦网犯规。判断过网拦网的依据是进攻队员与拦网队员触球时间的先后。后排队员或后排自由防守队员完成拦网或加入了完成拦网的集体，为后排队员拦网犯规。拦对方发过来的球为拦发球犯规。从标志杆外伸入对方空间拦网并触球为拦网犯规。

九、后排队员进攻性击球犯规

后排队员在前场区内或踏及进攻线（或其延长线），将整体高于球网上沿的球，击过球网垂直面或触及对方拦网队员，则为后排队员进攻性击球犯规。

十、自由防守队员的有关规定

排球比赛的各队可以在最后确认的 12 名队员中选择 1 名作为自由防守队员。自由防守队员身着区别于其他队员颜色的服装。比赛前，自由防守队员必须登记在记分表上，并在旁边注明“L”字样，其号码必须登记在第一局上场阵容位置表上。自由防守队员仅作为特殊的后排队员参加比赛，在任何位置（包括比赛场区和无障碍区）都不得将高于球网的球直接击入对方场区完成进攻性击球。自由防守队员不得发球、拦网或试图拦网。自由防守队员在前场区进行上手传球且所传球的整体高于球网上沿时，其同伴不得在高于球网处完成对该球的进攻性击球。

第四节　排球运动欣赏

排球其实很好看懂，每队各 6 名运动员分列球网两边，通过发球、一传、二传、进攻等技术环节和手段得分制胜，满 25 分（1999 年以前为 15 分）为胜一局，五局三胜或三局两胜。

不过，我们对排球的熟悉程度和情有独钟，并不源于它的“简单”，而是来自 20 世纪 80 年代的中国女排，以及多次夺得世界冠军的新一届国家女排。新老两代中国女排，代表了我们熟悉的拼搏进取精神，承载了一个民族的希望和骄傲。所以，我们欣赏排球，首先寻找的是一种亲切感，看着熟悉的身影在熟悉的场地上移动、跳跃，遵循熟悉的规则，赢得熟悉的结果。看女排，大多是为了一种情结和感觉，由眼前的场景延伸到记忆中那些熟悉的影像。对我们来说，欣赏排球是一种习惯，小小的排球里包含一个时代的信仰，这种信仰的力量一直延续至今。

此外，就该把注意力集中到排球的各项技术环节了，如发球、一传、二传、进攻、得分等。衡量发球好坏的标准就是看其是否能够有效破坏对方一传；一传是看其是否到位，为二传和其后的进攻提供有力的铺垫；二传则是看其是否调动了强大的攻击火力，且灵活多变、出其不意；衡量进攻的标准自然是看其是否得分，或是否打乱了对手反击的节奏。

不妨再了解一下世界各地女排的技术特点。以中国女排、日本女排为代表的亚洲女排以“快”字见长，最突出的打法特点是迅速、灵活，扬长避短，并不与对手硬拼高度和力量，而是靠多变的快攻战术制胜；以俄罗斯女排为代表的欧洲女排，则偏爱高举高打的传统进攻方式，因为她们身材高大、力量突出，强攻是最简洁的得分途径；以巴西女排为代表的美洲女排，其打法结合了亚洲女排和欧洲女排的特点，既重强攻又辅以快攻，战术全面。不同流派的队伍的碰撞、相生相克，反而令排球有了更多的看点，也让排球的欣赏有了更多内容。

观看排球比赛应注意以下礼仪：

（1）进入排球比赛场地，观众举止应文雅得体。

（2）开赛前，举行运动员入场仪式，运动员向观众行礼时，观众应以热烈的掌声回应。

（3）比赛时，配合运动员始终营造高涨的赛场氛围，适时适度地呐喊助威。当运动员每一次精彩的倒地救球、拦网或进攻得分时，观众的叫好声是对他们的最大鼓励。当自己支持的球队由于失误而失分时，观众的掌声是对运动员的最大安慰。

（4）注意维持正常的赛场秩序，不向场内扔东西。

实践与探究

1. 排球技术由哪几部分组成？它们的特点是什么？
2. 排球主要有哪些进攻和防守战术？它们一般在什么情况下使用？
3. 简述排球正面垫球技术的动作要领。
4. 简述排球正式比赛基本站位及轮换法。

第十二章　羽毛球运动

学习要点

1. 了解羽毛球运动的起源与发展趋势；
2. 掌握羽毛球运动的基本技战术及练习方法；
3. 掌握羽毛球运动规则，提高比赛和欣赏水平。

第一节　羽毛球运动概述

现代羽毛球运动诞生于英国，大约在1800年，由网球派生而来。1870年，出现了用羽毛、软木做的球和穿弦的球拍。1873年，英国公爵鲍弗特在格拉斯哥郡伯明顿镇的庄园里进行了一次羽毛球游戏表演。从此，羽毛球运动便逐渐开展起来，“伯明顿”即成为羽毛球的名字，英文是“Badminton”。那时的活动场地是葫芦形，两头宽中间窄，窄处挂网，直至1901年才改作长方形。起初，羽毛球运动并没有一致的进行形式，羽毛球游戏刚兴起时，没有人数、分数和场地的限制，练习者只需要互相对击。现代羽毛球从伯明顿庄园开始，有了一定的分数、场地、人数限制。1875年，第一本写羽毛球规则的书在英国问世。当时的规则很简单，规定了场地的形状、中间挂网的高度、双方对击的要求，并没有单打、双打的区别。随着人们观赏水平的提高及技战术的发展，规则也随之变化，出现了单、双打场地区别及发球区的规定，发球得分及发球得分后的换区等规则。为了使比赛激烈、精彩，又规定了双方打满13平、14平（女子单打打成9平、10平）时要进行加分比赛。国际羽联制定的新规则，特别对决胜局的比赛时间加以限制，也力求使羽毛球比赛更加紧张激烈、精彩纷呈。

目前，国际羽联已拥有 100 多个会员。国际羽联管辖的世界性比赛有：汤姆斯杯赛（世界男子团体锦标赛），从 1948 年开始，每 3 年举办一次（1984 年起改为每两年举办一次）；尤伯杯赛（世界女子团体锦标赛），从 1956 年开始，每 3 年举办一次（1984 年起改为每两年举办一次）；世界锦标赛（单项比赛），从 1977 年开始；全英锦标赛（非正式传统单向比赛），从 1899 年开始每年举办一次。

知识窗

羽毛球运动设备的发展

羽毛球运动设备也是从原始的低级阶段向现代的高级阶段发展的。羽毛球从开始时的硬纸板和绒线团到木托用皮包起来，再发展到用 14～16 根高级羽毛插在软木托口；羽毛球拍从木板发展成椭圆形穿弦木拍。后来，规定球拍重 95～120 克，拍框长 25～25.5 厘米，宽 20～20.5 厘米，拍柄长 39.5～40 厘米，其制作材料也发展成木框钢管拍、铝合金拍、碳素纤维拍。选择球拍时，应以较轻、牢固而有弹性、握在手里舒适为原则。

第二节　羽毛球的基本技战术及练习方法

一、羽毛球的基本技术及练习方法

羽毛球基本技术是指运动员在比赛中所采用的动作方法的总称。羽毛球的主要基本技术包括手法和步法两大类。手法有握拍法、发球法、接发球法和击球法；步法有基本步法和场上移动步法。

（一）握拍法

如何握羽毛球拍

羽毛球握拍法一般分为正手握拍和反手握拍两种。

1. 正手握拍法

虎口对着拍柄窄面内侧的小棱边，拇指和食指贴在拍柄的两个宽面上，食指和中指稍分开，中指、无名指和小指并拢握住拍柄。

2. 反手握拍法

在正手握拍的基础上，拇、食指将拍柄稍向外转，拇指自然贴在拍柄内侧的宽面上，柄端靠近小指根部，使掌心留出空隙，有利于击球发力。

图 12－1　正手握拍法

图 12－2　反手握拍法

3. 握拍法的重点

不论是正手握拍还是反手握拍，它们共同的技术特点就是要放松和灵活。在练习中要经常提醒和检查自己的握拍是否正确。

（二）发球法

1. 正手发球

（1）正手发高远球。球的运行轨迹又高又远、下落时与地面垂直、落点在对方场区底线附近的球叫高远球。左手把球举在身体的右前方并自然放下，使球下落，右手同时持拍由大臂带动小臂，从右后方沿着身体向前并向左上方挥动。当球落到右手臂向前下方伸直能触到球的一刹那，握紧球拍，并利用手腕的力量向前上方发力击球。击球之后，球拍顺势向左上方挥动缓冲。

图 12－3　正手发高远球

（2）正手发网前球。准备姿势同发高远球。击球时，握拍的手要放松，大臂动作要小，主要靠小臂带动手腕向前切送，用力要轻。发网前球时手腕不能有上挑动作，落点要在前发球线附近，发出的球贴网而过。

（3）正手发平高球。准备姿势同发高远球，只是在击球的一刹那，前臂加速带动手腕向前上方挥动，拍面要向前上方倾斜，以向前用力为主。发出球的弧线以对方伸拍击不着球的高度为宜，并应落到对方底线。

（4）正手发平快球。准备姿势同发高远球，利用前臂带动屈腕的爆发力向前方用力击球，使球直接从对方肩梢上高度越过，落到后场。

2. 反手发球

反手发球的特点是动作小、出球快、对方不易判断。在双打比赛中多采用反手发球技术。

发球站位：站在前发球线后 10～50 厘米及发球区中线的附近，也可以站在前发球线及场地边线附近的地方。

准备姿势：面向球网，两脚前后站立（左脚或右脚在前均可），上体稍前倾，身体重心在前脚上。右手反手握拍，左手拇指、食指和中指捏住球的两三根羽毛，球托明显朝下（避免犯规），球体与拍面平行或球托对准拍面放在拍面前方。

动作要领：击球时，小臂带动手腕朝前横切推送。发网前球时，用力要轻，主要靠切送；发平快球时，发力要突然，击球时拍面要有“反压”动作。

图 12－4　反手发网前球

3. 发球练习方法

（1）徒手做发高远球、网前球的挥拍练习，要求动作规范。

（2）两人各站球场一侧场区进行发高远球练习。

（3）两人各站球场一侧场区进行发网前球练习。

（4）利用多球连续发高远球和正、反手网前球，要求按合法发球动作练习。

（三）接发球法

1. 接发球的站位和姿势

（1）单打站位。单打站位在前发球线 1.5 米处。左右发球区要站在靠近中线的位置；在左发球区则站在中间位置，主要是防备对方直接进攻反手部位。一般左脚在前，右脚在后，双膝微屈，收腹含胸，身体重心放在前脚上，后脚脚跟稍抬起。身体半侧向球网，球拍举在身前，两眼注视对方。

（2）双打站位。双打发球区比单打发球区短 0.76 米，发高远球易被对方扣杀，所以双打发球多以发网前球为主。接发球时要站在靠近前发球线的地方。双打接发球准备姿势和单打接发球准备姿势基本相同，略有区别的是身体前倾较大，身体重心可以随意放在任何一脚。球拍举得高些，在球到达网上最高点时击球争取主动，但要注意右场区对方发平快球突袭反手部位。

2. 接发各种来球

（1）对方发来高远球或平高球时，可用平高球、吊球或杀球还击。一般而言，接发高远球是一次进攻的机会，还击得好，就掌握了主动。但初学者因后场技术没掌握好，还击球的质量较差，以致遭到对方的攻击。因此，要提高后场进攻技术。

（2）对方发来网前球时，可用平高球、挑高球、网前球、平推球还击；如果对方发球质量不好，也可用扑球还击。要洞察对方发网前球的意图，如果是要发球抢攻，而自己的防守能力又不强，那就发网前球或平推球还击，落点要远离对方的站位，控制住球不让对方进攻。当对方连续发球抢攻时，接发球一定要冷静、沉着，若疏忽大意，回球质量稍差，有可能遭到对方的攻击。

（3）对方发来平快球时，可用平推球、平高球还击，以快制快，由于接球方还击的击球点比发球方高，下压得狠些可以夺取主动；亦可以高远球还击，以逸待劳。不能仓促还击网前球，因为若击球质量稍差，有可能遭到对方的攻击。

3. 接发球练习方法

（1）自己对着镜子检查接发球的准备姿势，要求准备充分，身体自然放松。

（2）一人发球一人接发球，练习接发球。

（3）练习者根据自己的意图把发球者发来的球还击到不同的区域。

（四）击球法

一般将击球点高于头部的击球，称为上手击球。上手击球按其技术特点和球飞行弧线的不同可分为高远球、吊球、扣杀球和平高球等。它一般在后场用来主动进攻或调动、控制对方，所以也称后场主动进攻技术。

如何打高球

1. 击高远球

击高远球就是将球打得又高又远，球飞至对方底线上空垂直落到端线以内附近，可分为正手、反手、头顶击高远球以及反手击直线和对角线高球。

（1）正手击高远球。首先判断来球的方向和落点，侧身后退使球在自己右肩稍前上方的位置，左肩对网，左脚在前，右脚在后，重心在右脚。左臂屈肘，左手自然高举，右手持拍，大小臂自然弯曲，将球拍举在右肩上方，两眼注视来球。击球时，由准备动作开始，大臂后引，随之肘关节上提明显高于肩部，将球拍后引至头后，自然伸腕（拳心朝上），然后在后脚蹬地、转体和腰腹的协调用力下，以肩为轴，大臂带动小臂快速向前上方甩动手腕，在手臂伸直的最高点击球。击球后，持拍手臂顺惯性往前下方挥动并收拍至体前。与此同时，左脚后撤，右脚向前迈出，身体重心由后脚移到前脚。

(2) 反手击高远球。看准对方的来球落向左后场区的时候，迅速把身体转向左后方，移动到适合的击球位置，背对球网，并用反手握拍法握拍。右脚跨向左后方，球拍由身前举到左肩附近，以大臂带动前臂转动。击球时前臂由左肩上方往下绕半弧形，最后一刹那时手指紧握球拍，击球点在右肩上方为好，以手腕往右后上方或者根据还击的需要掌握好球拍的角度进行击球，把球击向后上方。击球后转身，手臂回到胸前。

图 12－5　正手击高远球

图 12－6　反手击高远球

2. 杀球

把对方击来的高球全力向下扣压叫“杀球”。杀球的特点是力量大、速度快，它是主动进攻的重要技术。杀球分正手杀球、反手杀球和头顶杀球。

如何杀球

如何接杀球

（1）正手杀球。其击球前的准备姿势和击球动作与正手击高远球基本一样。不同的是最后用力的方向朝下，而且要充分利用蹬地、转体、收腹以及手臂和手腕的爆发力全力地将球向下击出，击球的一刹那要紧握球拍。

图 12－7　正手杀球

（2）反手杀球。准备姿势和击球动作与反手击高远球动作一样，但最后用力的方向朝下，而且要加快手臂和手腕朝下的闪动。击球点应尽可能高些、前些，这样有利于力量的发挥。

（3）头顶杀球。准备姿势与击球动作与头顶击高远球一样，不同的是击球时要充分利用腰腹力量，以大小臂带动手腕快速下压，击球点比头顶击高远球略前一点。头顶杀球是一种重要的进攻性技术。

3．击平高球

击出飞行弧线比高远球低，但对方举拍又拦截不到，落点在对方端线附近场区内的球，称为平高球。同击高远球一样，平高球也可以用正手、反手或头顶击球技术来完成。其动作要领与用正手、反手和头顶击高远球一样，所不同的是击球时拍面仰角小于击高远球时的拍面仰角。最后用力主要向前方，而不是向前上方。

反手后场高球

4．搓球

击球前准备姿势同前。击球时，拍面稍前倾，利用手腕和手指的力量向前“切削”球托底部或向后“提拉”，使球击出后旋转或滚动过网。搓球一般在对方来球较靠近网上时运用。正、反手搓球除握拍不同外，其他要领相同。

图 12－8　正手搓球

图 12－9　反手搓球

5. 发网前球

准备姿势同前。击球时，拍面稍朝前下方倾斜，前臂带动手腕和手指。正、反手搓球除握拍不同外，其他要领相同。

6. 勾对角球

在网前把来球回击到对角线网前叫勾对角球。准备姿势同前。击球时，拍面斜向对方右（左）网前。正手勾对角球时击球托的右侧，手腕和手指带动球拍向左内勾动；反手勾对角球时击球托的左侧，同时向右内勾动。

7. 后场技术练习方法

（1）一人在场区发高远球至对方后场，另一人以高远球或平高球，将球回击至发球方后场。

（2）一人在场区发高远球至对方后场，另一人以吊球或杀球，将球回击至发球方的网前或中场。

（3）两人各站一边，做对击高远球和平高球练习。

（4）两人各站一边，进行一人吊一人挑及一人杀一人挡网练习，可规定每组的时间或击球次数。

（五）步法

1. 步法的概念

羽毛球比赛时，运动员在场上为了接到球而采取的快速、合理、准确的移动方法，称为步法。它由起动、移动、协助完成击球动作和回动四个环节构成。

（1）起动。判断正确、反应快是迅速起动的前提。在起动这一环节中，除了抓好反应速度练习外，还要提高判断能力。

（2）移动。一般来讲，从中心位置到击球位置，运动员在场上的速度快慢，很大程度表现在移动上。为了加快步法移动的速度，可以采用专项速度训练方法。

（3）协助完成击球动作。在击球时，不单是上肢挥拍击球，而且需要下肢配合共同发力来完成动作，这是步法结构中的关键部分。如果动作别扭，是不可能击出速度快、落点准的球的。因此要求动作准确、合理、协调，给人一种轻松自如的感觉。

(4) 回动。击球后要很快回到场区中心位置，做好迎接下一来球的准备。回动不是盲目地向场地中心位置跑，而是要根据战术需要移动。

2. 基本步法和场上移动步法

(1) 基本步法。

1) 垫步。当右（左）脚向前（后）迈出一步后，紧接着以同一脚向同一方向再迈一步为垫步。

2) 交叉步。左右脚交替向前、向侧或向后移动为交叉步。经另一脚前面超越的为前交叉步，后面超越的为后交叉步。

3) 小碎步。小碎步又称小的交叉步。由于步幅小、步频快，一般在起动或回动起始时用。

4) 并步。右脚向前（向后）移动一步时，左脚即刻向右脚跟并一步，紧接着右脚再向前（向后）移一步，称为并步。

5) 蹬转步。蹬转步是以一脚为轴，另一脚向后或向前蹬转迈步。

6) 蹬跨步。在移动的最后一步，左脚用力向后蹬的同时，右脚向球的方向跨出一大步，称为蹬跨步。它多用于上网击球，在向后场底线两角移动抽球时也常采用。

7) 腾跳步。起跳腾空击球的步法称为腾跳步。它可分为两种：一种是在上网扑球或向两侧移动突击杀球时，以领先的脚（或双脚）起跳，做扑球或突击杀球；另一种是对方击来高远球时，用右脚（或双脚）起跳到最高点时杀球。

(2) 场上移动步法。在掌握了以上基本步法的基础上，组成上网、两侧、起跳腾空、后退移动步法等场上移动步法。

1) 上网移动步法。从中心位置移动到网前击球的步法，称为上网移动步法。上网移动步法可根据各人习惯采用交叉步、并步、垫步或蹬跨步。

①右边上网前步法：可采用两步或三步交叉步加蹬跨步移动的方法，也可采用垫一步再跨一大步移动的方法上网。

②左边上网前步法：同右边上网，只是移动方向是朝左边网前。

2) 两侧移动步法。从中心向左右两侧移动到击球点上击球的步法，称为两侧移动步法。它一般用于中场接杀球，起跳突击。

①向右侧移动步法：离中心较近时用蹬跨一大步到位击球，如离中心较远，则垫一小步后右脚再跨一大步。

②向左侧移动步法：与向右侧移动步法相同，方向相反。

3) 起跳腾空步法：为了争取时间高点击球，用单脚或双脚起跳，居高临下，凌空一击的方法叫起跳腾空击球。主要采用并步加腾跳步，这种步法在两侧突击进攻时使用较多。

4) 后退移动步法。从中心移动到后场各个击球点的位置上击球的步法，称为后退移动步法。

①正手后退（右场区）步法：一般采用侧身后退步法，有利于到位后挥拍击球，多采

用并步加跳步。

②头顶后退（左场区）步法：一般采用侧身后退步法，移动方向是左后场，采用后交叉加跳步步法。

3. 练习方法

（1）分解步法练习。主要包括正、反手上网步法练习，正、反手接杀球步法练习，正手后退击球步法练习，头顶后退击球步法练习，后场反拍击球步法练习。

（2）固定移动路线的步法练习。从中心位置开始，先后退至正手底线，然后回中心，再上右网前，再回中心位置，如此循环地练习。

（3）不固定移动路线的步法练习。由一人指挥，练习者跟着指挥者的手势进行全场综合步法练习。在练习时应注意：不论是自练还是按指挥者指示练习都要避免机械地移动步子，而应多做一些无规律的重复跑动，这样才能与实战结合起来。

（4）回击多球步法练习。陪练者将多球先后发往练习者的前后左右场区，迫使练习者运用各种移动步法去迎击来球。此练习方法既可以练习步法又可以练习手法，练习密度大，实际效果好。

二、羽毛球的基本战术及练习方法

（一）单打战术

1. 发球抢攻战术

从发球的第一拍起，争取控制对方，以攻杀得分。这种战术，一般为发网前低球结合平快球、平高球，争取第二拍的主动进攻。用这种战术对付应变能力较差的对手，或实施于比赛的关键时刻，效果往往很好。实施这一战术时，应有高质量的发球予以保证，否则很难成功。

2. 攻后场战术

此战术是通过击高球，重复压对方的底线两角，造成对方的被动，然后寻找机会进攻。用它来对付初学者或后场还击能力较差或后退步子较慢以及急于上网的对手是很有效的。

对网前技术较差的对手，可运用此战术先将其吸引到网前，然后攻击其后场。采用此战术，自己首先要有较好的网前击球技术。

3. 打四方球战术

若对手步子移动较慢、体力较差、技术不全面，可以用快速、准确的落点攻击对方场区的四个角落，寻找机会向空当进攻。此战术的主要目的是通过打落点，逼迫对方前后奔跑、被动应付，并在其击球质量下降或露出破绽时攻击得分。

4. 杀、吊上网战术

对对手打来的后场高球，己方先以杀球配合吊球把球下压，落点选在场区的两条边线附近，致使对手被动回球。若对手回网前球，己方迅速上网搓球、勾对角球或平推球，创造在中场大力扣杀的机会。这种战术必须能很好地控制杀、吊球的落点，在使对方被动回网前球时，主动迅速上网攻击。

5. 打对角线战术

对付身体灵活性差、转体较慢的对手，不论是进攻还是防守，均应以打对角线球为主。这样，对方会因移动困难而被动应付，为己方进攻创造机会。

（二）双打战术

1. 攻人战术

集中攻击对方中有明显弱点的人，并伺机攻击另一人因疏忽而露出的空当，或对此人偷袭。双打比赛中，一般总有一人好、另一人稍差些，即便两人水平相差不多，但若能集中力量攻击其中一人，也可给其造成很大的心理压力，从而使其出现失误。

2. 攻中路战术

当对方分边站位防守时，将球攻击到对方两人的中间；当对方前后站位时，将球下压或平推两边半场。这样可使对方防守时互相争抢或互让而出现失误。

3. 攻后场战术

若对方后场扣杀能力差，己方可采用平高球、推平球等，把对方一人紧逼在底线两角移动。当对方回球质量不高时，则抓住机会大力扣杀。如另一对手后退支援，即可攻网前空当。

4. 后攻前封战术

当己方处于主动进攻地位时，站在后场的队员见高球就杀或吊网前，迫使对方接球挡网前，这为己方前场队员创造了封网扑杀的机会。前场队员要积极封锁前场，迫使对方被动挑高球。一旦对方挑高球达不到后场，就为己方创造了再进攻的机会。

第三节　羽毛球规则简介

一、羽毛球场地标准尺寸

（1）羽毛球场地应是一个长方形。

（2）场地线的颜色最好是白色、黄色或其他容易辨别的颜色。

（3）所有的线都是它所界定区域的组成部分。

（4）从球场地面起，网柱高 1.55 米。

（5）网柱必须稳固地同地面垂直，并使球网保持紧拉状态。

（6）网柱应放置在双打的边线上。

（7）球网应由深色的优质细绳编织而成，网孔为均匀分布的方形，边长 15～20 毫米。

（8）球网上下宽 760 毫米。

（9）绳索或钢丝须有足够的长度和强度，能牢固地拉紧并与网柱顶部取平。

（10）场地中央网高 1.524 米，双打边线处网高 1.55 米。

（11）球网的两端必须与网柱系紧，它们之间不应有空隙。

（12）场地长 13.40 米，双打宽 6.10 米，单打宽 5.18 米，双打球场对角线长 14.723 米，单打球场对角线长 14.366 米。

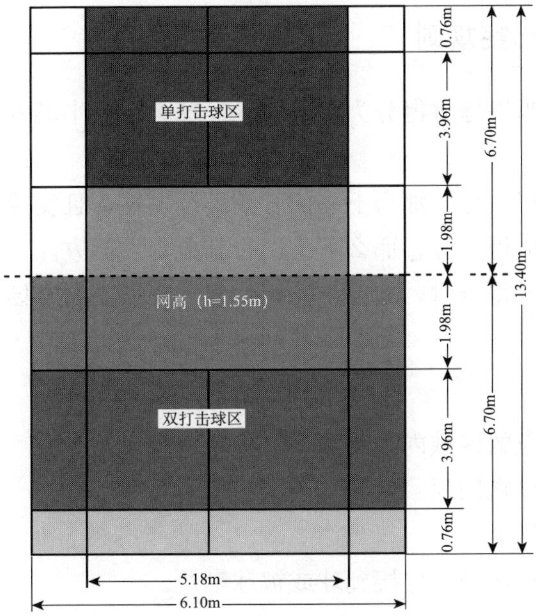

图 12－10　羽毛球场地

二、羽毛球比赛规则（计分）

（1）21 分制，三局两胜为佳。

（2）每球得分制。

（3）每回合中，取胜的一方加 1 分。

（4）当双方均为 20 分时，领先对方 2 分的一方赢得该局比赛。

（5）当双方均为 29 分时，先取得 30 分的一方赢得该局比赛。

（6）一局比赛的获胜方在下一局率先发球。

三、赛间休息与换边规则

（1）在一局比赛中，当领先的一方达到 11 分时，双方有 60 秒休息时间。

（2）在两局比赛间，双方有 2 分钟的休息时间。

（3）在决胜局的比赛中，当领先的一方达到 11 分时，双方交换场地。

四、羽毛球单打比赛规则

（1）在一局比赛开始时（比分 0∶0）或发球方得分为偶数时，发球方在右半场发球。当发球方得分为奇数时，在左半场发球。

（2）如果发球方取得一分，那么下一回合其继续发球。

（3）如果接发球方取得一分，那么下一回合其成为发球方。

五、羽毛球双打比赛规则

（1）与单打一样，当发球方得分为偶数时，发球方在右半场发球；当发球方得分为奇数时，在左半场发球。

（2）如果发球方取得一分，那么下一回合其继续发球，且发球人不变。

（3）如果接发球方取得一分，那么下一回合其成为发球方。

（4）当且仅当发球方得分时，发球方的两位选手交换左右半场。

六、发球违例

（1）未将球发在相应的区域内。

（2）球挂在网上或停在网顶。

（3）球过网后挂在网上。

（4）双打时，接发球员的同伴接到球或被球触及。

七、比赛进行中违例

（1）球落在场地界线外。

（2）球从网孔或网下穿过。

（3）球未从网上方越过。

（4）球触及天花板或四周墙壁。

（5）球触及运动员的身体或衣服。

（6）球触及场地外其他物体或人。

（7）球被击时停滞在球拍上，紧接着被拖带抛出。

（8）球在一个回合中被同一方队员多次击中。

（9）运动员的球拍、身体或衣服触及球网或球网的支撑物。

（10）过网击球（击球时，球拍与球的最初接触点在击球者网这一方，而后球拍随球过网的情况除外）。

第四节 羽毛球运动欣赏

羽毛球运动是一项极具魅力的运动，要想从中体会到更深层次的乐趣，享受更为赏心悦目的玄妙，就要学会欣赏高水平的羽毛球比赛。只有不断提高自己的欣赏水平，才能更好地享受羽毛球运动的活力和魅力。

一、羽毛球运动的实用性、艺术性魅力

人们把参与和欣赏羽毛球运动和比赛当作一种美的享受，借以抒发内心对美的向往与感受。运动员的每一个身形、每一个步法、每一次击球，潇洒、自如、坚定、沉稳，如猛虎下山的上网技术、蛟龙出水的跳起击球、身如满弓的扣杀技术、犀牛望月的抢扑救球。进攻时，势如破竹；防守时，固若金汤。

二、羽毛球运动的观赏

(一) 欣赏单个动作

羽毛球的震撼——轻轻跃起，滞空片刻，完成弓身、抬肘、转体、挥臂，手腕突然一紧，球在高点被猛烈爆弹，瞬间落地。

(二) 领略单个动作组合成的美妙架构

几个美妙动作可以组成各种美妙的架构：搓球撤步杀的简洁暴力，杀上网的迅疾果决，拉吊结合的诡谲轻盈，假动作和后续动作的虚实相间……所有技术连贯起来并指向局势主动，这种固定套路中行云流水的衔接，让一个点的美蔓延成一个面，形成传递羽毛球之美的力美兼具的画面。

(三) 研究美妙架构背后的技术原理

为什么要这么准备、判断、击球、移动？为什么要选择这个球路组合？为什么要简化这个击球动作？为什么要搏？为什么要放？从欣赏进入研究，从感性到达理性，再从门内看门外，精彩又不同了。

(四) 热爱每个人在贯彻技术原理时形成的个人风格

同样是羽毛球之巅的人物，林丹的理解与表达和李宗伟的理解与表达不尽相同，人们大可以选取理解一致、表达近似的那个人去追随，去呐喊，去贯彻自己对美的理解，同时

可以效仿偶像，自行诠释。这就是我们爱球星的理由。

（五）遵守比赛规则，营造良好氛围

现场欣赏羽毛球可以从身心两方面直接感受高水平比赛的精彩。在羽毛球高水平比赛的进行过程中，欣赏者可以全身心地投入，不断地呐喊助威，随着比分的起伏而变化，随着比赛的延续而紧张。在比赛最后获胜的时候，可以最大限度地释放体内的能量，获得生理和心理上的满足。但现场观球必须遵守羽毛球比赛的规则——在每一个回合尚未结束时，不要发出不和谐声响，以免影响场上运动员的正常思维与发挥，干扰比赛有序、正常、安静地进行。多回合球结束后，可给双方运动员鼓掌、呐喊、敲锣、打鼓，以不同形式鼓励、加油。

实践与探究

1. 简述羽毛球的基本技术。
2. 简述如何提高羽毛球水平。
3. 羽毛球的发球有几种？简述你常用的一种。
4. 简述羽毛球单打比赛规则。

第十三章　乒乓球运动

学习要点

1. 了解乒乓球运动的起源与发展；
2. 掌握乒乓球运动的简单进攻和防守动作；
3. 掌握乒乓球比赛的基本战术；
4. 了解乒乓球运动的比赛规则及裁判工作，提高比赛和欣赏水平。

第一节　乒乓球运动概述

一、乒乓球运动的起源

乒乓球起源于英国，欧洲人至今把乒乓球称为“桌上的网球”，由此可知，乒乓球是由网球发展而来的。19 世纪末，欧洲盛行网球运动，但由于受到场地和天气的限制，有些英国大学生便把网球移到室内，以餐桌为球台，以书为球网，用羊皮纸作球拍，在餐桌上打来打去，后来就形成了“乒乓球”。

二、世界乒乓球运动的发展和重大赛事

自 1926 年 12 月在英国伦敦举行了第一届世界乒乓球锦标赛以来，乒乓球发展成为遍及世界五大洲的竞技体育运动，并于 1988 年被列为奥运会的正式比赛项目。

知识窗

乒乓外交

“乒乓外交”是指1971年中国与美国两国乒乓球队互访的一系列事件。中美两国乒乓球队的友好往来，不仅推动了中美两国关系正常化的进程，也加速了中华人民共和国走向世界的步伐。

（一）世界乒乓球锦标赛

它是国际乒乓球联合会主办的国际乒乓球比赛，每两年举行一次，共设男子团体（斯韦思林杯）、女子团体（考比伦杯）、男子单打（圣·勃莱德杯）、女子单打（吉·盖斯特杯）、男子双打（伊朗杯）、女子双打（波普杯）和混合双打（兹·赫杜塞克杯）七个项目。

（二）奥运会乒乓球项目

从1988年第24届汉城奥运会开始，乒乓球的四个单项比赛被正式列入奥林匹克运动会比赛项目，即男子单打、男子双打、女子单打、女子双打。

（三）世界杯乒乓球赛

由国际乒乓球联合会主办，从1980年起每年举行一届，又称“埃文斯杯”。

三、中国乒乓球运动的辉煌历程

中华人民共和国成立前，中国就有乒乓球活动。1952年10月，在北京举行了“第一次全国乒乓球比赛大会”。1953年，组建了中国乒乓球队，首次参加第20届世乒赛，男队成绩为第一级第10名，女队成绩为第二级第3名。1959—1965年，中国队逐渐攀上世界高峰：1959年荣国团首获男单冠军，1961年中国队获得男团、男单和女单三项冠军，1965年男女队共获得五项冠军，被国际舆论界称为“世界头号乒乓大国”。

在20世纪70年代末，由于欧洲队的复兴，中国乒乓球队重整旗鼓，在指导思想上有所发展，即在原有的“快、准、狠、变”的基础上增加了一个“转”字，使速度、力量、旋转、弧线和落点五个要素更紧密地结合，大大提高了对付横拍全进攻型打法的能力，很快又夺回乒乓球技术的优势。同时积极探索新的打法，创造了许多“独门绝技”，为20世纪80年代中国队的发展和提高打下了坚实的基础。中国队的优势不仅表现为夺冠次数最多、世界级明星数量最多，而且表现为在多次世乒赛中将冠军杯全部夺走。

第二节　乒乓球的基本技战术及练习方法

一、握拍法

直拍握法的特点是正反手都用球拍的同一拍面击球，一般情况下不需要两面转换，出手较快；正手攻球快速有力，攻斜、直线球时拍形变化不大，对手不易判断，便于从速度、球路和力量上取得主动；手腕动作灵活，发球可作较多变化；但是反手攻球时，因受身体阻碍较难掌握，不易起重板；攻削交替时手法变化大，影响击球速度和准确性；防守时照顾面积较小。

图 13－1　直拍快攻类握法

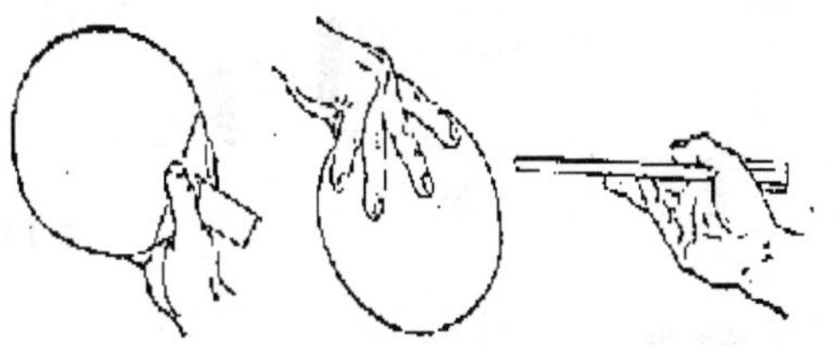

图 13－2　直拍弧圈类握法

横拍握法是乒乓球运动中另一种基本的握拍方法，此握拍法有利于正手攻球，反手也可打出高旋和速度快的球。

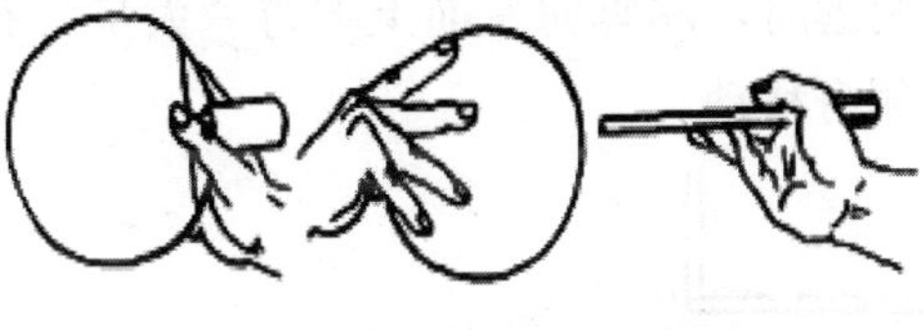

图 13－3　直拍削球的握法

图 13－4　横拍握法

二、基本站位、基本姿势和基本步法

（一）基本站位和基本姿势

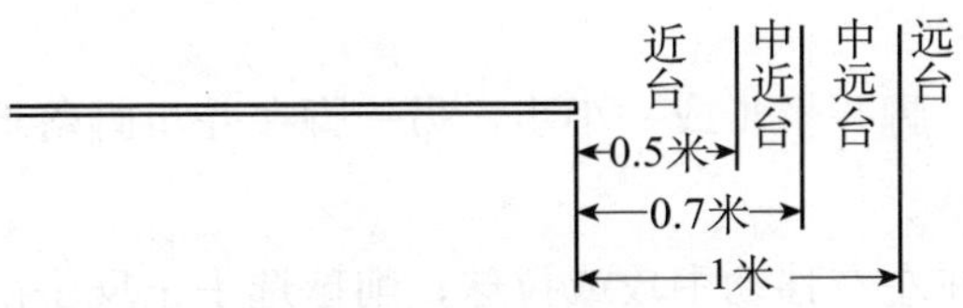

图 13－5　基本站位

口诀

立足肩宽微提踵，
屈膝弯腰莫挺胸，
拍置腹前眼注视，
准备移动体放松。

基本姿势（以右手为例）：两脚开立略比肩宽，左脚稍在前，膝微屈，前脚掌着地，上体自然前倾，含胸收腹，重心前移，背部略呈弧形。略收下颌，两眼注视来球。持拍手臂自然弯曲，置于身体右侧，肘略外张，手腕放松，持拍于腹前，离身 20～30 厘米。

（二）基本步法

1. 单步

（1）移动方法：以一脚为轴，另一脚向前、后、左、右不同方向移动，身体重心随之落在移动脚上。

（2）实际运用于：接近网小球；削追身球；单步侧身攻击在来球落点位于中线稍偏左或对推中侧身突袭直线或对搓中提拉球时。

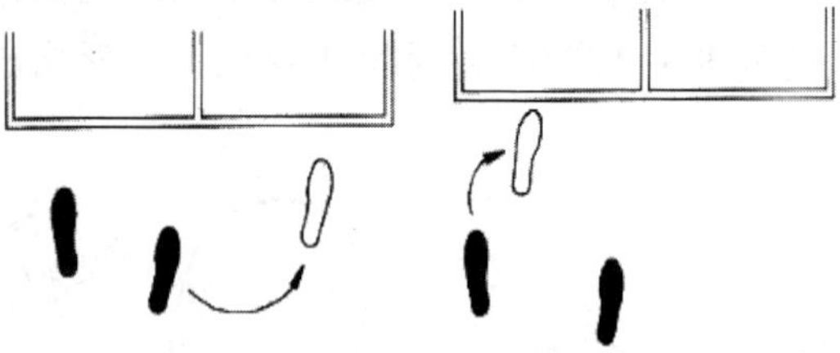

图 13－6　单步

2. 跨步

（1）移动方法：一脚蹬地，另一脚向移动方向跨一大步，蹬地脚随后跟上半步或一小步，身体重心即移到跨步脚上。

（2）实际运用于：近台快攻打法，用来对付离身体稍远的来球；削球打法，左、右移动击球；跨步侧身攻，当来球速度较慢，但离身体稍远时，左脚向左前上方跨一大步，右脚随即跟上一小步，同时配合腰部右转动作，完成侧身移动。

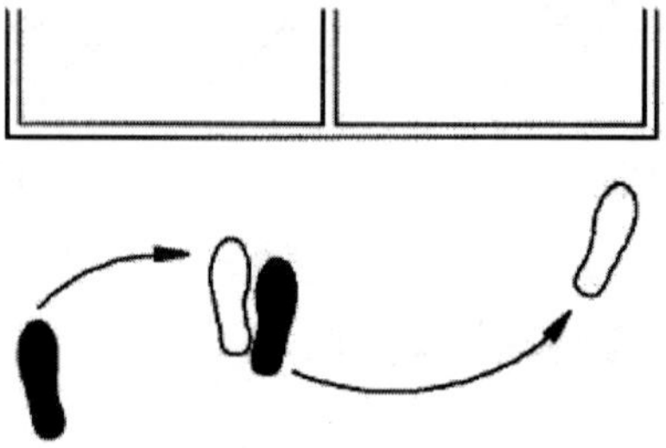

图 13－7　跨步

3. 并步

（1）移动方法：一脚先向另一脚并半步或一小步，另一脚在并步脚落地后随即向来球方向移动一步。

（2）实际运用于：快攻选手在左右移动中攻或拉球；削球选手正反手削球；并步侧身攻，多用于拉削球，右脚先向左脚后并一步，以便转体，随之左脚向侧跨一步。

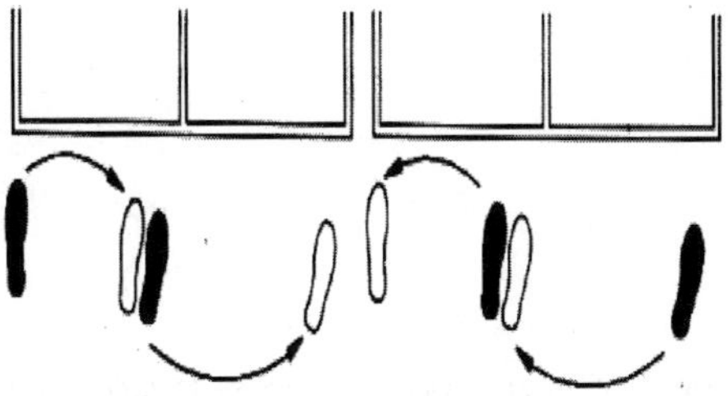

图 13-8 并步

4. 跳步

（1）移动方法：以来球异侧脚用力蹬地，两脚同时离地向来球方向跳动。

（2）实际运用于：快攻选手左右移动击球，常与跨步结合起来使用；弧圈类打法由中台向左、右移动时常用；跳步侧身攻或拉，但在空中须完成转腰动作；削球选手在接突击时常采用，但以小跳步来调整站位用得较多。

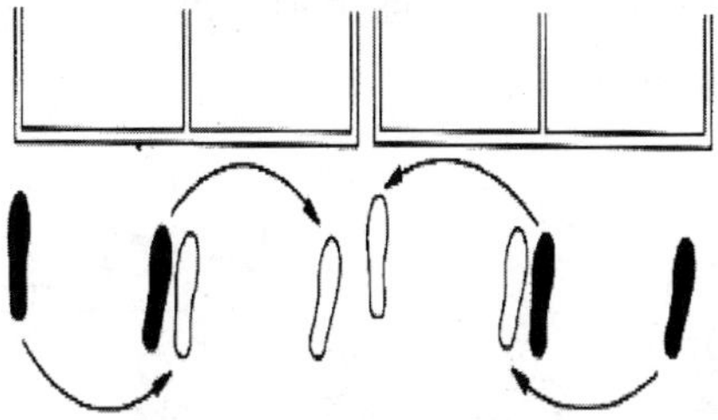
图 13-9 跳步

5. 交叉步

（1）移动方法：以靠近来球方向的脚作为支撑脚，该脚的脚尖调整指向移动方向，远离来球方向的脚在体前交叉，向来球方向跨出一大步，身体随之向来球方向转动，支撑脚跟着向来球方向再迈一步，这是前交叉步。后交叉步是在体后完成交叉动作。

（2）实际运用于：快攻或弧圈打法；在侧身攻、拉后扑打右角空当，或从右大角变反手击球；在走动中拉削球；削球打法接短球或削突出击。

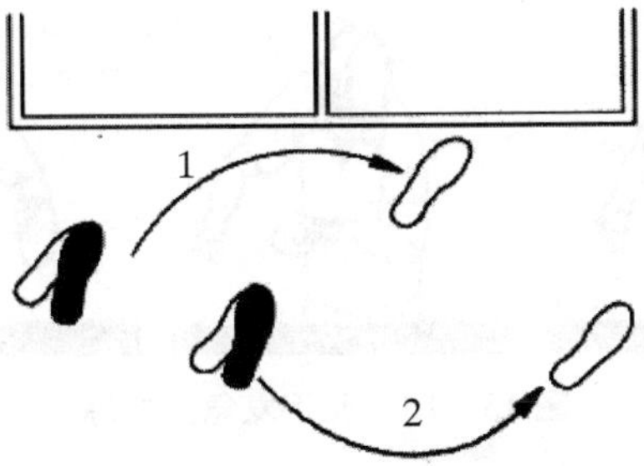

图 13-10 交叉步

三、发球和接发球

（一）发球基本技术

1. 发球方法

（1）平击发球。这种发球一般不带旋转，是学习其他发球的基础。

口诀

伸掌抛球向上空，
球落击法有多种，
上下侧旋擦球面，
长短轻急力不同。

图 13-11　平击发球

（2）正手发奔球。出球性质与平击发球类似，球速急、落点低、冲力大，发至对方右大角或中左位置。

正手急长发球（奔球）

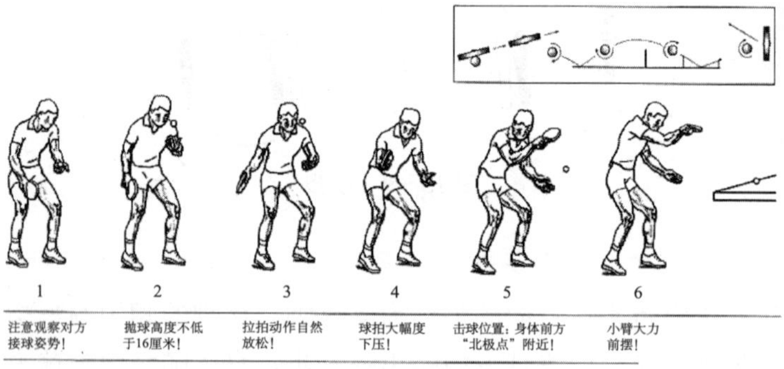

图 13-12　正手发奔球

（3）反手发急上旋球。如想有目的地与对方形成中、远台相持球，或迎战擅长搓攻打法的对手，此种发球是很有效的。

正反手发急侧上旋球

图 13-13　反手发急上旋球

（4）反手发急下旋球。可以通过旋转变化迷惑对方，从而直接得分或为第三板进攻创造机会。

图 13-14　反手发急下旋球

2. 发球的练习方法

（1）徒手做发球前的准备姿势，模仿抛球及发球动作。

（2）在台前练习发球到对方台面。

（3）先练习发斜线球，后练习发直线球；先练习发不定点球，后练习发定点球；先练习发长球，后练习发短球。

（4）练习发各种旋转球。

（5）练习用同一种手法发不同旋转方向和落点的球。

（6）结合个人技术特点，练一两套质量高的特长发球方法。

（7）在实战中，大胆运用已掌握的发球技术。

（二）接发球基本技术

接发球的手段很多，通常采用推挡球、搓球、攻球、弧圈球等技术来回击。

1. 推挡球

推挡球技术

动作要领：站位近台偏左，上臂和肘部自然下垂靠近身体，前臂与上臂角度约为 100°，肩部放松。握拍的食指稍用力，拇指放松，球拍呈半横状，拍面与台面近似垂直。

（1）挡球。

动作要领：前臂稍前迎，在上升期击球的中部，以借助对方来球的反弹力将球挡回。

特点与作用：这种球速度慢、力量轻、动作简单，容易掌握，是初学乒乓球的人熟悉球性、培养兴趣的入门技术。

图 13-15　挡球

(2) 快推。

动作要领：击球前，上臂、前臂适当后引拍；击球前手臂迅速迎前，击球上升期。

特点与作用：站位近，动作小，球速快，落点活，稍带上旋或不转，既可积极防守，又可辅助进攻，是使用最多的一种反手推挡技术，适用于回击一般的拉球、推挡球和攻球。

图 13－16 快推

口诀
推挡多用反手方，
动作犹似反手攻，
前臂发力向前下，
倾拍斜击球上中。

(3) 推挡球的练习方法：

1) 左方斜线对推练习；

2) 左方直线推挡练习；

3) 左推右挡练习；

4) 正守对攻练习；

5) 推挡变线，结合加力或减力综合练习；

6) 推挡回击拉、冲的专门练习。

2. 搓球

动作要领：击球前，右手向右上方引拍，拍面稍后仰；击球时，前臂和手腕向左前下挥动，摩擦球的中下部。

图 13－17 搓球

口诀
拍先稍仰后平送，
向前摩擦球下中，
手腕配合小臂动，
球转不转靠腕动。

练习方法：

1) 徒手做模仿搓球的练习；

2) 对搓球练习；

3) 固定球路，正手和反手结合搓球；

4) 练习正、反手快搓短球；

5) 搓转与不转的球；

6) 对搓斜线，搓中一方或双方侧身起板抢攻；

7) 全面搓攻。

3. 攻球

(1) 正手攻球。

动作要领：前臂与台面略平行，以前臂发力为主，击球上升期。前臂挥动要快，要根据来球长短、高度调节发力，一般用60%～80%的力量。要依靠手腕调节拍面方向，通过改变击球部位和挥拍方向改变击球线路。球击出后，还原要及时，前臂放松。

正手攻球

图13-18 正手攻球

口诀
切忌抬肘握拍松，
前臂向前向上动，
左脚稍前体右转，
倾拍一般击球中。

(2) 反手攻球。

动作要领：站位近台，右脚稍前。引拍时前臂与台面平行，将球拍引至腹的偏左位置；上球时，前臂旋外向右前上方挥动，手腕同时配合做伸和旋外转腕的动作，使拍面前倾，在上升期击球的中上部；击球后，随势将球拍挥至右肩前，身体重心从左脚移至右脚，或置于两脚之间。

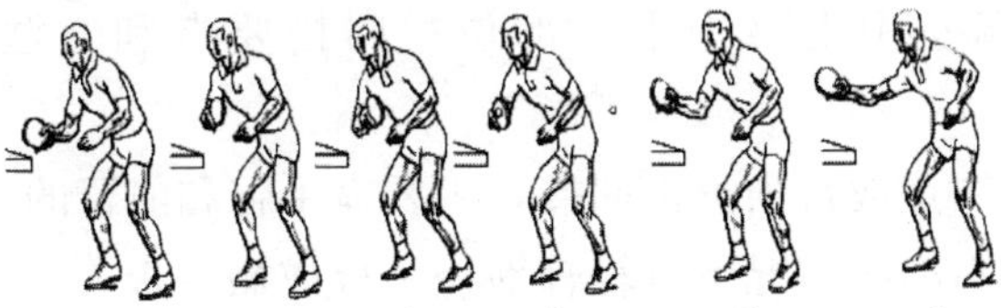

图13-19 反手攻球

口诀
前臂搁腹臂贴胸，
肘为轴心臂腕动，
左脚移后腰左转，
倾拍斜击球上中。

4. 弧圈球

动作要领：执拍手沉肩垂臂，引拍至身体后下方，上臂带动前臂向前上方挥拍，逐渐加快挥拍速度。拍触球时，右脚蹬地转体向左侧转动，迅速收缩前臂。发力要以腰、手为主，在来球下降期击球的中部或中上部。

图13-20 弧圈球

弧圈球教学口诀
挥拍力向前上冲，
薄擦球面位上中，
越薄越转成弧圈，
擦面要宽力加重。

回击弧圈球教学口诀
倾拍盖住球上中，
及时调拍心放松，
削击移拍上而下，
短促截球位偏中。

练习方法：

1）徒手模仿拉弧圈球的动作；

2）一人发中路出台的下旋球，另一人练习拉弧圈球；

3）一人推移，另一人练习连续拉弧圈球；

4）一人正手攻球，另一人连续拉；

5）二人对搓，固定一个搓中转拉；

6）一人削球，另一人连续拉；

7）以上练习，先拉固定点，再拉非固定点；

8）上台连续拉上旋球，逐步过渡到2/3台。

5. 接发球技术的具体运用

接发球技术

（1）接上旋转球（奔球）：正反手攻球或推挡回接，拍面适当前倾，击球的中上部，调节好向前的力量。

（2）接下旋长球：用搓球、削球、提拉球回接，搓或削时多向前用力。

（3）接左侧上（下）旋球：可采用攻球或推挡（搓球或拉球）回接，拍面稍前倾（后仰）并略向左偏斜，击球偏右中上（中下）部位，以抵消来球的左侧上（下）旋力。

（4）接右侧上（下）旋球：可采用攻球或推挡（搓球或拉球）回接，拍面稍前倾（后仰）并略向右偏斜，击球偏左中上（中下）部位；回接要点和方法与接左侧上（下）旋球相同。

（5）接近网短球：用快搓、快点或台内突击回接，主要靠手腕和前臂的力量。

（6）接转与不转接：在判断不准的情况下可轻轻地托一板或撤一板，但要注意弧线和落点。

（7）接不同性能球拍的发球：长胶、生胶、防弧胶的发球基本属不转球，用相应的方法回接即可。

（8）接高抛发球：如球着台后拐弯的程度大，应向拐弯方向提前引拍。

四、基本战术

（1）发球抢攻战术：发球抢攻战术是以旋转、线路、落点以及速度不同的发球增加对方回击的难度，使其出现机会球，或降低回球质量，然后抢先进攻，以争取主动或直接得分。

（2）推攻战术：主要运用正手攻球和反手推挡的速度和力量，并结合落点变化和节奏变化来压制和调动对方，以争取主动或得分。

（3）两面攻战术：主要利用正、反手攻球技术的速度和力量压制对方，争取主动和创造扣杀机会。

（4）拉攻战术：连续运用正手快拉创造进攻机会，然后采用突击和扣杀作为得分手段。拉攻战术是快攻打法对付削球打法的主要战术。

（5）拉、扣、吊结合战术：由快攻与放短球结合而成，是快攻打法对付削球打法的常用战术。

（6）搓球战术：主要运用转、低、快、变的搓球拖住对方，以寻找战机，然后采用低突、快点或拉攻等技术展开攻势。

第三节　乒乓球规则简介

一、选择方位和球权

每场比赛开始前，由双方运动员以抽签的方式选择方位和发球权，中签者可选择方位和发球、接受发球权，也可以要求对方先做选择。

二、合法发球

（1）发球时，球应放在不执拍的手掌上，手掌应静止、张开、伸平，四指并拢，拇指自然分开。

（2）发球过程中，抛球手及球应始终高于台面。

（3）抛球时只能平行上抛，不可以使球旋转，至少应使球在离开抛球手手掌之后上升16 厘米。

（4）当球从高点降落时，发球者才能击球，并使球首先击中发球方台区，然后直接越过或绕过球网，落至接发球方台区。双打时，发球方必须将球发至己方台面的右半区，球弹起过网后落至对方台面的右半区。

（5）发球者击球时，球必须处在发球者端线或其假设延长线之内，但不得远于发球者身体离球网最远的部分。

（6）运动员发球时，有责任让裁判员看清楚他是否按照合法发球规则发球。在一场比赛中，裁判员如果第一次对运动员的发球产生怀疑，可以中断比赛，出示蓝牌警告发球者，不判失误。

（7）因身体损伤而不能严格遵守合法发球的某些规定时，必须在赛前向裁判员声明。

三、合法还击

对方合法发球或合法还击以后，己方运动员必须击球，使球直接越过或绕过球网，再触及对方台区。

四、重发球

比赛时出现下列情况应判重发球：

（1）发球者发出的球越过或绕过球网装置时触及球网装置，接触对方合法台区；

（2）球已发出，但接发球者或其同伴未准备好，而且没有企图击球；

（3）由于发生了运动员无法控制的干扰，使运动员未能合法发球、合法还击或遵守规则。

五、暂停比赛

裁判员可以在下列情况下暂停比赛：

（1）要纠正发球、接发球次序或方位错误；

（2）要实行转换发球法；

（3）警告或者处罚运动员；

（4）比赛环境受到干扰，以至于回合结果可能受到影响。

裁判员基础手势

六、失分

除非一个回合被裁判员判重发球，否则下列情况判失 1 分：

（1）未能发出合法球；

（2）未能合法还击；

（3）拦击或者阻挠；

（4）连续两次击球；

（5）球连续两次触及己方台区；

（6）用不符合规则的拍面击球；

（7）在球处于比赛状态时，运动员及其穿戴的任何物品触及球网或球柱；

（8）在球处于比赛状态时，运动员不执拍手触及台面；

（9）发球时，运动员或其同伴跺脚；

（10）在双打时，运动员没按发球者和接发球者确定的顺序击球。

七、轮换发球法

如果一局比赛进行到 10 分钟仍未有结果（双方均已获得至少 9 分除外，或者在此之前任何时间应双方运动员要求），实行轮换发球法，有以下两种情况：

（1）当限制时，球仍处于比赛状态，裁判员应立即暂停比赛，被停回合的发球者发球，继续比赛；

（2）当限制时，球未处于比赛状态，应该由前一回合的接发球者发球，继续比赛。

此后，每个运动员都轮发一次球，直至该局结束。如果接发球方进行了 13 次合法还击，则判发球方失 1 分。

轮换发球法一经实行，该场比赛的剩余部分必须一直实行，直至该局结束。

八、胜负判定

在每一局比赛中先得 11 分的一方为胜方，但打到 10 平以后，先多得 2 分者为胜方。一场比赛可以实行三局两胜制或者五局三胜制。

第四节　乒乓球运动欣赏

乒乓球运动是一项智能、技能、体能三者兼容，以智能为主、隔网对抗的运动项目。运动员挥拍打出的每一个球，都包含速度、旋转、力量、弧线和落点五个竞技要素。在比赛过程中，运动员的精神处于高度集中的状态。尤其是接发球时，运动员需要仔细观察对手球拍撞击球时的动作、时间、部位、拍形和来球的运行情况甚至对手的表情等；通过对手球拍撞击球的声音判断来球的旋转、速度、力量、落点、节奏情况，同时要分析对手的心理状态、可能采取的战术等方面，并考虑自己的战术。运动员若要充分发挥自身竞技水平，除了依赖自身的能力以外，还需要一个好的赛场环境，而观众是为运动员营造良好比赛氛围的关键。

以下是观看乒乓球比赛的注意事项：

(1) 观众进出场地要有序，一般要提前到达场地，到场后按号入座，等待运动员和裁判员入场。玻璃瓶、易拉罐饮料不允许带进赛场，只能带软包装饮料，垃圾要用方便袋或者纸袋自行带出。

(2) 观看比赛时，从运动员准备发球开始到这个球成为死球的这一段时间内，整个赛场要保持安静，不要鼓掌、跺地板、大声讲话、呐喊助威、随意走动、展示旗帜和标语等。

(3) 禁止用闪光灯拍照。闪光灯对运动员的影响很大，因为乒乓球运动速度很快，球拍和球的碰撞是在瞬间完成的，闪光灯会影响运动员的视觉，使运动员无法判断来球的质量，从而影响回球的质量和命中率。

(4) 呐喊助威时要含蓄一些，不要使用锣鼓和喇叭等其他比赛啦啦队常用器材，因为过大的声音、过激的语言会影响运动员的心情，分散运动员的注意力。

(5) 喝彩的时间应在运动员出场和介绍运动员时，赛场上的精彩时刻，运动员完成自己的表演后，运动员克服困难、努力坚持比赛时。

(6) 要对运动员的失误给予理解和鼓励，不要抱怨，不说脏话；当对方运动员出现失误时，不要喝倒彩。

（7）尊重裁判员的判罚，不得起哄扰乱赛场秩序。

（8）场馆内禁止吸烟，比赛时不要到处走动，手机关闭或调至振动、静音状态。

（9）比赛中，若要提前退场，应在不打扰他人的情况下悄悄离开。比赛结束后，向双方运动员鼓掌致意。退场时，按座位顺序，向最近的出口缓行，并主动将饮料瓶、果皮果核、报纸等杂物带走。

知识窗

大满贯

一般而言，能获得世界杯、世锦赛、奥运会三项赛事冠军就叫“大满贯”。获得此称号的人有：瓦尔德内尔（瑞典）、邓亚萍、刘国梁、孔令辉、王楠、张怡宁、张继科、李晓霞、丁宁、马龙。

实践与探究

1. 乒乓球运动起源于哪个国家？为何被称为“乒乓球”？
2. 乒乓球的握拍方法有哪几种？
3. 乒乓球运动的基本步法有哪几种？
4. 乒乓球的平击球发球技术要领是什么？

第十四章　网球运动

学习要点

1. 了解网球运动的起源与发展；
2. 掌握网球运动的基本技术和基本战术；
3. 掌握网球运动的比赛规则，提升运动技巧和欣赏水平。

第一节　网球运动概述

一、网球运动的起源与发展

网球和高尔夫球一起享有“贵族运动”之称，它的起源与演变可以用四句话概括：孕育在法国，诞生在英国，开始普及和形成高潮在美国，现盛行于全世界。

网球的起源可以追溯到12—13世纪的法国，是在当时的传教士和法国宫廷中流行的一种用手掌击球的游戏；1358—1360年，这种供贵族玩的古式网球从法国传入英国；15世纪人们发明了穿弦的球拍；16世纪古式室内网球成为法国的国球，而后古式室内网球有了自己的规则，在欧洲尤其是英国得到了较好的发展。

近代网球诞生在英国。1873年，受古式网球的影响，英国少校温菲尔德设计了一种适用于户外的、男女都可以从事的网球运动。1875年，随着这项运动的盛行，出现了草地网球场，并形成了一系列规则。1877年，英国举办了首届草地网球锦标赛，即第一届温布尔登草地网球锦标赛。亨利·琼斯因同另外两个人为这次比赛制定了全新的规则而成为现代网球的奠基人。1884 年，温布尔登不仅举办了男子锦标赛，也成功举办了女子锦标赛。

1896 年，网球运动的男子单打与男子双打被列为第一届现代奥运会正式比赛项目。1924 年，因在“业余运动员”的定义上的分歧，网球运动退出了奥运会，直到 1984 年第 23 届洛杉矶奥运会上，才再次被列为表演项目。1988 年的汉城奥运会上，网球恢复成为正式比赛项目。随后，网球这项优美而充满竞技性的体育运动，开始在世界范围内快速发展起来。

二、世界网球运动组织

(一) 国际网球联合会 (ITF)

它成立于 1913 年 3 月 1 日，是世界网球组织的最高管理机构。其主要职责有：负责网球比赛的一切事务；制定、修改和实施网球规则；促进各级水平的网球运动在全世界的普及与发展；裁定国际网联认可的正式网球锦标赛，增强协会会员的影响力，维护联合会的独立；确定运动员的资格，管理业余、职业以及业余-职业混合型比赛；维护网球界团结以及监督规则的实施；等等。

(二) 世界男子职业网球协会 (ATP)

它成立于 1972 年，是世界男子职业网球运动员的自治机构。其主要职责是协调男子职业运动员和赛事之间的伙伴关系，并负责组织和管理职业选手的积分、排名、奖金分配，以及制定比赛规则等工作。ATP 系列赛包括下面六种比赛：大师杯赛；世界双打锦标赛；世界队际锦标赛；网球大师系列赛，也就是超九赛事；国际黄金系列赛；国际系列赛。

(三) 国际女子职业网球协会 (WTA)

它成立于 1973 年，是世界女子职业网球选手的自治组织。其主要职责是组织由职业选手参加的各种比赛，负责所有女球员的问题。它管理职业选手的积分、排名、奖金分配，负责协调与赞助商、赛事主办方之间的关系等与选手有关的一切事务。

知识窗

网球场地有哪几类?

1. 草地球场。典型代表场地是温布尔登锦标赛场地，历史最悠久、最具传统意味。其特点是球落地时与地面的摩擦小，反弹速度快，对球员的灵敏度、速度和技巧等要求非常高。草地球场是攻势网球的天下，上网强攻战术是草地网球场上的制胜法宝。草地球场不适合底线型选手。

2. 红土球场。同沙地、泥地一样，都是“软性球场”，典型代表场地是法国网球公开赛场地。其特点是球落地时与地面有较大的摩擦，球速较慢，球员在急停急回时有很大的滑动余地，更考验球员的体能、奔跑移动能力。红土场上的比赛需要选手以更大的耐心与对手周旋，很考验选手的意志力，适合底线型选手。

3. 硬地场。是最普通也是现代比赛最常用的场地。其表面平整、硬度高，球的弹跳非常有规律，但反弹速度很快，更具有爆发力，但不如其他质地的场地弹跳性好，地表反作用力强而僵硬，所以容易对球员造成伤害，这种损害已使许多优秀的选手付出巨大的代价。

第二节　网球的基本技战术及练习方法

一、握拍法

在所有的网球技术中，最基本的是握拍法，它直接影响球拍面接触球的角度。球拍是击球者手臂的延伸和手掌的扩大，每个击球动作都是由手臂、手腕、手指相互配合来完成的，正确的握拍方法可以保证击球的效果和质量。初学者必须按正确的方法握拍。

（一）大陆式握拍

大陆式握拍法又被称为榔头式握拍法，采用这种握拍法时，食指根部压在与拍面水平的那个平面上，拍面的角度几乎与地面垂直，所以仿佛在用拍框的侧面钉钉子一样。大陆式握拍法适合用来击打任何类型的球，但在发球、打截击球、打过顶球、削球以及打防守球时采用这种握拍效果更好。

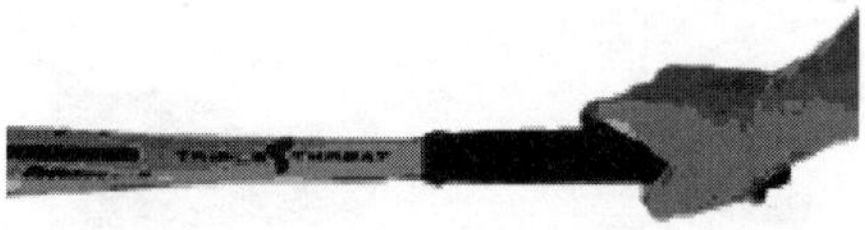

图 14-1　大陆式握拍

（二）东方式正手握拍

将手平放在拍弦上，然后下滑到拍柄根部抓握；或者把球拍平放在桌面上，闭上眼，将球拍拿起。从技术的角度讲，东方式正手握拍就是先以大陆式握拍法持拍，然后逆时针旋转球拍（左手握拍则需顺时针旋转），直到食指的根部压到下一个接触的斜面为止。

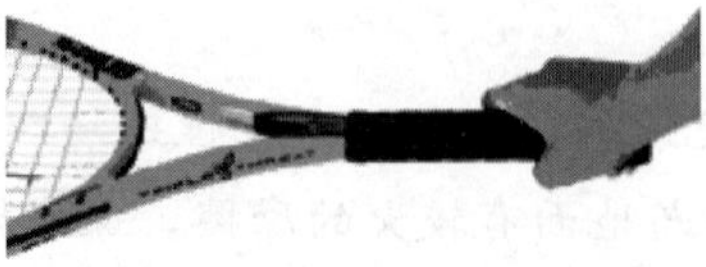

图 14－2　东方式正手握拍

（三）半西方式正手握拍

在东方式正手握拍的基础上，逆时针（左手握拍则需顺时针）旋转球拍，使食指根部压在下一条拍棱上。在职业网球巡回赛中，底线型选手多采用这种握拍法。

图 14－3　半西方式正手握拍

（四）西方式正手握拍

在半西方式正手握拍的基础上，逆时针转动拍面（左手握拍则需顺时针转动），使食指根部接触到下一个平面。喜欢打强烈上旋球的土场选手多采用这种握拍法。

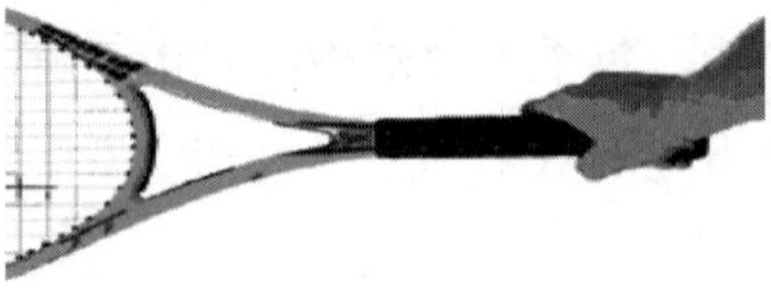

图 14－4　西方式正手握拍

（五）双手反手握拍

使拍面处于大陆式和东方式反手握拍的中间位置，然后用另一只手以东方式正手握拍法放在持拍手的前方。

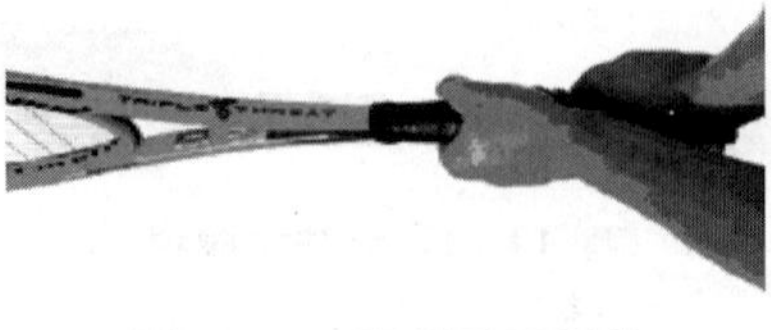

图 14－5　双手反手握拍

事实上，没有完美的握拍方式，每一种握拍方式都有优点和局限。握拍决定了球拍击球时的角度、接触球的位置，最终影响步法、球的旋转以及击球时的场上位置。困难的是为每次击球选择适当的握拍方式。

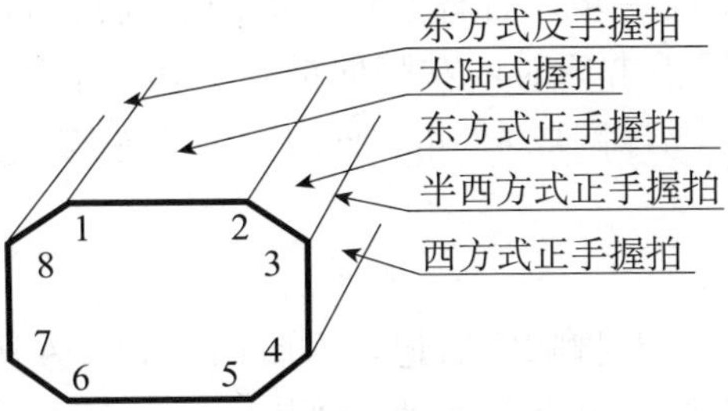

图 14-6 握拍方法

二、准备姿势

面对球网，双脚开立，略比肩宽，膝部放松，上身稍向前倾，重心稍放在脚尖上。右手轻握拍柄，左手扶住球拍，球拍高度置于肚脐与胸之间。两肘轻触腰侧部，目光注视着球。重要的是身体要放松，肩部和握拍要放松，过于用力就无法顺利地做出挥拍动作。要根据来球迅速地做出反应，判断是正手击球还是反手击球，要能随时进行跳跃动作。

图 14-7 准备姿势

三、基本步法

网球的各种击球都是在跑动中完成的。步法的移动是为了调整好人和球之间的距离，只有通过精确的判断、及时的移动以获得不同落点、不同高度的球的理想站位，才能更有效地击球。下面以右手为例，介绍几种步法。

(一) 正手击球步法

原地时，右脚右转 90°，同时转体，左脚向左前方跨，与端线约成 45°角，使左肩对网击球。移动时右脚向右侧跨出半步，同时右脚右转，左脚则与击球方向成一定角度跨出，与端线约成 45°角，左肩对网击球。

(二) 反手击球步法

原地时，左脚左转 90°，同时转体，右脚向左前方跨出，使右肩背侧对网击球。

(三) 滑步步法

向右移动时先移右脚再跟左脚，向左移动时先移左脚再跟右脚。

（四）前进步法

正手击球时，左脚向前跨一步，右脚紧跟左脚向右前跨出，约成45°角，此时重心在右脚，击球后移至左脚。反手击球时，左脚向前跨一步，右脚滑步跟上，左脚向左前迈步，右脚大步跨到左脚前，与球网成45°角，此时重心在左脚，击球后移至右脚。

（五）后退步法

正手击球时，右脚后退，左脚随同后退，右脚向右转，左脚跟随向右转约45°，重心在右脚，击球后重心移至左脚。反手击球时步法相反。

（六）练习方法

徒手同口令练习；结合挥拍练习；多球定点练习；多球不定点练习。

四、发球

发球是网球最重要的技术之一，也是最常见的得分手段之一。由于发球是唯一不受对方制约的一项技术，因而运动员能够最大限度地发挥个人的技术特点。好的发球具有相当大的攻击力，并使发出的球在速度、力量、旋转和落点方面有变化从而控制对方，为进攻创造有利条件。

（一）发球要点

握拍正确，抛球要稳，球拍正确地置于背后并抬起肘关节，背弓鞭打动作要充分，保持抬头看球。击球时，在身体前做击球扣腕动作，并注意重心跟进，随挥动作完整。发球技术一般分为三种：平击发球、切削发球和上旋发球。

（二）动作要领

采用大陆式或东方式反手握拍。全身放松，侧身站立在端线外、中场标记旁，两脚分开，略与肩宽，左脚与端线呈45°角，右脚略与端线平行，身体重心在左脚。左手持球，右手握球拍于腰部，拍头指向前方，呼吸均匀，精神集中。左手抛球与右手球拍后摆同时开始。抛球时，左手食指、中指、拇指三指平稳托住球，掌心向上。击球时，身体重心先后靠至后脚再前移至前脚，同时髋部前顶、腰背呈背弓状，然后反弹背弓并发力挥拍击球。双脚上蹬，使身体和手臂充分伸展，身体向前上方伸展击球，注意双脚的发力方式，击球点应在右眼的前上方，双眼紧盯着球。球发出后，身体向场内倾斜，向前上方伸展完成随挥动作，球拍挥至身体左侧，身体重心移向前方，做到完全的自然跟进，并保持身体的平衡。

（三）练习方法

（1）挥拍练习：先进行拍头边缘接触模拟击球点，再进行拍面接触模拟击球点。

图 14－8　发球

（2）球拍拍球练习：增加对球的感觉，了解发球击球时手的感觉。

（3）抛球发球练习。

（4）面对墙或围网模拟击球点击球练习，将球固定在球拍和围网之间。

（5）先进行无球后进行有球发球练习。

（6）半场、中场、常规发球练习。

五、接发球

接发球是网球基本技术之一，是仅次于发球的一项基本技术，也是最难掌握的技术，主要由底线正反拍动作组成。对于接发球，首先强调成功率，其次才是攻击力。拥有出色的接发球技术，打破对方的发球局，是取得成功的关键。

（一）动作要领

接发球的握拍通常采用东方式正手或反手握拍。站位要根据自己的击球特点和自己的反应、场地种类以及对手发球的威力大小进行选择。准备时身体放松，两脚左右分开约两肩宽，双膝微屈，脚跟离地，两脚可以做小的弹跳，目的是能及时起动。接球时，从球离开发球员到球被拍击到时，必须眼盯来球，以便准确判断，跑动到位，主动迎击。击球动作要根据来球不同做调整，击球时手腕固定，后摆要小，做好随挥动作，并做好下次击球的准备动作。

（二）练习方法

（1）正手一区接第一发球练习；

（2）正手二区接第二发球练习；

（3）反手一区接第一发球练习；

（4）反手二区接第二发球练习。

六、网球基本战术

网球战术一般分为发球战术、接发球战术、上网战术和底线战术等。

（一）发球战术

发球不受对方支配，可通过力量、速度和准确性达到得分的目的：针对对方弱点，攻其薄弱环节；利用不同的发球方式，随球上网截击；运用相似手法，发不同性能的球，使对方捉摸不透；利用外界自然条件（如风向、阳光、硬地和草地等）发球，给对方接发球制造困难。

（二）接发球战术

接发球时一般处于被动地位，但处理得好可减少被动，甚至化被动为主动。

（三）上网战术

是指发球或接发球后，冲到离网较近的位置，不等对方回击的球落地便进行空中截击或高压的一种战术。

（四）底线战术

以进攻型打法为前提，靠快速、力量、准确、凶狠赢得优势，使看来是防守性的打法具有攻击性。常用的有逼右攻左、逼左攻右，攻击对方弱点或打对方不喜欢打的球。双打应争取机会上网，一旦被压在底线，只能考虑防守，伺机反攻，或诱使对方失误。可用挑高球，回击短而低的球，或打平直球快速穿过对方中央场区，或运用直线侧旋球打对方两侧。

第三节　网球规则简介

一、比赛设备与器材

（一）球场

单打区宽 8.23 米，双打区宽 10.97 米，长 23.77 米。

球场左右两旁的线相应地称为“单打边线”和“双打边线”。球场两端的白线称为“底线”。两条底线的中间标有短小的中界点。球场周围必须留出空间。

球网与球场的底线平行，穿越整个球场，将球场分为相等的两部分，因此球网与两条底线的距离各为 11.885 米。球网两端悬挂在两边的网柱上。网柱中心在双打边线外的 91.4 厘米处。球网在网柱处的高度为 1.07 米，在球场中央的高度则为 91.4 厘米。球网顶部用白色网边布包缝。

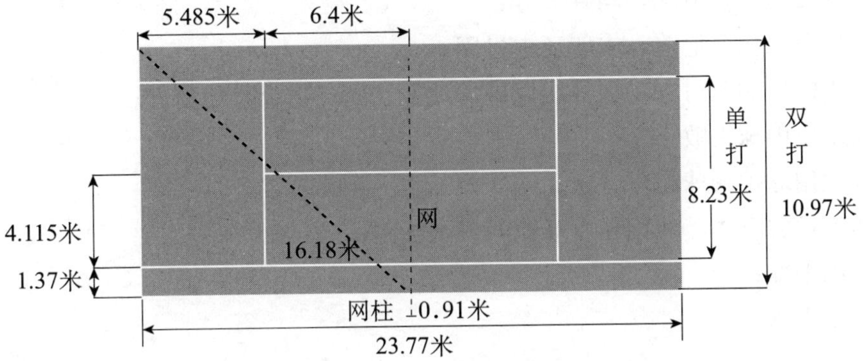

图 14-9　标准网球场尺寸

(二) 球

场上用球，其外部需要由纺织材料统一包裹，颜色为白色或黄色，接缝处不能有缝线痕迹。重量要在 56.7～58.5 克。在从 254 厘米的高度向混凝土地面做自由落体运动时，反弹的高度应该在 134.62～147.32 厘米。

二、发球规则

(一) 发球员的位置

(1) 每局开始，先从右区端线后发球，得或失一分后，应换到左区发球。
(2) 发出的球应从网上越过，落到对角的对方发球区内或其周围的线上。

(二) 发球无效

发球触网后，仍然落到对方发球区内或接球员未做好接球准备，均应重发球。

(三) 交换发球

第一局比赛终了，接球员成为发球员，发球员成为接球员。以后每局终了，均依次互相交换，直至比赛结束。

三、通则

(一) 交换场地

双方应在每盘的第 1、3、5 等单数局结束后，以及每盘结束双方局数之和为单数时，交换场地。

（二）失分

发生下列任何一种情况，均判失分：

（1）在球第二次着地前，未能还击过网；

（2）还击的球触及对方场区界线以外的地面、固定物或其他物件；

（3）还击空中球失败；

（4）故意用球拍触球超过一次；

（5）运动员的身体、球拍在发球期间触及球网；

（6）过网击球；

（7）抛拍击球。

（三）压线球

落在线上的球都算界内球。

四、双打规则

（一）双打发球次序

每盘第一局开始时，由发球方决定由何人首先发球，对方则同样地在第 2 局开始时，决定由何人首先发球。第 3 局由第 1 局发球方的另一球员发球，第 4 局由第 2 局发球方的另一球员发球，以下各局均按此次序发球。

（二）双打接发球次序

先接发球的一方应在第 1 局开始时决定何人先接发球，并在这盘单数局继续先接发球。双方同样应在第 2 局开始时决定何人接发球，并在这盘双数局继续先接发球。他们的同伴应在每局中轮流接发球。

（三）双打还击

接发球后，双方应轮流由其中任何一名队员还击。如运动员在其同队队员击球后，再以球拍触球，则判对方得分。

五、计分方法

（一）胜 1 分

遇到下列情况时，判对方胜 1 分：

（1）发球员连续两次发球失误或脚误；

（2）接球员在发来的球没有着地前用球拍击球，或球触及自己的身体及所穿戴的衣物；

（3）在球第二次落地前未能还击过网；

（4）还击球触及对方场区界线以外的地面、固定物或其他物件；

（5）还击空中球失败；

（6）在比赛中，击球员故意用球拍拖带或接住球，或故意用球拍触球超过一次；

（7）“活球”期间，运动员的身体、球拍（不论是否握在手中）或穿戴的其他物件触及球网、网柱、单打支柱、绳或钢丝绳、中心带、网边白布或对方场区以内的场地地面；

（8）还击尚未过网的空中球（过网击球）；

（9）除握在手中（不论单手或双手）的球拍外，运动员的身体或穿戴的物件触球；

（10）抛拍击球；

（11）比赛进行中，运动员故意改变其球拍形状。

（二）胜 1 局

（1）每胜 1 球得 1 分，先胜 4 分者胜 1 局。

（2）双方各得 3 分时为“平分”，平分后，净胜 2 分为胜 1 局。

（三）胜 1 盘

（1）一方先胜 6 局为胜 1 盘。

（2）双方各胜 5 局时，一方净胜 2 局为胜 1 盘。

（四）决胜局计分制

在每盘的局数为 6 平时，有以下两种计分制。

（1）长盘制：一方净胜 2 局为胜 1 盘。

（2）短盘制（抢 7）：决胜盘除外，除非赛前另有规定，一般应按以下办法执行。

1）先得 7 分者胜该局及该盘（若分数为 6 平时，一方须净胜 2 分）；

2）领先一方的发球员发第 1 分球，对方发第 2、3 分球，然后轮流发 2 分球，直到比赛结束；

3）第 1 分球在右区发，第 2 分球在左区发，第 3 分球在右区发；

4）每 6 分球和决胜局结束都要交换场地。

（五）赛制

实行淘汰赛。一场比赛中，男子比赛除“大满贯”赛事和部分大师系列赛决赛采用五盘三胜制以外，均使用三盘两胜制。女子比赛全部采用三盘两胜制。

第四节　网球运动欣赏

网球运动以其特有的魅力为世人所喜爱，其对比赛中球员的衣着、言行都有着极高的要求。与其他比赛相比，对比赛现场观众也有着特殊的要求。只有了解网球比赛中的观赛礼仪，才能更好地享受网球赛事带来的快乐。下面简单介绍观看网球比赛时观众应注意的一些基本礼仪：

（1）比赛开始之前坐到自己的位置上，静候比赛开始。不能随意停留在过道或坐在栏杆上看球。如果比赛已经开始，可在第 3、5、7 单局比赛结束换边时，由引导员帮助尽快入座。切忌提早退场。

（2）比赛开始后，要保持绝对安静，关闭所有的无线通信设备，尽量不在赛场接听电话。

（3）为了保障比赛的安全，禁止携带危险品入场，玻璃瓶、易拉罐不能带进场内。

（4）比赛时，不能吃东西、随意交谈、喧哗和走动，以免分散运动员的注意力，影响他们的发挥，只能在运动员交换场地休息的 90 秒内起身活动。去洗手间或者买饮料，应在一个球成为死球的时候再回到座位上。否则，运动员有权因为观众的不安静停止或推迟比赛。

（5）比赛过程中，不能使用闪光灯拍照。闪光灯会扰乱运动员视线，严重影响运动员的击球尤其是发球的进行。

（6）比赛中，当捡到球员打飞的球后，应在比赛暂停时将球扔入场内，千万不可以在比赛进行的时候将球扔进场内，更不可直接拿走据为己有。只有比赛结束后，运动员打向看台的球才能拿走，留作纪念。

（7）比赛中不得与裁判员、运动员进行任何形式的谈话，包括询问比分、对判罚有异议等，以免影响比赛秩序。若有异议，应在结束后找到执法裁判或仲裁处恰当询问或表示质疑。

（8）鼓掌要合时宜、不喝倒彩。当比赛双方打出精彩好球时，观众可以发出一些赞叹的声音，但此时切不可鼓掌，只有在比赛确实结束时才能够鼓掌和叫好。不要在运动员失误时喝倒彩。

（9）索要签名或合影时要充分考虑运动员的心理感受，赛前尽量不要打扰运动员。在比赛结束后，也要注意不要去打扰失掉比赛的一方，以示对运动员的尊重。

实践与探究

1. 正、反拍击球动作要点有哪些？
2. 影响网球战术发挥的因素有哪些？
3. 网球握拍的几种方式是什么？

第十五章　形体运动

学习要点

1. 了解形体运动的起源与发展；
2. 了解形体运动的比赛规则及裁判工作；
3. 掌握形体运动比赛的基本技能和规定动作。

第一节　健美操

健美操是一项融体操、舞蹈、音乐于一身，以健身、健美为目的的体育运动项目。经常从事健美操锻炼，能使心肌增厚，心腔容量增大，血管壁弹性增强，进而提高心脏的功能；能提高呼吸深度，增加每次呼吸时的气体交换量，从而保证在激烈运动时满足气体交换的需要，提高机能水平；能提高消化系统的机能，有助于营养物质的吸收和利用，从而提高对疾病的抵抗能力。健美操运动除了具有增强体质的作用外，还具有塑造健美体形的功能，使体态变得丰满匀称、线条优美、秀丽动人。

一、健美操的分类

健美操的分类方法较多，根据健美操练习的目的和所要解决的主要任务可分为大众健美操和竞技健美操两大类。

（一）大众健美操

大众健美操也称健身健美操，目的在于增进健康，可为社会不同年龄层次的人所采用。它根据练习对象的需求进行创编，动作简单易学，节奏稍慢，时间长短不等，可编排5分钟到一小时。例如，美国著名健美操明星简·方达所编的初级健美操，一套有27分钟。在日本，一套大众健美操约1小时。目前，我国大众健美操运动开展得非常广泛。各种成套健美操动作的练习时间、场地、人数、内容、动作、节奏等没有统一的标准，可以根据练习者的需要进行编排。

（二）竞技健美操

竞技健美操是在音乐伴奏下，通过难度动作的完美完成，展示运动员连续表演复杂和高强度动作的能力。成套动作必须通过所有动作、音乐和表现的完美融合体现创造性。在我国，竞技健美操赛事主要有全国健美操比赛、全国职工健美操比赛、全国大学生健美操比赛等。

二、健美操术语

（一）动作方法术语

（1）立：两腿站立的姿势。有并腿立、分腿立、提踵立、点地立、单腿立等。

（2）蹲：两腿屈膝站立的姿势。半蹲：屈膝小于90°；全蹲：屈膝大于90°。

（3）弓步：一腿屈膝，另一腿伸直，身体重心在两腿之间的站立姿势；一般常用的有前弓步和侧弓步。

（4）点地：一腿伸直或屈膝站立，另一腿脚尖或脚跟触地的姿势，身体重心在主力腿；有前、侧、后点地。

（5）踢腿：一腿站立，另一腿做加速有力的摆动动作；有前、侧、后踢腿。

（6）吸腿：一腿站立，另一腿屈膝向上抬起的动作；有前、侧吸腿。

（7）平衡：一腿站立，另一腿抬起并保持一定时间的动作。

（8）举：臂或腿抬起并固定在某一方位上的姿势；有前举、侧举、斜下举。

（9）屈：使关节角度缩小的动作。

（10）伸：使关节角度扩大的动作。

（11）摆动：臂或腿在某一平面内，自然地由某一部位匀称运动到另一部位的动作；手臂摆动以肩关节为轴，腿的摆动以髋关节为轴；有前后摆动、左右摆动、上下摆动等。

（12）振：臂或上体做大幅度的加速摆动作。

（13）绕：身体某一部位摆至180°以上、360°以内的动作。

（14）绕环：身体某一部位摆至360°或360°以上的动作。

（15）跪：屈膝并以膝着地的姿势；有跪立、单腿跪立、跪坐、跪撑等。

（16）坐：以臀部着地的姿势；有屈腿坐、并腿坐、分腿坐、半劈腿坐、盘腿坐等。

（17）卧：身体躺在地上的姿势；有仰卧、侧卧、俯卧等。

（18）撑：手着地并承担身体重量的姿势；有俯撑、俯卧撑、蹲撑、仰撑等。

（二）移动术语

（1）移动：身体向着相应的方向运动。

（2）向前：向着参考点的方向运动；注意“前”和“向前”的区别，可以面向前移动，也可以面向后向前移动。

（3）向后：向着身体后面的方向运动。

（4）向侧：向着身体侧面的方向运动。

（5）原地：无移动，或在 4 拍内回到原来的地方。

（6）转体：身体绕垂直轴转动；转体经常是向前、向后和向侧移动的结合；转体可以原地做，也可以绕着一个相应的点做；转体 360°可以是 4×90°或 2×180°的转体。请注意：在 1 到 2 拍内做一个完整的 360°转体具有潜在的危险性，应该尽量避免。

三、健美操常用手型

健美操中的手型有多种，是从芭蕾舞、现代舞、迪斯科、武术中吸收和发展的。手型是手臂动作的延伸和表现，运用得好，会使健美操动作更加丰富多彩、生动活泼，更具有感染力。

（1）并拢式：五指伸直，相互并拢；大拇指微屈，指关节贴于食指旁。

（2）分开式：五指用力伸直，充分张开。

（3）立掌式：五指伸直，手掌用力上翘。

（4）花式：在分开式的基础上，小指伸直向掌心并回弯，无名指随小指回弯。

（5）拳式：握拳，拇指在外，指关节弯曲，紧贴于食指和中指。

（6）芭蕾手式：五指微屈，后三指并拢、稍内收，拇指内扣。

（7）西班牙舞手式：五指用力，小指、无名指、中指自掌指关节处依次屈，拇指稍内扣。

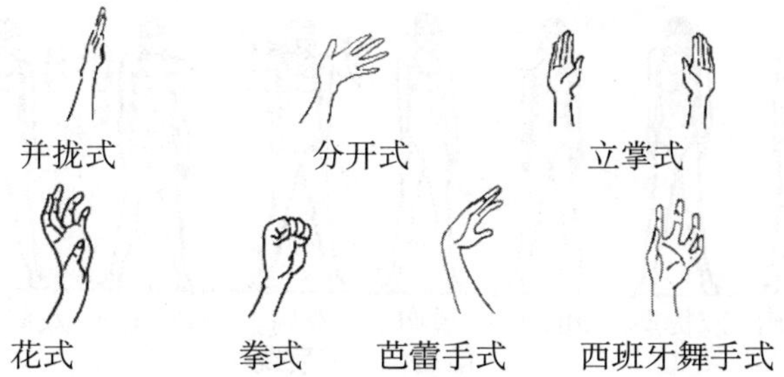

图 15-1　常用手型

四、健美操基本站位

图 15-2　基本站位：立

图 15-3　基本站位：弓步

图 15-4　基本站位：跪立

五、身体各部位基本动作

图 15-5　头颈部动作

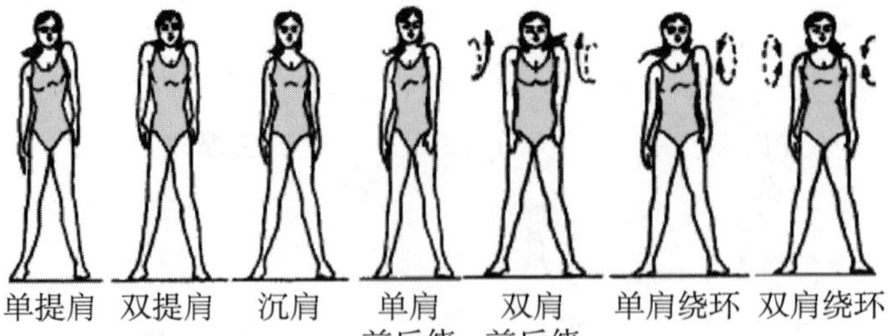

图 15-6　肩部动作

图 15－7　上肢动作：举

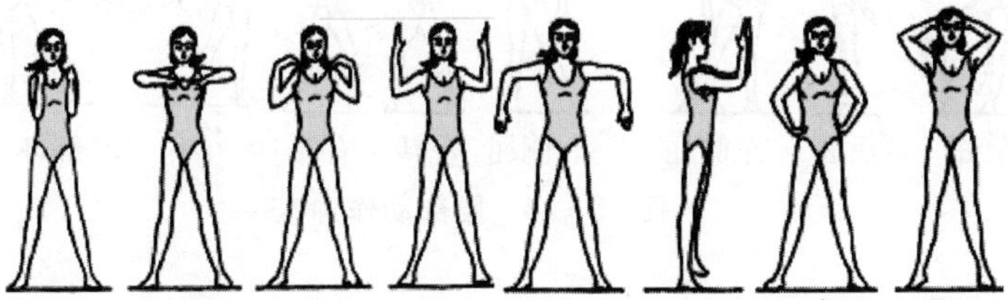

图 15－8　上肢动作：屈

图 15－9　上肢动作：摆、绕环

图 15－10　上肢动作：振

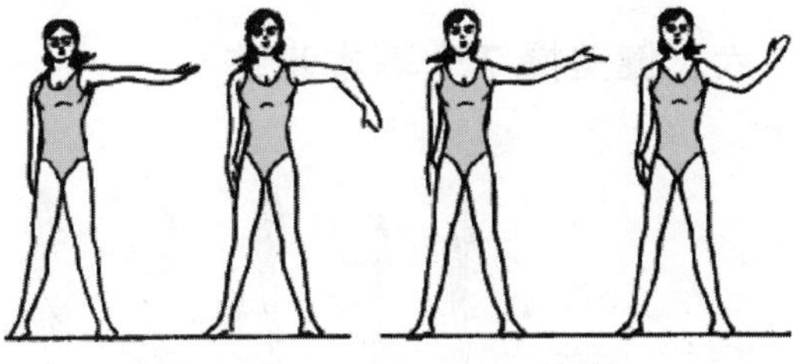

图 15－11　上肢动作：旋

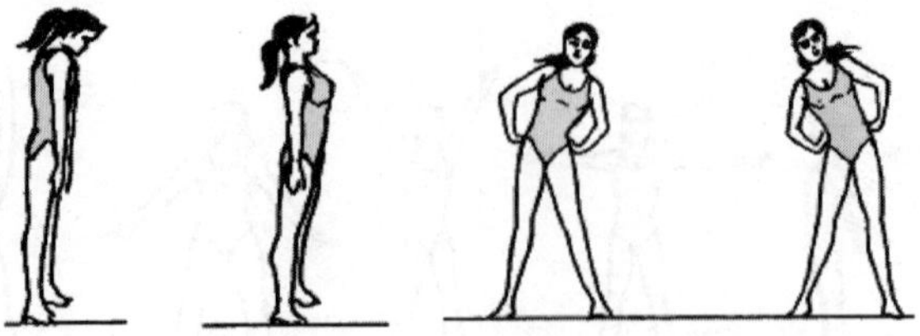

含胸　展胸　左右移胸

图 15－12　胸部动作

前屈　后屈　左侧屈　右侧屈　左转　右转　绕　绕环

图 15－13　腰部动作

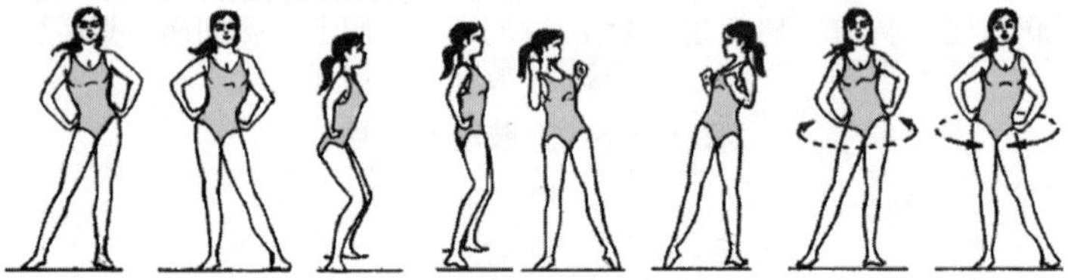

左顶　右顶　后顶　前顶　左提　右提　绕　绕环

图 15－14　髋部动作

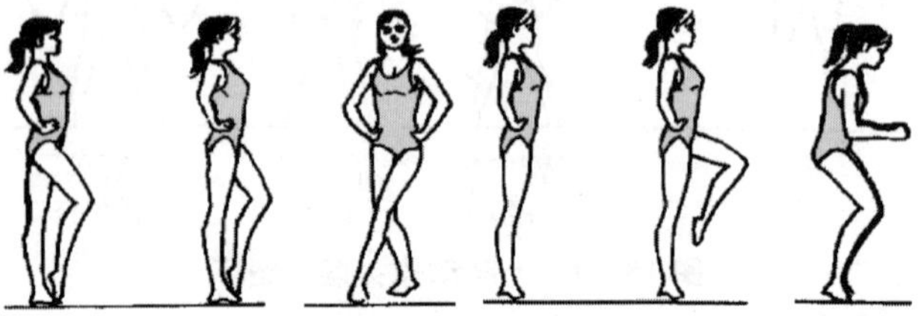

滚动步　交叉步　跑跳步　并腿跳

图 15－15　下肢动作

六、健美操 7 个基本步法

踏步　吸腿跳　高踢腿跳　后踢腿跳　侧弹踢腿跳　开合跳　弓步跳

图 15－16　健美操 7 个基本步法

七、健美操竞赛主要规则

（一）竞赛办法

（1）竞赛内容符合规则及规程要求的自编成套动作比赛。

（2）成套动作的时间：成套动作时间为 2 分 30 秒至 3 分（计时由动作开始到动作结束）。

（3）比赛音乐及服装和场地：

1）音乐速度：音乐速度应为 22～26 拍/10 秒；成套动作允许有 2×8 拍的音乐前奏，在成套动作结束时音乐应同时停止。

2）比赛场地：比赛场地为 10×10 米的地板或地毯，标记带为 5 厘米宽的红色或黑色带；标记带是场地的一部分。

3）服装：运动员须穿适合运动的健美操服和运动鞋，着装整洁，美观大方，不允许使用悬垂的饰物，如皮带、飘带和花边等；女运动员的头发须梳系于头后，头发不得遮住脸部，允许化淡妆，禁止佩戴首饰。

（4）比赛程序与计分方法：

1）比赛程序：比赛分为预赛和决赛，凡参赛队须参加预赛，预赛前八名进入决赛，不足八名时，递减一名录取。

2）计分方法：比赛中得分高者名次列前，如遇得分相等，按艺术分高者名次列前。

（二）评分方法

比赛采取公开示分方法，裁判员评分精确到 0.1 分，运动员得分精确到 0.01 分。

1. 成套动作的评分

成套动作的评分因素包括艺术分和完成分以及裁判长的减分，艺术分和完成分各 10 分，总分为 20 分。各组裁判员评分去掉一个最高分和一个最低分，所剩分数或所剩分数的平均数为运动员的艺术分或完成分，两个分数相加为总分，从总分中减去裁判长的减分为最后得分。

（1）艺术裁判员的评分。艺术分是从 10 分起评，对每个错误给予减分。评分因素：动作设计，音乐以及队形与空间，表演。

（2）完成裁判员的评分。完成分是从 10 分起评，对每个出现的错误给予减分。

（3）裁判长减分。裁判长扣分主要有：时间不足或超过、参赛人数不足或超过、音乐速度不符合要求、运动员被叫后 20 秒未出场、运动员的着装仪容不符合规定、运动员在比赛时掉物或装束散落、运动员出界、托举超过 3 次、违例动作。

2. 违例动作与纪律处罚

（1）违例动作。违例动作包括：所有的绕矢状轴和额状轴转体的动作；所有的用手支撑的动作，身体成一条直线、高于水平面30%以上的全部动作；使用完全反自然方向用力的动作；运用弹道式加速度发力的动作；任何马戏与杂技的动作；抛的动作。

（2）纪律处罚。根据裁判长的决定，运动员在问题解决后可重做，原分数无效。

以上是比较正规的中小型健身健美比赛常用的部分规则和一些裁判员的评分方法。在现实中，可根据比赛的大小、人数规模、参赛者的年龄层次等情况加以改动，以求最终比赛的顺利进行。

第二节　瑜伽

瑜伽是东方最古老的强身术之一，也是目前流行的健身方式，它注重“健全的精神寓于健全的身体”，实现身心和谐的过程，有助于培养冷静客观、顺其自然和刚柔并济的品质。瑜伽的姿势训练是通过缓慢、放松和柔软的动作，舒适稳定地达到位置，以消耗最少的能量得到最大的舒展和收获。它对人们各方面，如生理、心理等都能起到良好的作用。根据医学解释，瑜伽的成功在于它能平衡人体的神经系统和内分泌系统，从而影响人体的其他系统，达到整体的平衡。

目前开展较多的瑜伽有：密宗瑜伽、高温瑜伽、舒缓瑜伽、Iyengar瑜伽、Ashtanga瑜伽、双人瑜伽、孕妇瑜伽、亲子瑜伽、塑绳瑜伽、塑球瑜伽等。

一、练习瑜伽时的准备工作

只要保证空腹的状态，一天中的任何时间都可以练习瑜伽。

最好能在干净、舒适的房间里练习，有足够的伸展身体的空间，并且空气清新。可以摆上绿色植物或鲜花，也可以播放轻柔的音乐来帮助松弛神经。

练习瑜伽姿势时应穿着宽松柔软的衣服，以棉麻质地为佳，必须保证透气和练习时肌体不受拘束。鞋子必须脱掉，袜子最好也脱掉（天冷时脚部须注意保暖），手表、眼镜、腰带以及其他饰物都应除下。

练习瑜伽当然以使用专业的瑜伽垫为好，但如果没有专业的瑜伽垫，铺上地毯或对折的毛毯也可。不要在过硬的地板或过软的床上练习瑜伽，同时注意不能让脚下打滑。

二、瑜伽九大经典动作

（一）一字展胸式

（1）仰卧，调整呼吸，放松。

（2）脚尖伸直，重心在脚跟上。

（3）吸气，臀部向上抬起，让身体成一字形，腰、胸用力向上。

（4）呼气，头向后仰。

（5）闭眼，自然呼吸，感觉放松，保持这个姿势 30 秒～1 分钟。

从零开始学瑜伽

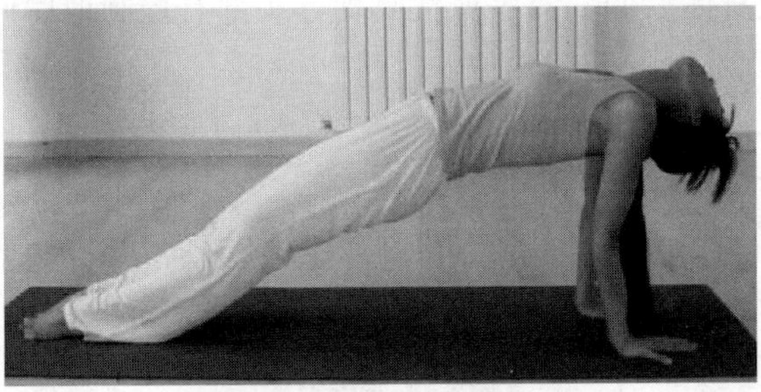

图 15－17 一字展胸式

（二）立式展胸式

（1）站立，调节呼吸。

（2）呼气，头向后沉，自然呼吸，感觉喉咙和头部放松。

（3）吸气，臀部向上翘，想象用头顶去够臀部。

（4）双手向后伸展。

图 15－18 立式展胸式

（三）鸽子式

（1）双腿伸直，坐在地面上，后背立直。

（2）左腿弯曲，左脚跟抵住右腿，右脚向右边打开，小腿弯曲，尽量让大腿向后伸直。

（3）右手抓住右脚脚面让右小腿向上抬起，右手肘关节夹住右脚脚面。

（4）左臂从头后绕过，双手在头后扣住。

（5）保持这个姿势 1～2 分钟，然后双腿交换做。

（四）扭体侧三角伸展式

（1）跪立，右脚向右伸直，双臂置于体侧，自然呼吸，放松。

(2) 吸气，双手向两侧平举，感觉双手向两侧延伸，自然呼吸。

(3) 呼气，身体慢慢地向左下沉，右手握住自己的右脚脚踝。

(4) 左臂慢慢地向左前方延伸，眼睛看左手指尖，自然呼气。

(5) 吸气，整个左臂、上身向左上方翻转，眼睛看天空。

(6) 保持着这个动作 30 秒至 1 分钟，自然呼吸，然后交换方向做。

(五) 骆驼式

(1) 跪立，调整呼吸，放松。

(2) 双手扶住臀部，向上看。

(3) 吸气，继续让身体后仰，双手抓住脚踝，头部有控制地后仰。

(4) 保持这个姿势 30 秒，做深呼吸。

(5) 让双手回到臀部，身体慢慢还原。

图 15－19　鸽子式

图 15－20　扭体侧三角伸展式

图 15－21　骆驼式

(六) 吉祥式

(1) 跪立，臀部坐在脚后跟上，双手放在大腿上，调整呼吸。

(2) 双手在背后合掌，手腕向内翻转，指尖指向脊柱，保持这个姿势 1 分钟。

(七) 犁式

(1) 仰卧，呼吸，放松。

(2) 吸气，双手慢慢地向上抬起 90°。

(3) 双手撑住自己的后腰，继续吸气，双腿继续向头后送落到地面上，自然呼吸，放松。

(4) 膝盖弯曲，膝盖贴在额头上，让身体蜷起来，然后慢慢地双手撑到腰部，慢慢地卧在地面上，尽量保持头部不离开地面。

(5) 仰卧在地面上，左耳贴在地面保持 10 秒，然后右耳贴在地面保持 10 秒，缓解颈椎。

(6) 头回正，自然呼吸，休息 20 秒，再做两次。

（八）肩倒立式

（1）做犁式，双手撑住腰。

（2）吸气，双腿弯曲，慢慢向上延伸。

（3）尽量让双腿与胸部、颈椎保持在同一直线上，让下巴靠近胸骨。

（4）左腿弯曲 15°，右腿弯曲 45°，保持这个姿势 1 分钟，再交换双腿。

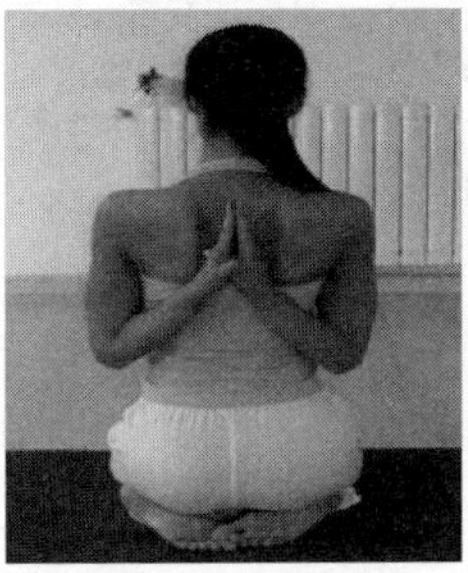

图 15－22　吉祥式

图 15－23　犁式

图 15－24　肩倒立式

（九）桥式

（1）仰卧，双臂置于体侧，调整呼吸。

（2）吸气，屈双膝，将身体抬起，双手托腰，大臂支撑于地。

（3）呼气，将脚跟抬起，膝盖并拢，大腿内侧肌肉夹紧。

（4）先吸气，后呼气，同时左腿向上伸直，保持 5～10 秒，自然地呼吸。

（5）吸气，左脚落下，支撑，呼气，将右腿向上伸直，保持数秒，自然地呼吸。

（6）左右腿做 3 次，然后放松还原。

图 15－25　桥式

第三节　体育舞蹈

体育舞蹈也称国际标准交谊舞，是以男女为伴的一种步行式双人舞的竞赛项目，分两个项群、十个舞种，其中摩登舞项群包括华尔兹、维也纳华尔兹、探戈、狐步和快步舞，拉丁舞项群包括伦巴、恰恰、桑巴、牛仔和斗牛舞。每个舞种均有各自的舞曲、舞步及风格，根据各舞种的乐曲和动作要求，组编成各自的成套动作。

一、体育舞蹈的分类

- 体育舞蹈
  - 大众（群众）体育舞蹈（健身、娱乐体育舞蹈）
    - 集体舞
      - 秧歌舞
      - 传统集体舞
      - 现代集体舞
    - 现代交谊舞
      - 摩登舞
        - 布鲁斯（慢4）
        - 福克斯（快4或中4）、华尔兹（慢3）
        - 快华尔兹（快3或中3）
      - 拉丁舞
        - 伦巴、恰恰
        - 桑巴、牛仔舞
    - 其他
      - 吉特巴（水兵舞）
      - 街舞、北京平四
      - 迪斯科
  - 竞技体育舞蹈（国际体育舞蹈）
    - 摩登舞
      - 华尔兹
      - 探戈
      - 狐步
      - 快步
      - 维也纳华尔兹
    - 拉丁舞
      - 伦巴
      - 桑巴
      - 恰恰
      - 斗牛舞
      - 牛仔舞
    - 团体舞
      - 单一型
      - 混合型

图 15－26　体育舞蹈的分类

摩登舞表演　华尔兹舞表演　探戈舞入门　狐步、慢四教学

伦巴比赛　斗牛舞　牛仔舞

二、体育舞蹈欣赏

体育舞蹈有着颠倒众生的魅惑力：她是一位双面美人，一面优雅、一面火辣；她有十种不同的样子，每一种都妙趣横生，叫人百看不厌。然而这种与生俱来的超然不群带给她的却是曲高和寡的寂寞，许多人爱她，却无法读懂她。那么，就让我们一层层掀开她的神秘面纱，尽情欣赏她的美，享受她带给我们的快乐吧！

（一）欣赏形体美

在比赛中，选手不仅技艺超群，而且以其优美的形体外貌使裁判和观众为之倾倒，优美的身体造型与音乐的协调配合能够极大地满足人们的审美心理需求。因此，在这样一个较量美的运动项目中，优美的身体形态也就成为获得好成绩的必要条件。

（二）欣赏音乐美

音乐是体育舞蹈的重要组成部分，音乐是一种表现艺术，它以声音来表达创造者和表演者的内心世界。因此，在观赏舞蹈时，可以随着音乐的旋律产生联想与想象。在观看体育舞蹈比赛时，要欣赏音乐与动作的有机结合，动作必须符合音乐的特点，巧妙地把技术动作、乐曲的旋律、节奏以及个人的风格和谐地组织起来。

（三）欣赏动作美

根据体育竞赛的竞技性特点，由动作、技术和战术综合表现的动作美，是观赏体育舞蹈的核心内容。选手在不同的舞种表演中，寻求和表现不同的风格。体育舞蹈比赛中，运动员利用自己的身体条件和表演风格，把具有各自特色的动作表演得十分娴熟，完成足够数量的精彩的难度动作组合，做到动中有静、静中有动、舒展流畅、连绵不断，使外表的动作与内在的情感融为一体，加上优美动听的音乐，令观众陶醉在美的艺术之中，充分得到美的享受。

三、国标舞礼仪

国标舞已被越来越多的人关注，并且越来越多的人开始跳国标舞。那么，在跳国标舞时有哪些需要遵从的礼仪呢？

（一）请舞

请舞又叫邀舞，舞曲响起后，男士应主动走到女士面前邀请对方跳舞。一般而言，跳舞是男士主动邀请女士，但并不排除女士邀请男士的形式。男士邀请女士跳舞时，女士可以拒绝，但要很有礼貌地婉言谢绝；相反，当女士主动邀请男士跳舞时，男士即使不会跳舞，也不可以拒绝女士。男士或女士邀请有舞伴的女士或男士跳舞时，首先要征得对方舞伴的同意，然后才能邀请对方。

（二）领舞

领舞是邀请到舞伴后带对方到舞池中去跳舞。做法有两种：如果在正规场合跳舞，男士要用右手或左手牵带女士的左手或右手，掌心向上；如果是在非正式场合或者和同事、朋友及比较熟悉的人一起跳舞，邀请舞伴后，以男士在前、女士在后跟随的方式去做。

（三）共舞

共舞是男士和女士随着音乐共同跳舞的过程。在共舞时，应当保持优美的舞姿，遵循跳舞场合的礼节。在共舞过程中，男士对女士应多关照，始终以礼相待。引带手势要清楚，不要用力，直至一支舞曲结束。

（四）谢舞

谢舞是男士引带女士共舞结束时以有礼节的形体动作向舞伴表示谢谢和再见。根据音乐结束时的旋律，男士左手举高，引带女士向左旋转一圈或两圈，以示感谢。此动作要求男士掌握动作要领，讲究规范，高标准、高质量地完成。

实践与探究

1. 简述健美操运动的特点。
2. 健美操下肢的基本动作有哪几种？
3. 瑜伽的基本坐姿有哪些？
4. 简述体育舞蹈的含义和分类。

第十六章　武术运动

学习要点

1. 了解武术的起源和发展；
2. 掌握武术的基本功、基本动作；
3. 掌握二十四式太极拳基本技术。

第一节　武术运动概述

武术是以中华文化为理论基础，以技击方法为基本内容，以套路、格斗、功法为主要运动形式的传统体育。

一、武术的起源与发展

（一）武术的起源

武术在我国有着悠久的历史，它的产生与发展是与中华民族文明的产生与发展同步的。它起源于原始社会时期人类与自然界及禽兽搏斗中积累的攻防搏斗的实用动作，以及生产劳动中积累的劈、砍、刺的技能。

（二）武术的发展

原始社会末期，部落间频繁的战争促进了武术的发展，用于搏斗搏击的生产工具也成为斗争的武器。商周时期，出现了“田猎”和“武舞”，用来训练士兵、鼓舞士气，并出现了《周易》，产生了太极学说。春秋战国时期，铁器出现，武器更加丰富，武术的技击性得以突出，武艺技巧性也得以进一步发展。这个时期剑的制造和剑道也获得空前发展。秦汉时期，盛行角力、击剑，宴乐兴舞，武舞有了明显的技击性，并形成了多种技术风格的流派，出现了许多技巧专著。两晋隋唐时期，练武已经有了口诀要术，武术已见雏形。唐朝以来开始实行武举制，扩大了武术的影响，促进了武术的发展。宋代出现了民间练武组织，元明时期出现了不同风格的技术流派拳术。清朝虽然统治者禁止练武，但是出现了很多民间结社的武艺组织，流派林立，拳种纷呈，如太极拳、八卦拳、形意拳、劈挂拳等，是武术的大发展时期。民国时期，火器的使用使武术的健身作用更加明确，出现了许多拳社、武士会等武术组织，武术逐渐成为近代体育的一部分。1927 年成立了中央国术馆，1936 年中国武术队参加柏林奥运会表演，武术逐渐被全世界人民认识、了解。

（三）新时期武术的发展

中华人民共和国成立后，武术作为优秀的民族文化遗产，得到了蓬勃发展。1950 年，中华全国体育总会召开了体育工作座谈会，倡导发展武术运动。1953 年，在天津举行以武术为主要内容的全国民族形式体育表演竞赛大会。1956 年，中国武术协会在北京成立。1957 年，国家体委将武术列为体育竞赛项目。1958 年，制定了第一部《武术竞赛规则》，编订了拳、刀、剑、枪、棍五种竞赛规定套路。1979 年，在广西南宁举行了全国武术观摩交流大会。1988 年，在杭州举行了中国国际武术节。1994 年，国家体委出台了中国武术段位制。此外，武术作为民族传统体育，成为各级学校体育教学内容。

二、武术的内容、形式与分类

武术的内容丰富、形式多样，按照运动形式可分为套路运动和搏斗运动两大类。

- 武术内容分类
  - 套路运动
    - 单练
      - 拳术：自选拳、规定拳、传统拳术
      - 器械：短器械、长器械、软器械、双器械
    - 对练：徒手对练、器械对练、徒手与器械对练
    - 集体表演：徒手、器械、徒手与器械
  - 搏斗运动：散打、推手、短兵

（一）套路运动

套路运动是根据武术动作以攻为守、动静疾徐、刚柔虚实等矛盾运动的变化规律编成的整套练习形式，可分为单练、对练、集体表演。

（1）单练是指单人演练的套路，包括拳术和器械。拳术主要有长拳、太极拳、南拳、形意拳、八卦掌、通背拳、象形拳等。器械主要有刀、剑、枪、棍、双刀、双剑、九节鞭、三节棍等。

（2）对练是指两人或两人以上，按照预定的程序进行的假设性实战演练，包括徒手对

练、器械对练、徒手与器械对练。

(3) 集体表演是指六人以上的徒手或器械集体演练，可变换队形与图案和采用音乐伴奏，要求队形整齐、动作协调一致。

(二) 搏斗运动

搏斗运动是指两人在一定条件下，按照一定的规则进行斗智较力的对抗练习形式，包括散打、推手、短兵。

知识窗

十八般兵器

十八般兵器泛指多种技艺，其内容在各个时期有所不同。十八般：一弓、二弩、三枪、四刀、五剑、六矛、七盾、八斧、九钺、十戟、十一黄、十二锏、十三镐、十四殳、十五叉、十六耙、十七锦绳套索、十八白打（指“徒搏”，赤手空拳，徒手搏击）。今天，武术界普遍对十八般兵器的解说是刀、枪、剑、戟、斧、钺、钩、叉、镗、棍、槊、棒、鞭、锏、锤、抓、拐、流星锤。

第二节 武术基本功练习

一、基本手型

拳：四指并拢卷握，拇指紧扣食指和中指的第二指关节；要求拳握紧，拳面平，直腕。

掌：四指并拢伸直，拇指弯曲紧扣于虎口处；要求掌心展开，竖指。

勾：五指第一指节捏拢在一起，屈腕。

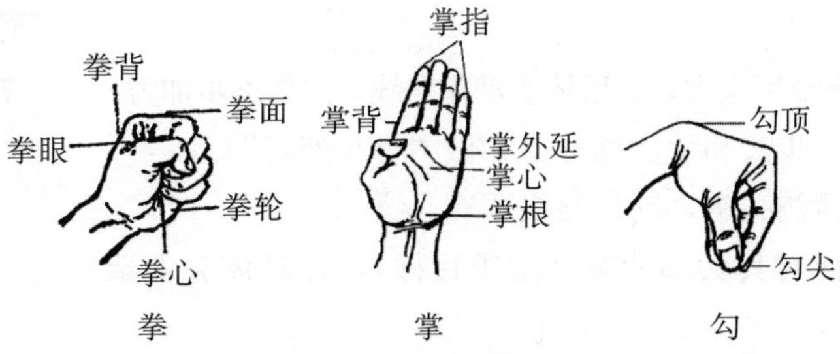

图 16-1 武术基本手型

二、手法

(一) 冲拳

分平拳和立拳。平拳拳心向下，立拳拳眼向上。

图 16-2　冲拳

预备姿势：两脚左右开立，与肩同宽，两手抱拳于腰间，肘尖向后，拳心向上。

动作要领：挺胸、收腹、立腰，右拳从腰间向前猛力冲出，转腰、顺肩，右前臂内旋。力点要达到拳面，臂要伸直，高与肩平。同时左肘向后牵拉。练习时，左右可交替进行。

要求与要点：出拳要快速有力，要有“寸劲”（即爆发力）；还要做好拧腰、顺肩、急旋臂的动作。

练习步骤：

(1) 先慢做，不要用全力，注意动作的准确性，然后逐步过渡到快速有力。

(2) 结合各种步型、步法和腿法做冲拳练习。

易犯错误和纠正方法：

(1) 冲拳时肘外展，使拳从肩前冲出。纠正方法：强调上臂贴肋，使拳内旋冲出。

(2) 冲拳无力。纠正方法：强调紧握拳和肩下沉，冲拳时前肩要内旋，动作要快速。

(3) 冲拳过高或过低。纠正方法：可在练习人前面设置目标（如手掌），让拳向目标冲击。

(二) 架拳

预备姿势：与冲拳同。

动作要领：右拳向左、向下、向上经头前向右上方划弧并在右前上方架起，拳眼向下，眼看左方。练习时，左右可交替进行。

要求与要点：松臂，肘微屈，前臂内旋。

练习步骤：

(1) 先慢做，不要用全力，着重体会动作路线，然后逐步加力。

(2) 结合步型、步法和手法练习（如做“马步架打”）。

易犯错误：经体侧亮拳，动作路线不对。

纠正方法：同伴对其头部冲拳（给予目标），让其体会上架动作要领。

图 16-3　架拳

(三) 推掌

预备姿势：与冲拳同。

动作要领：右拳变掌，前臂内旋，并以小指一侧为力点向前猛力推击。推击时要转腰、顺肩，肩要伸直，高与肩平，同时左肘向后牵拉。练习时，左右可交替进行。

要求与要点：挺胸、收腹、立腰。出掌要快速有力，使用寸劲；同时要做好拧腰、顺肩、沉腕、翘掌等动作。

练习步骤、易犯错误和纠正方法均与冲拳同。

图 16-4 推掌

（四）亮掌

预备姿势：与冲拳同。

动作要领：右拳变掌，经体侧向右、向上划弧，并在头部右前上方屈肘、抖腕、亮掌。掌心向前，虎口朝下，头随右手转至亮掌时，眼注视左方。练习时，左右可交替进行。

图 16-5 亮掌

要求与要点：抖腕、亮掌与转头要同时完成。

练习步骤：

（1）开始练习时，可用信号或语言提示，使抖腕、亮掌与转头配合一致。

（2）结合手法与步型进行练习（如做“仆步亮掌”）。

易犯错误和纠正方法：

（1）抖腕动作不明显，形成以臂部动作为主。纠正方法：单做抖腕练习，借以提高腕部的灵活性。

（2）抖腕、亮掌与转头不一致。纠正方法：做亮掌时，用信号（如击掌）或语言（如说“转”）提示，使其配合一致。

三、基本步型

步型步法练习是通过各种步型步法，增进腿部的速度和力量，以提高两腿移动转换的灵活性和稳固性。

图 16-6 基本步型

（一）弓步

动作要领：左脚向前一大步（约为本人脚长的五倍），脚尖稍内扣，左腿屈膝半蹲

（大腿接近水平），膝与脚尖垂直；右腿挺膝伸直，脚尖内扣（斜向前方）；两脚全脚着地；上体面向正前方，眼向前平视，两手抱拳于腰间。弓右腿为右弓步；弓左腿为左弓步。

要求与要点：前腿弓，后腿绷；挺胸、塌腰、沉髋；前脚尖同后脚跟成一直线。

练习步骤：

(1) 逐步延长练习时间。左右弓步可交替练习。

(2) 原地保持弓步姿势不动，加做左右冲拳或推掌练习。左右弓步可交替练习。

(3) 行进间练习。左弓步右冲拳再上步接做右弓步左冲拳。这样持续进行。

易犯错误和纠正方法：

(1) 后脚拔根、掀掌。纠正方法：提高膝和踝关节的柔韧性，并强调脚跟蹬地。

(2) 后腿屈膝。纠正方法：强调挺膝和用力后蹬，也可先把姿势放高一些。

(3) 弯腰和上体前俯。纠正方法：强调头部上顶，并注意沉髋。

（二）马步

动作要领：两脚平行开立（约为本人脚长的三倍），脚尖正对前方；屈膝半蹲，膝部不超过脚尖，大腿接近水平；全脚着地，身体重心落于两腿之间，两手抱拳于腰间。

要求与要点：挺胸、塌腰、展髋、裹膝，脚跟向外蹬。

练习步骤：

(1) 逐渐延长练习时间。

(2) 原地做马步蹲起练习，即蹲马步和站立交替进行。还可做马步左右冲拳或推掌的练习。

(3) 行进间练习。连续上步做“马步架打”练习。

易犯错误和纠正方法：

(1) 脚尖外撇成八字。纠正方法：经常站立做里扣脚尖的练习；或做马步练习，强调脚跟外蹬。

(2) 两脚距离过大或太小。纠正方法：量出三脚距离后再下蹲做马步。

(3) 弯腰跪膝。纠正方法：强调挺胸、塌腰之后再下蹲（膝不过脚尖）；或手扶一定高度的物体做动作。

（三）虚步

动作要领：两脚前后开立，右脚外展45°，屈膝半蹲，左脚脚跟离地，脚面绷平，脚尖稍内扣，虚点地面，膝微屈，重心落于后腿上；两手叉腰；眼向前平视。左脚在前为左虚步；右脚在前为右虚步。

要求与要点：挺胸、塌腰，虚实分明。

练习步骤：

(1) 可先手扶一定高度的物体进行练习；或先做姿势高一些的动作，然后逐渐按规格要求做正确的动作。

（2）逐渐延长练习时间。

（3）可结合手型、手法练习。如做“左虚步勾手挑掌”跳转成“右虚步勾手挑掌”。可向左右跳换做。

易犯错误和纠正方法：

（1）虚实不清。纠正方法：虚步脚先不着地，等支撑腿下蹲后再以脚尖虚点地面成虚步；也可先使虚步脚的脚尖稍稍离地。

（2）后腿蹲不下去。纠正方法：可做单腿屈蹲或双腿负重屈蹲等练习，以发展下肢力量。

（四）仆步

动作要领：两脚左右开立，右腿屈膝全蹲，大腿和小腿靠紧，臀部接近小腿，全脚着地；两手抱拳于腰间；眼向左方平视。仆左腿为左仆步；仆右腿为右仆步。

要求与要点：挺胸、塌腰、沉髋。

练习步骤：

（1）参看虚步的第（1）（2）点。

（2）加手型、手法，如做“仆步勾手亮掌”。

（3）行进间连续做“仆步穿掌”。

易犯错误和纠正方法：

（1）平仆腿不直，脚外侧掀起，脚尖上翘外展。纠正方法：使平仆腿的脚外侧抵住固定物体，不让脚外侧掀起。

（2）全蹲的腿没做到全蹲，脚跟提起。纠正方法：多做仆步压腿练习，同时强调平仆腿一侧用力沉髋、拧腰。

（3）上体前倾。纠正方法：挺胸、塌腰后再下蹲成仆步。

（五）歇步

动作要领：两腿交叉靠拢全蹲，左脚全脚着地，脚尖外展；右脚前脚掌着地；后腿的膝部贴于前腿外侧，臀部坐于后腿小腿上，接近脚跟；两手抱拳于腰间；眼向左前方平视。左脚在前为左歇步；右脚在前为右歇步。

要求与要点：挺胸、塌腰，两腿靠拢并贴紧。

练习步骤：

（1）参看虚步的第（1）（2）点。

（2）交替做左右歇步，并增加手法，如做“左右穿手亮掌”。

易犯错误和纠正方法：

（1）动作不稳健。纠正方法：前脚脚尖充分外展，两腿贴紧。

（2）两腿贴不紧。纠正方法：强调后腿贴紧前腿外侧，并加强膝与裸关节柔韧性的练习。

四、腿法

（一）正踢腿

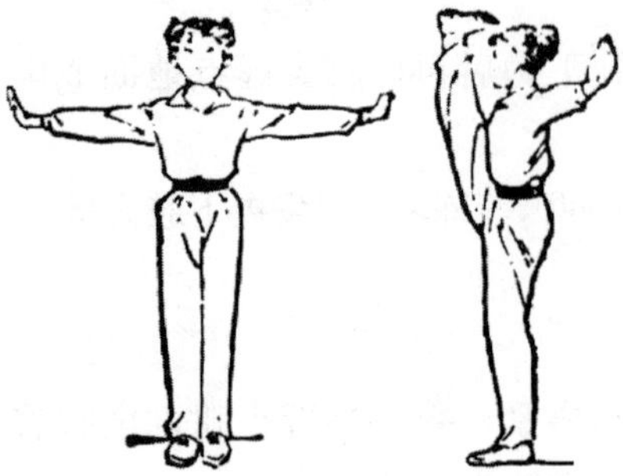

图 16－7　正踢腿

准备姿势：两脚并立，两臂成立掌或握拳侧平举。

动作要领：左脚向前上半步，左腿支撑，右脚勾紧脚尖向前额处猛踢。两眼向前平视。练习时左右交替进行。

要求与要点：挺胸、立腰、勾起绷落或勾落。收髋猛收腹，过腰后加速，要有爆发力。

练习步骤：

（1）可先压腿、摆腿后再踢腿。

（2）可先踢低腿，适当放慢速度，然后过渡到按照规格要求完成练习。

（3）可先扶器械踢，或原地踢一条腿，然后踢另一条腿。

（4）左右交替的行进间踢腿。

易犯错误和纠正方法：

（1）俯身弯腿。纠正方法：收下颚，头上顶，强调立腰，两臂外撑以固定胸廓。另可先踢低腿并适当放慢速度做。

（2）拔跟或送髋。纠正方法：先踢低腿或上步小些，上踢时支撑腿挺膝，脚五趾抓地。

（3）踢腿速度缓慢无力。纠正方法：可用手扶器械，一腿连续按口令要求的速度踢，然后左右交替做。

（二）侧踢腿

准备姿势：同正踢腿。

动作要领：右脚向前上半步，脚尖外展，左脚脚跟稍提起，身体略右转，左臂前伸，右臂后举。随即，左脚脚尖勾紧向左上方耳侧上踢，同时，右臂屈肘上举亮掌，左臂屈肘立掌于右肩前或垂于裆前。眼向前平视。踢左腿为左侧踢，踢右腿为右侧踢。

图 16－8　侧踢腿

要求与要点：挺胸、立腰、开髋、侧身、猛收腹。

练习步骤：同正踢腿。

易犯错误和纠正方法：

（1）参照正踢腿第（1）（3）点。

（2）侧身不够。纠正方法：支撑腿外展，上体正直，强调向耳侧踢腿。

(三) 外摆腿

图 16-9 外摆腿

准备姿势：同正踢腿。

动作要领：右脚向右前方上半步，左脚脚尖勾紧，向右侧踢起，经面前向左侧上方外摆，直腿落在左腿旁。眼向前平视。左掌可在左侧上方击响，也可不击响。练习时左右交替进行。

要求与要点：挺胸、塌腰，松髋展髋，外摆幅度要大，呈扇形。

练习步骤：

(1) 先压腿、踢腿后再做外摆腿。

(2) 原地连续摆一条腿，也可按口令要求的速度摆，然后换腿。

(3) 行进间摆腿，左右交替练习。

易犯错误和纠正方法：

(1) 同正踢腿的第 (2) (3) 点。

(2) 外摆幅度不够。纠正方法：可做抱膝外展髋等练习，以提高髋关节的灵活性；也可先踢低腿，强调大幅度。

(四) 里合腿

准备姿势：同正踢腿。

图 16-10 里合腿

动作要领：右脚向右前方上半步，左脚脚尖勾起里扣向左侧踢起，经面前向右侧上方直腿里合，落于右脚外侧，右掌在右侧上方可迎击右脚掌击响，也可不击响。眼向前平视。练习时左右交替进行。

要求与要点：挺胸、塌腰，松髋合髋，里合摆幅度要大，呈扇形。

练习步骤：同外摆腿。

易犯错误同正踢腿的第 (2) (3) 点。

纠正方法：可先踢低腿，强调大幅度，也可让里合的腿越过适当高度的障碍物（如椅子），让其体会先踢起后里合的动作。

(五) 弹腿

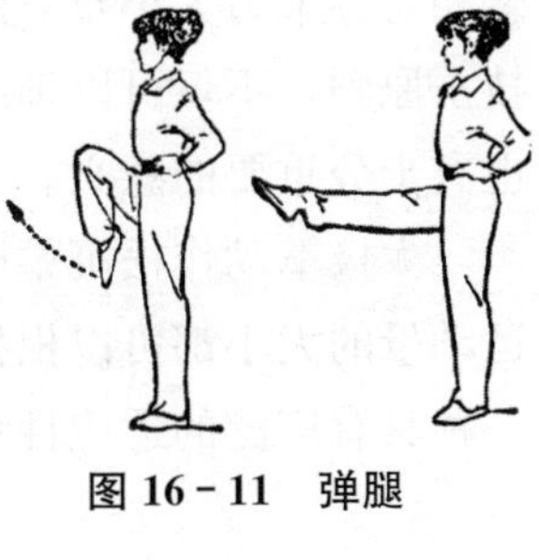
图 16-11 弹腿

准备姿势：两腿并立，两手叉腰。

动作要领：右腿屈膝提起，大腿与腰平，右脚绷直，提膝接近水平时迅速猛力挺膝，向前平踢弹击，力达足尖。大腿与小腿成一直线，高与腰平，左腿伸直或微屈，两眼平视。

要求与要点：挺胸、立腰、脚面绷直，收髋，弹击要有爆发力。

练习步骤：

（1）可先弹低腿，即弹击小腿胫骨，然后提高高度。

（2）结合手法练习，如弹腿冲拳，即弹右腿冲左拳，左右交替。

（3）行进间做弹腿冲拳或弹腿推拳。

易犯错误和纠正方法：

（1）屈伸不明显，类似踢摆动作。纠正方法：强调收髋，先屈膝再弹出。

（2）力点不明显。纠正方法：强调猛挺膝，绷脚尖。

（六）蹬腿

准备姿势同弹腿。动作要领同弹腿，唯脚尖上翘，力点达于脚跟。要求与要点、练习步骤、易犯错误和纠正方法均与弹腿同，唯强调勾脚尖。

图 16－12　蹬腿

第三节　简化太极拳

一、太极拳简介

太极拳是我国国家级非物质文化遗产，是以我国传统儒、道哲学中的太极、阴阳辩证理念为核心思想，集颐养性情、强身健体、技击对抗等多种功能于一体，结合易学的阴阳五行之变化、中医经络学及古代的导引术和吐纳术形成的一种内外兼修、柔和、缓慢、轻灵、刚柔并济的汉族传统拳术。传统太极拳门派众多，常见的有陈氏、杨氏、武氏、吴氏、孙氏、和氏等派别。

太极拳在技击上别具一格，特点鲜明。它要求以静制动、以柔克刚、避实就虚、借力发力，主张一切从客观出发，随人则活，由己则滞。“彼未动，己先动”“后发先至”，将对手引进，使其失重落空，或分散转移对方力量，乘虚而入，全力还击。技击中，由听劲感知对方来力大小及方向，“顺其势而改其路”，将来力引化，再借力发力。太极拳的这种技击原则，不仅可以训练人的反应能力、力量和速度等身体素质，而且在攻防格斗训练中也有十分重要的意义。

太极拳动作松沉柔顺、速度较慢、用意不用力，拳式并不难学，而且架势的高或低、运动量的大小都可以根据个人的体质而有所不同，能适应不同年龄、体质的需要，因此是一种具有广泛的适应性和安全性的运动。

二、简化太极拳（二十四式）

简化太极拳是 1956 年在杨氏太极拳的基础上，经过加工、简化，选取二十四式改编而成的太极拳普及套路，又称“二十四式太极拳”。

（一）动作名称

表 16－1　简化太极拳（二十四式）

第一组	1. 起势	2. 左右野马分鬃	3. 白鹤亮翅	
第二组	4. 左右搂膝拗步	5. 手挥琵琶	6. 左右倒卷肱	
第三组	7. 左揽雀尾	8. 右揽雀尾		
第四组	9. 单鞭	10. 云手	11. 单鞭	
第五组	12. 高探马	13. 右蹬脚	14. 双峰贯耳	15. 转身左蹬脚
第六组	16. 左下势独立	17. 右下势独立		
第七组	18. 左右穿梭	19. 海底针	20. 闪通臂	
第八组	21. 转身搬拦捶	22. 如封似闭	23. 十字手	24. 收势

（二）动作说明

预备式：身体自然直立，两脚并拢，脚尖向前，两臂自然下垂于大腿外侧，眼看前方。

1. 起势

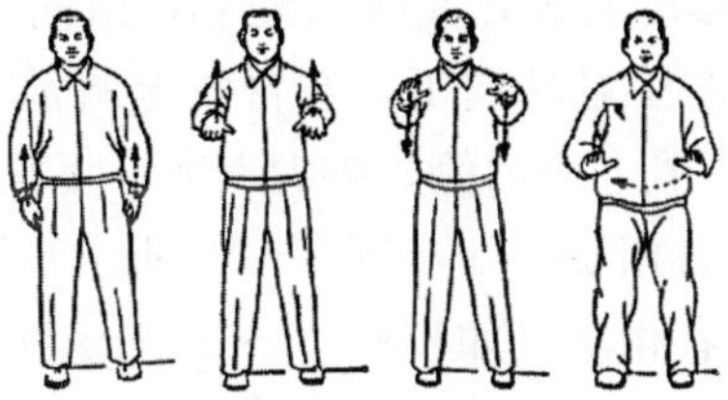

图 16－13　起势

动作要领：

（1）左脚向左轻轻开步至与肩同宽，两臂慢慢向前平举，两手与肩同宽同高，手心向下（如步骤 1～3 所示）。

（2）两腿屈膝下蹲，同时两掌轻轻下按至腹前，眼看前方（如步骤 4 所示）。

要点：头颈正直，下颌微收，不要故意挺胸或收腹；两肩下沉，两肘松垂，手指自然微屈，臀部不可以凸出，身体重心落在两脚之间。两臂下落和身体下蹲的动作要协调一致。

2. 左右野马分鬃

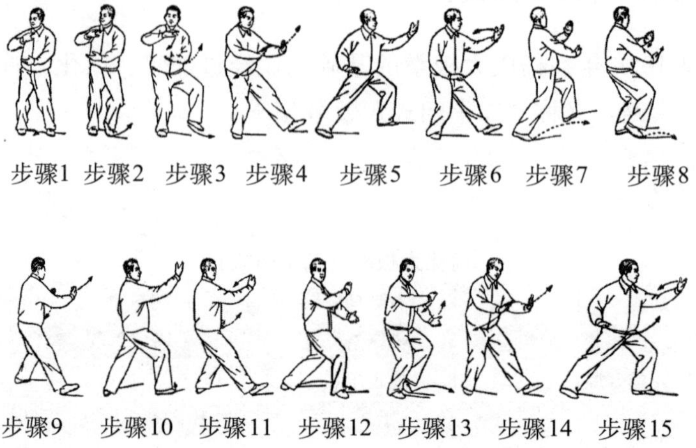

图 16－14　左右野马分鬃

动作要领：

(1) 上体微向右转，重心移至右腿，同时右臂收在胸前平屈，手心向下；左手经体前向右下划弧于右手下，手心向上，两手成抱球状；左脚随即收到右脚内侧，脚尖点地；眼看右手（如步骤 1～2 所示）。

(2) 上体微向左转，左脚向左前迈出，右腿自然伸直，成左弓步；同时左右手随左转体慢慢分别向左上、右下分开，左手高与眼平，手心斜向上；右手落于右胯旁，肘微屈，手心向下，指尖向前；眼看左手（如步骤 3～5 所示）。

(3) 上体慢慢后坐，重心移至右腿，左脚尖翘起，微向外撇（约 45°～60°）；随后身体左转，重心再移至左腿，同时左手翻转向下，左臂收至胸前平屈，右手向左上划弧于左手下，两手成抱球状；右脚随即收到左脚内侧，脚尖点地；眼看左手（如步骤 6～8 所示）。

(4) 动作要领同（2），左右相反（如步骤 9～10 所示）。

(5) 动作要领同（3），左右相反（如步骤 11～13 所示）。

(6) 动作要领同（2）（如步骤 14～15 所示）。

要点：上体不可前俯后仰，胸部必须宽松舒展。身体转动要以腰为轴。弓步动作与手分开的速度要一致。做弓步，脚的移动由脚跟至前脚掌，脚尖朝前，膝盖不超过脚尖。野马分鬃式的弓步，前后脚的脚跟要分在中轴线两侧，横向距离保持 10～30 厘米左右。

3. 白鹤亮翅

图 16－15　白鹤亮翅

动作要领：

（1）上体微左转，左臂平屈胸前，左手掌心向下；右手向左上划弧，手心转向上，与左手成抱球状；眼看左手（如步骤 1 所示）。

（2）右脚跟进半步，重心移至右腿；上体先向右转，两手随转体慢慢向右上，左下分开，右手上提于右额前，掌心向左；同时上体再微向左转，左脚向前成虚步，左手落于左胯前，手心向下，指尖向前；眼看前方（如步骤 2～3 所示）。

要点：完成姿势时胸部不要挺出，两臂上下都要保持半圆形，左膝微屈。重心移动要与左右手动作协调一致。

4. *左右搂膝拗步*

步骤1　步骤2　步骤3　步骤4　步骤5　步骤6　步骤7　步骤8

步骤9　步骤10　步骤11　步骤12　步骤13　步骤14　步骤15

图 16－16　左右搂膝拗步

动作要领：

（1）右手从体前下落，经下向后上方划弧至右肩外，与耳同高，手心斜向上；同时左手经左下向上、向右划弧至右胸前，手心斜向下；与此同时上体先微向左再向右转；左脚收至右脚内侧，脚尖点地；眼看右手（如步骤 1～3 所示）。

（2）上体左转，左脚向前迈步成左弓步；同时右手屈回经耳侧向前推出，高与鼻尖平；左手向下由左膝前搂过落于左胯旁，指尖向前，眼看右手前方（如步骤 4～5 所示）。

（3）右腿慢慢屈膝，上体后坐，身体重心移至右腿，左脚尖翘起；身体左转，左脚尖外撇，身体重心前移，左脚落实；身体重心移至左腿，右脚收到左脚内侧，脚尖点地；左臂随转体外旋，向右后上方摆起，肘微屈，手与耳同高，手心斜向上；右手下落至左胸前，掌心斜向下；眼看左手（如步骤 6～8 所示）。

（4）动作要领同（2），左右相反（如步骤 9～10 所示）。

（5）动作要领同（3），左右相反（如步骤 11～13 所示）。

（6）动作要领同（2）（如步骤 14～15 所示）。

要点：前手推出时，身体不可前俯后仰，要松腰松胯。推掌时要沉肩坠肘，坐腕舒掌，注意上下肢动作协调一致。搂膝拗步成弓步时，两脚跟横向距离保持 30 厘米左右。

5. 手挥琵琶

图 16－17　手挥琵琶

动作要领：右脚跟进半步，上体后坐，身体重心转至右腿，上体半向右转，左脚略提起稍向前移，脚跟着地，脚尖翘起，膝部微屈成左虚步；同时左手由左下向上挑举，高与鼻尖平，掌心向右；右手收回，放在左臂肘部里侧，掌心向左；眼看左手食指（如步骤1～3 所示）。

要点：身体要平稳自然，沉肩坠肘，胸部放松。左手上起时微带弧形。右脚跟进时，脚掌先着地，再全脚踏实。身体重心移动要与手部移动协调一致。

6. 左右倒卷肱

图 16－18　左右倒卷肱

动作要领：

（1）上体右转，右手翻掌手心向上；经腹前由下向后上方划弧平举，肘微屈；左手随即翻掌向上；眼先随右手，再转向前方（如步骤 1～2 所示）。

（2）右臂屈肘向前，右手经耳侧向前推出，掌心向前，左臂屈肘后撤，掌心向上，撤至左肋外侧；同时左腿轻轻提起向后退一步，脚掌先着地，然后全脚慢慢踏实，身体重心移到左腿上，成右虚步，右脚随转体以脚掌为轴扭正；眼看右手（如步骤 3～4 所示）。

（3）上体微向左转，同时左手随转体向后上方划弧平举，掌心向上；右手随即翻掌，掌心向上；眼先随左手，再转向前方（如步骤 5 所示）。

（4）动作要领同（2），左右相反（如步骤 6～7 所示）。

（5）动作要领同（3），左右相反（如步骤 8 所示）。

（6）动作要领同（2）（如步骤 9～10 所示）。

（7）动作要领同（3）（如步骤 11 所示）。

（8）动作要领同（2），左右相反（如步骤 12～13 所示）。

要点：两手前推或者后撤时走弧线，速度要一致，避免僵硬。退步时，脚掌先着地，再转为全脚踏实，同时前脚随转体以前脚掌为轴扭正。眼神随动作先左右看，再转看前手。

7. 左揽雀尾

图 16－19　左揽雀尾

动作要领：

（1）上体微向右转，同时右手向后上方划弧，屈肘内转，掌心向下收至右胸前。左手逐渐翻掌自然下落，经腹前划弧至右肋前，掌心向上，与右手成抱球状；同时身体重心落在右腿，左脚收至右脚内侧，脚尖点地；眼看右手（如步骤 1～3 所示）。

（2）上体微向左转，左脚向左前方迈出，成弓步；同时左臂向左前方掤出（左臂平屈成弧形，用前臂外侧和手背向前方推出），高与眉平，掌心向后；右手向右下落放于右胯旁，掌心向下，指尖向前；眼看左前臂（如步骤 4～5 所示）。

（3）上体微向左转，左手随即前伸翻掌向下；右手翻掌向上，经腹前向上、向前伸至左前臂下方；然后两手下捋（即上体向右后上方划弧）直至右手掌心向上，高与眉齐，左臂平屈于胸前，掌心向后；同时身体重心移至右腿；眼看右手（如步骤 6～7 所示）。

（4）上体微向左转，右臂屈肘折回，右手附于左手手腕里侧，左臂屈肘横于胸前；上体继续向左转，双手及左前臂随左弓步向前慢慢挤出，左掌心向后，右掌心向前；眼看左手腕部（如步骤 8～9 所示）。

（5）两手左右分开与肩同宽，手心向下；右腿屈膝，上体慢慢后坐，身体重心移至后腿上，左脚尖翘起；同时两手屈肘回收至腹前，掌心向前下方；眼看前方（如步骤 10～12 所示）。

（6）上势不停，身体重心慢慢前移成左弓步，同时两手向前、向上按出，掌心向前；眼看前方（如步骤 13 所示）。

要点：下捋时，上体不可前倾，臀部不要凸出，两臂随腰旋转，走弧线。前按时，两手走曲线。腕与肩平，两肘微屈。上下肢动作协调配合。

8. 右揽雀尾

图 16-20　右揽雀尾

动作要领：

(1) 上体后坐并向右转，身体重心移至右腿，左脚尖里扣；右手向右平行划弧至右侧，然后由右下经腹前向左上划弧至左肋前，掌心向上；左臂平屈胸前，左手掌心向下与右手成抱球状；同时身体重心再移至左腿上，右脚收至左脚内侧，脚尖点地；眼看左手（如步骤 1～4 所示）。

(2) 动作要领同左揽雀尾 (2)，左右相反（如步骤 5～6 所示）。

(3) 动作要领同左揽雀尾 (3)，左右相反（如步骤 7～8 所示）。

(4) 动作要领同左揽雀尾 (4)，左右相反（如步骤 9～10 所示）。

(5) 动作要领同左揽雀尾 (5)，左右相反（如步骤 11～13 所示）。

(6) 动作要领同左揽雀尾 (6)，左右相反（如步骤 14 所示）。

要点：同左揽雀尾。

9. 单鞭

图 16-21　单鞭

动作要领：

(1) 上体后坐，身体重心移至左腿，右脚尖里扣；同时上体左转，两手（左高右低）向左划弧，直至左臂平举，伸于身体左侧，掌心向左；右手经腹前运至左肋前，掌心向后上方；眼看左手（如步骤 1～2 所示）。

(2) 身体重心再渐渐移至右腿，上体右转，左脚向右脚靠拢，脚尖点地；同时右手向右上方划弧（掌心由里转向外），至右斜前方时变勾手，略高于肩；左手向下经腹前向左上划弧停于右肩前，掌心向里；眼看左手（如步骤 3～4 所示）。

（3）上体微向左转，左脚向左前侧方迈出成左弓步；同时左掌随上体的继续左转慢慢翻转向前推出，掌心向前，手指与眼平，肘微屈；眼看左手（如步骤 5～6 所示）。

要点：上体保持正直，松腰。动作舒缓，上下肢动作协调一致。

10. 云手

图 16－22 云手

动作要领：

（1）身体重心移至右腿，身体逐渐向右转，左脚尖里扣；左手经腹向右上划弧至右肩前，手心斜向后；同时右手变掌，掌心向右前方；眼看左手（如步骤 1～3 所示）。

（2）上体慢慢左转，身体重心逐渐左移，左手由脸前向左划弧，手心转向左方；右手由右下经腹前向左上划弧，至右肩前，手心斜向后；同时右脚靠近左脚，成小开立步（两脚距离约 10～20 厘米）；眼看右手（如步骤 4～5 所示）。

（3）右手向右划弧，手心翻转向右；随之左脚向左横跨一步，上体再向右转；同时左手经腹前向上划弧至右肩前，手心斜向后；眼看左手（如步骤 6～8 所示）。

（4）动作要领同（2）（如步骤 9～10 所示）。

（5）动作要领同（3）（如步骤 11～13 所示）。

（6）动作要领同（2）（如步骤 14～15 所示）。

要点：身体转动要以腰为轴，松腰松胯，不可忽高忽低。两臂转动自然圆阔，速度要缓慢均匀。重心移动要稳，由脚掌到全脚，脚尖向前。眼随手动。

11. 单鞭

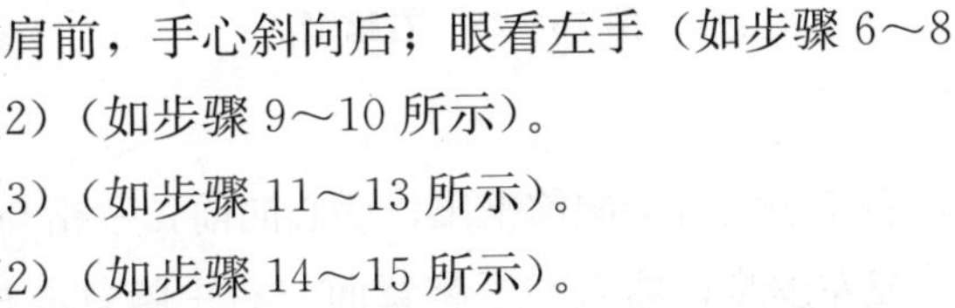

图 16－23 单鞭

动作要领：

（1）上体向右转，右手随即向右划弧至右斜前方时变成勾手；左手经腹前向右上划弧至右肩前，掌心向内；身体重心落在右腿，左脚尖点地；眼看左手（如步骤1～3所示）。

（2）动作要领与前“单鞭”式（3）相同（如步骤4～5所示）。

要点：与前“单鞭”式相同。

12. 高探马

步骤1　步骤2

图 16－24　高探马

动作要领：右脚跟进半步，重心逐渐后移至右腿；右勾手变掌，两手心转向上，两肘微屈；同时身体微向右转，左脚跟渐渐离地；眼看左前方（如步骤1～2所示）。

要点：上体自然正直，双肩要下沉，右肘微下垂，跟步换重心时，身体不要起伏。

13. 右蹬脚

步骤1　步骤2　步骤3　步骤4　步骤5　步骤6

图 16－25　右蹬脚

动作要领：

（1）上体微向左转，右掌经右耳旁向前推出，手心向前，手指与眼同高；左手收至左侧腰前，左脚尖向前点地，成左虚步；然后左手腕背面与右手腕背面相交叉，左手掌心向上；随即向两侧分开并向下划弧，手心斜向下；同时左脚提起向左斜方进步，身体稍向左转（左脚尖稍外撇）；身体重心前移，右腿自然蹬直成左弓步；眼看前方（如步骤1～3所示）。

（2）两手继续向下划弧并由外向内翻转，至腹前交叉后托手胸前，右手在外，两掌心均向后；同时右脚向左脚靠拢，脚尖点地；眼看右前方（如步骤4所示）。

（3）两臂左右划弧分开平举，肘微屈，手心均向外；同时右腿屈膝上提，右脚向右前上方慢慢蹬出；眼看右手（如步骤5～6所示）。

要点：身体要稳定，不可前俯后仰。分手和蹬脚动作协调一致，分手时腕部高度与肩平。

14. 双峰贯耳

步骤1　步骤2　步骤3　步骤4

图 16－26　双峰贯耳

动作要领：

(1) 右腿收回，屈膝平举，左手向前下落至体前，两掌心均翻转向上，两手同时向下划弧分落于右膝两侧；眼看前方（如步骤 1～2 所示）。

(2) 右脚向右前方落步，身体重心渐渐前移成右弓步，面向右前方；同时两手下落，慢慢变拳，分别从两侧向上、向前划弧至前方，两拳拳峰相对，拳眼斜向上，与头同宽，高与耳齐；眼看右拳（如步骤 3～4 所示）。

要点：完成式时，头颈正直，松腰松胯，两拳松握，沉肩坠肘，两臂保持弧形。身体方向和右蹬脚方向相同。

15. 转身左蹬脚

步骤1　步骤2　步骤3　步骤4　步骤5　步骤6

图 16－27　转身左蹬脚

动作要领：

(1) 上体后坐，重心移至左腿，身体左转，右脚尖里扣；同时两拳变掌，由上分别向左右划弧平举，掌心向前；眼看左手（如步骤 1～2 所示）。

(2) 身体重心再移至右腿，左脚收到右脚内侧，脚尖点地；同时两手由外经下向里划弧合抱于胸前，左手在外，掌心向后；眼看左手（如步骤 3～4 所示）。

(3) 两臂左右分开平举，肘微屈，掌心向外；同时左腿屈膝提起，向左前上方慢慢蹬出；眼看左手（如步骤 5～6 所示）。

要点：与右蹬脚相同。

16. 左下势独立

图 16－28　左下势独立

动作要领：

（1）左腿屈膝平举，上体右转；右掌变成勾手，左掌向上、向右划弧下落，立于右肩前；眼看右手（如步骤 1～2 所示）。

（2）右腿慢慢屈膝下蹲，左腿由内向左侧（偏后）伸出，成左仆步；左手下落，并沿左腿内侧向前穿出，掌心向右，眼看左手（如步骤 3～4 所示）。

（3）身体重心前移，左脚尖尽量外撇，右脚跟后蹬成左弓步，上体微向左转并向前抬起；同时左臂继续向前伸出（立掌），掌心向右，右勾手下落，勾尖转向上；眼看左手（如步骤 5 所示）。

（4）右腿慢慢屈膝提起，成左独立式；同时右勾手变掌，并由后下方顺右腿外侧向前上划弧提起，屈臂立于右腿上方，肘与膝相对，掌心向左；左手落于左胯旁，掌心向下，指尖向前；眼看右手（如步骤 6～7 所示）。

要点：左仆步时，上体不要过分前倾，两脚全脚掌着地。左脚尖和右脚跟踏在中轴线上。独立时，上体正直，独立腿微屈，右腿提起时脚尖自然下垂。

17. 右下势独立

图 16－29　右下势独立

动作要领：

（1）右脚下落于左脚前，脚掌着地，然后左脚以脚跟为轴脚尖外展，身体随之左转；同时左手向后平举变成勾手，右掌随着转体向左侧划弧，立于左肩前，掌心斜向后；眼看左手（如步骤 1～2 所示）。

（2）动作要领同左下势独立（2），左右相反（如步骤 3～4 所示）。

（3）动作要领同左下势独立（3），左右相反（如步骤 5 所示）。

（4）动作要领同左下势独立（4），左右相反（如步骤 6～7 所示）。

要点：与左下势独立相同，方向相反。

18. 左右穿梭

图 16－30 左右穿梭

动作要领：

(1) 身体微向左转，左脚向前落地，脚尖外展，右脚跟离地，两腿屈膝；同时两手在左胸前成抱球状（左上右下）；然后右脚收到左脚内侧，脚尖点地；眼看左前臂（如步骤1～3 所示）。

(2) 身体右转，右脚向右前方迈出成弓步；同时右手由脸前向上翻掌停在右额前，掌心斜向上；左手先向后、向下再经体前向前推出，高与鼻尖平，掌心向前；眼看左手（如步骤 4～6 所示）。

(3) 身体重心略后移，右脚尖稍向外展，随即身体重心移至右腿，左脚跟进，停于右脚内侧，脚尖点地；同时两手在右胸前成抱球状（右上左下）；眼看右前臂（如步骤 7～8 所示）。

(4) 动作要领同 (2)，左右相反（如步骤 9～11 所示）。

要点：手推出后，上体不可前俯。手上举时，防止引肩上耸。上下肢动作要协调一致。

19. 海底针

图 16－31 海底针

动作要领：右脚向前跟半步，身体重心移至右腿，左脚稍向前移，脚尖点地，成左虚步；同时身体稍向右转，右手下落经体前向后、向上提至肩上耳旁，再随身体左转，由右耳旁斜向前下方插掌，掌心向左，指尖斜向下；随即左手向前、向右至右胸前后，再向左下划弧落于左胯旁，掌心向下，指尖向前；眼看前下方（如步骤1～2所示）。

要点：身体要先右转，再向左转。上体不可太前倾。避免低头和臀部外凸。左腿要微屈。

20. 闪通臂

图 16－32　闪通臂

动作要领：上体稍向右转，左脚向前迈出成左弓步；同时右手由体前上提，屈臂上举，停于右额前上方，掌心翻转斜上；左手上提经胸前向前推出，高与鼻尖平，掌心向前；眼看左手（如步骤1～3所示）。

要点：完成姿势时，上体自然正直，松腰松胯；左臂不要完全伸直，背部肌肉要伸展开。上下肢动作要协调一致。

21. 转体搬拦捶

图 16－33　转体搬拦捶

动作要领：

（1）上体后坐，重心移至右腿，左脚尖里扣，然后身体向右后转，身体重心再移至左腿上；同时右掌变拳随转体向右、向下经腹前划弧至左肋旁，拳心向下；左掌上举于额前，掌心斜向上；眼看前方（如步骤1～2所示）。

（2）上体右转，左掌在胸前下按至腹前，掌心向下，掌指向右；同时右拳经胸前向前翻转搬盖，拳心向上；右脚随即回收经左脚内侧向前迈出，脚尖外展；眼看右拳（如步骤3～4所示）。

（3）重心前移，左脚向前迈一步，左手经左侧向前上划弧拦出，掌心向前下方，同时右拳向右划弧收至右胯旁，拳心向上；眼看左手（如步骤5～6所示）。

(4) 左腿前弓成弓步，同时右拳向前打出，拳眼向上，高与胸平；左手贴于右前臂内侧；眼看右拳（如步骤7所示）。

要点：拳不要握得太紧。右拳回收时，前臂要慢慢内旋划弧，外旋后挺于右腰旁。拳心向上。向前打拳时，右肩随拳略向前引伸，沉肩坠肘。右臂要微屈。

22. 如封似闭

步骤1　步骤2　步骤3　步骤4　步骤5　步骤6

图16-34　如封似闭

动作要领：

(1) 左手由右腕下向前伸出，右拳变掌，两掌心翻转向上，然后左右分开并屈肘回收；同时身体后坐，身体重心移至右腿，眼看前方（如步骤1～3所示）。

(2) 左脚尖翘起，两手在胸前向内翻转，然后向下经腹前再向上、向前推出。腕部与肩平，手心向前；同时左腿屈膝成弓步；眼看前方（如步骤4～6所示）。

要点：身体后坐时，避免后仰，臀部不可凸出。两臂随身体回收时，肩肘部略向外松开，不要直着抽回。两手推出去的宽度不要超过两肩。

23. 十字手

步骤1　步骤2　步骤3　步骤4

图16-35　十字手

动作要领：

(1) 身体重心移向右腿，左脚尖里扣，上体右转；右手随着转体向右平摆划弧，与左手成两臂侧平举，掌心向前，肘部微屈，同时右脚尖随转体外展，成右侧弓步；眼看右手（如步骤1～2所示）。

(2) 右脚尖里扣，随即向左收回，两脚距离与肩同宽，两腿逐渐蹬直；同时两手向下经腹前向上划弧，腕部交叉合抱于胸前，两臂撑圆，腕高与肩平，右手在外，掌心向后，成十字手；眼看前方（如步骤3～4所示）。

要点：两手分开和合抱时，上体不要前俯。站起后，身体自然正直。头微上顶，下颌稍后收。两臂环抱时须圆满舒适，沉肩坠肘。

24. 收势

步骤1　步骤2　步骤3

图 16－36　收势

动作要领：两手向外翻掌，手心向下，两臂慢慢下落，停于身体两侧，同时收左脚成并步站立，眼看前方（如步骤 1～3 所示）。

要点：两臂带动两手翻转，两手左右分开下落时，全身放松，气息慢慢下沉。呼吸平稳后，把左脚收到右脚旁。

知识窗

太极拳的八种劲道

掤（用于化解或合力发人）	采（顺力合住对方来力，或作拿法）
捋（勇于借力向后引力）	挒（以掤之劲破坏对方平衡）
挤（对下盘的外掤劲）	肘（以肘尖击人）
按（对上盘的外掤劲，或作反关节拿法）	靠（以肩膀前后寸劲击人）

太极拳的特点

以柔克刚　以静制动　以圆化直　以小胜大　以弱胜强

实践与探究

1. 简述武术的起源和发展。
2. 太极拳的云手是怎样描述的？
3. 简要说明自己学习武术的心得。

第十七章　游泳及水上救护

学习要点

1. 系统了解和掌握游泳运动的理论知识；
2. 掌握游泳运动的基本技术、技能；
3. 掌握水上救护的方法。

第一节　游泳运动概述

一、游泳运动的起源与发展

游泳运动是男女老少都喜欢的体育项目之一。关于古代游泳的起源，根据现有史料的考证，国内外较一致的看法是产生于居住在江、河、湖、海一带的古代人，他们为了生存，必然要在水中捕捉水鸟和鱼类作食物，通过观察和模仿鱼类、青蛙等动物在水中游动的动作，逐渐学会了游泳。

1896 年，希腊雅典第一届现代奥林匹克运动会把游泳列为竞赛项目。

1908 年，英国伦敦举办第 4 届奥运会，成立了国际业余游泳联合会，审定了各项游泳世界纪录，并制定了国际游泳比赛规则。

1912 年，瑞典斯德哥尔摩举行第 5 届奥运会，开始把女子游泳列为比赛项目。

1952 年第 15 届奥运会后，国际规则中把蛙泳和蝶泳分为两个单项进行比赛。从此竞技游泳发展成四种游泳姿势（自由泳、仰泳、蛙泳、蝶泳）和 32 个竞赛项目。

由于四年一度的奥运会游泳比赛已经满足不了世界游泳运动发展的要求，为更好地开展世界游泳运动、促进游泳技术交流，国际泳联在 1968 年决定，从 1971 年开始，每两年举行一次世界游泳锦标赛，包括游泳、跳水、水球、花样游泳等比赛项目。

此外，国际泳联还决定举办两年一度的世界杯游泳比赛。第一届世界杯游泳比赛于 1979 年 9 月在日本东京举行。

二、游泳运动的价值

游泳运动除了具有很强的竞技和欣赏价值外，还是一项很有实用价值的运动，对于强健身体、健美体形、防病治病以及丰富人们的精神文化生活等都有积极的作用。

游泳对于提高人的心肺功能有着显著作用。游泳运动员的肺活量可达 5 000～7 000 毫升，呼吸差可达 14～17 厘米，安静时的心率为 40～45 次/分钟；而一般人的肺活量为 3 500 毫升左右，呼吸差为 4～8 厘米。游泳还可以使血管壁的弹性增强，毛细血管量增加，明显提高心血管系统机能。游泳能有效地增强人体的免疫功能，产生强身健体的作用，提高人体对疾病的抵抗力。游泳时，水能对身体起到良好的按摩作用，经常游泳者大量地消耗体内多余的脂肪，皮肤光滑、健美而富有弹性，促使体形均匀和协调发展。在职业院校中，大力推广游泳运动有利于大学生塑造健美的形体、培养良好的体质，并为将来建立良好的生活方式和体育锻炼习惯奠定基础。

此外，游泳运动对培养人的意志品质和拼搏精神也具有独特的作用。

三、游泳运动的分类

游泳运动内容丰富，形式多样，可分为三大类。

（一）实用游泳

实用游泳是指直接为劳动生产、军事活动服务的游泳活动，包括浮水、潜水、侧泳、水上救护、武装泅渡等。

（二）竞技游泳

1. 游泳

游泳是根据国际泳联规定，追求最快速度游完规定距离的项目。现已正式进入世界游泳锦标赛的游泳项目有 34 项，列入奥运会比赛项目的有 32 项。

表 17-1　游泳比赛项目

泳式	比赛距离（米）		备注
	男	女	
自由泳	50，100，200，400，800，1 500	50，100，200，400，800，1 500	
仰泳	100，200	100，200	
蛙泳	100，200	100，200	
蝶泳	100，200	100，200	
个人混合泳	200，400	200，400	蝶泳—仰泳—蛙泳—自由泳
自由泳接力	4×100，4×200	4×100，4×200	
混合泳接力	4×100	4×100	仰泳—蛙泳—蝶泳—自由泳

2. 跳水

跳水是在跳水器械上起跳，在空中完成指定动作的竞赛项目。竞技跳水分为跳板跳水（1 米板和 3 米板）、跳台跳水（10 米），项目有单人、双人跳水。非竞技跳水是指表演性的跳水，其内容丰富，动作惊险刺激，不受规则限制。

3. 水球

水球是在水中进行的一项球类项目。两队对抗，每队 7 人，全场分为 4 节，每节 7 分钟，每射入一球得 1 分。

4. 花样游泳

花样游泳是在各种游泳运动的基础上，编排出独具特色的表演形式，伴随音乐的旋律完成一系列动作的一种水上竞技运动。它分规定和自选两个项目，规定动作为单人基本技术比赛项目，自选动作分单人、双人和集体项目。

5. 其他竞技项目

包括游渡海峡、长距离游泳、综合性竞赛项目、伤残人游泳比赛等。

（三）大众游泳

大众游泳是指以强身健体、防病治病和娱乐享受为目的的一种游泳活动。它不受规则的限制，有很强的健身和娱乐功能，已成为全民健身的重要内容。

第二节　游泳基本技术

一、熟悉水性

（一）水中行走练习

6～7 人一组，依次下水，手拉手向前走。在水中走动时，可向前、向后和向两侧走，并从浅水区向深水区过渡。

（二）呼吸练习

（1）面向池壁站立，两手扶池或拉住同伴双手，在水面上吸气后蹲下，将头没入水中憋气，坚持片刻，头出水后先呼气后吸气，反复练习。

（2）原地站立，深呼气后闭气，低头团身双手抱膝，背部露出水面停留片刻；站立时两臂前伸，手掌向下压水并抬头，同时两脚向正下方伸展。

（3）站立方向同上，两臂自然向前伸，深吸气后身体前倾并低头，同时两脚向后下方蹬池底，使身体飘浮于水中。

蛙泳技巧入门

二、蛙泳技术

（一）身体姿势

蛙泳时身体水平地俯卧水中，两臂向前伸直并拢，头略前抬，水齐前额，脸浸水中。

图 17－1　身体姿势

（二）腿部动作

蛙泳时腿部的蹬水动作是推动身体前进的主要动力。运动员一般采用窄收窄蹬的技术。腿部动作分为滑行、收腿、翻脚和蹬水四个动作阶段。

1. 滑行

鞭状蹬腿，身体借助惯性高速向前滑行。这时，两腿并拢向后伸直，身体成水平姿势，下肢放松，靠腿部肌肉的适当收缩，把脚跟稍稍提向水面，为收腿做好准备。

2. 收腿

放松滑行时，腿由于本身的重量而开始下沉，这时两腿稍内旋，使脚跟分开，膝关节随腿的下摆向前边收边分。收腿结束时，大腿和躯干之间的角为130°～140°，小腿和脚尽量靠近臀部，并位于大腿的投影之中，两膝的距离与肩同宽。

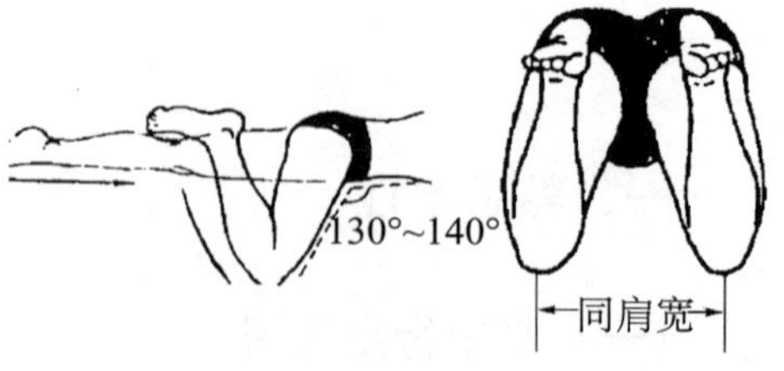

图 17－2　收腿

3. 翻脚

蹬水效果的好坏，取决于翻脚技术。随着收腿的结束，两脚继续向臀部收紧，同时，小腿向外翻，接着脚尖也向两侧外翻，使脚掌内侧正对蹬水方向。整个翻脚动作是由收腿、压膝和翻脚三个连贯动作组成的。

4. 蹬水

蹬水是靠翻脚时大腿内旋造成膝内压，带动小腿和脚向后蹬水的。同时，靠大腿内旋相继带动小腿内旋，产生对踝关节的制动作用，这种制动能有力地带动小腿、踝关节直至脚尖。在向后蹬水的同时用力加速地做蹬夹紧密结合的动作，直至两腿成内旋姿势并拢，起着最有力的推进作用。

图 17－3　翻脚

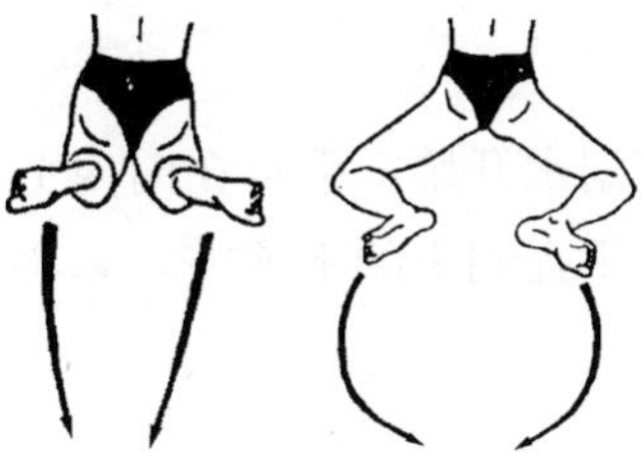

图 17－4　蹬水

(三) 臂部动作

蛙泳臂部动作可分为滑行、抓水、划水、收手、伸臂五个动作阶段。

1. 滑行

伸臂结束，身体靠蹬水造成向前滑行。两臂自然放松伸直，手指自然并拢，掌心向下，两手尽量接近水面。这种姿势可使身体在较高位置上保持稳定，整个身体成流线型。

2. 抓水

紧接滑行，肩保持前伸，两臂内旋，使两臂和掌心转向斜外下方，屈手腕（按人体解剖部位是伸腕成 150°～160°角）。结束抓水时两臂与水平面和与前进方向都各成 15°～20°角。

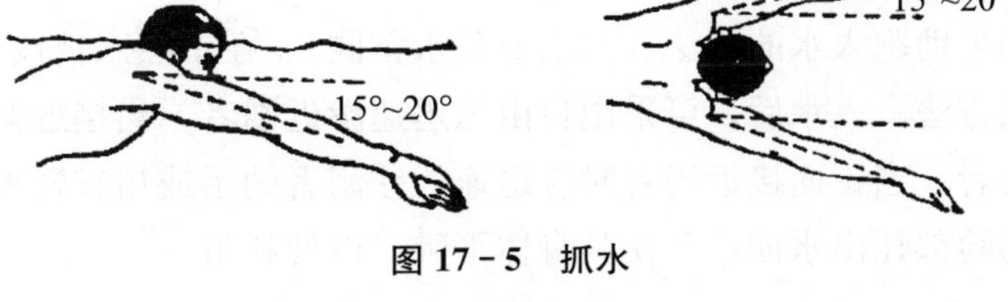

图 17－5　抓水

蛙泳划水技巧

3. 划水

两手同时向后划至与前进方向约成80°角，实际上是一条向后偏外下方的路线，划水时肩部仍向前伸展，保持高抬肘姿势。整个动作过程肘高于手，肘前于手，肘前于肩，手带小臂，接着在大臂向后切的过程中，肘关节从屈150°～160°变成屈120°～130°。

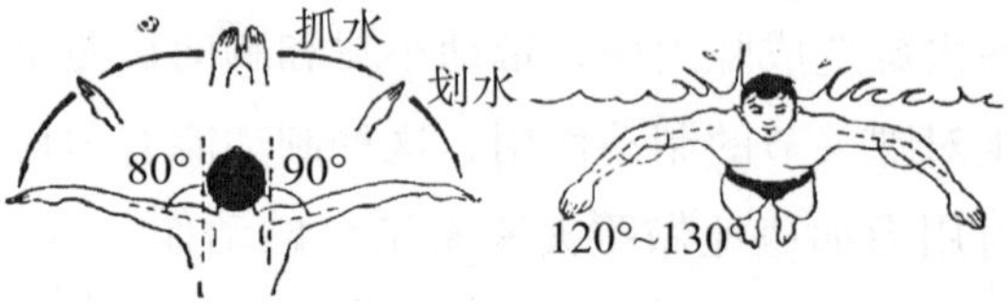

图17－6　划水

4. 收手

收手从结束划水开始，手掌在向内上移动的同时，大臂外转，向前推肘。手提到头的下前方，掌心相对，斜向内下，臂放松。

图17－7　收手

5. 伸臂

紧接收手，继续推肘伸臂。在伸肩关节的同时，靠推动伸肘来完成动作。因此，两手是先向前上再向前伸。伸臂结束时，两臂恢复滑行姿势。

蝶泳教学　　仰泳的动作要领　　自由泳教学

第三节　游泳水上救护方法

一、入水和游近溺者

救溺时可采用带助跑入水的方法（与出发跳水雷同）。在不熟水情或很近距离救溺时，也常用脚先入水的方法。入水后，可采用自由泳迅速游近溺者，当接近溺者时则用蛙泳或潜泳，从后接触溺者。当正面接近溺者时应迅速拦住溺者的手或扭转臂部，使其背向救护者。迅速把溺者的脸部托出水面，并使其身体平卧，以便托带。

图 17－8　入水和游近溺者

二、水中解脱

（1）虎口解脱法：虎口指溺者两手拇指与食指之间的部位。当两臂任何部位被抓住时，施救者都可采用虎口解脱法。解脱后，立即扭转和上托溺者。

（2）扳指解脱法：凡是溺者从背后抓抱，但两臂未被束缚时，施救者可采用反扳溺者中指的方法解脱。

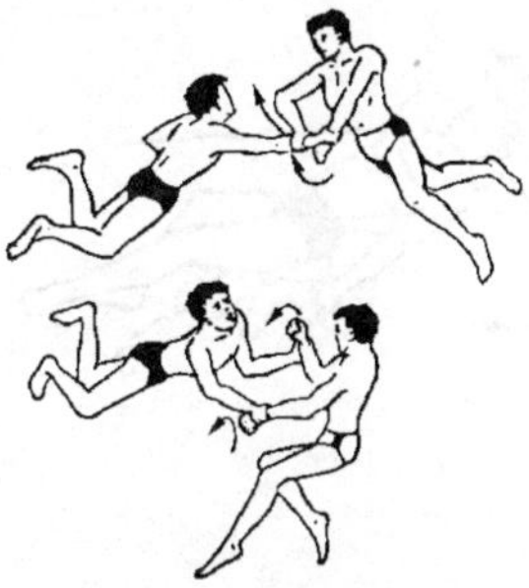

图 17－9　虎口解脱法

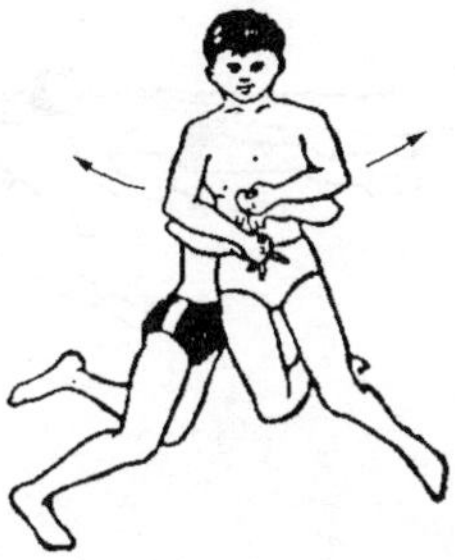

图 17－10　扳指解脱法

（3）推扭解脱法：凡是溺者从前面抓抱，但两臂未被束缚时，施救者可采用推托溺者下巴或扭转溺者颈部的方法解脱。

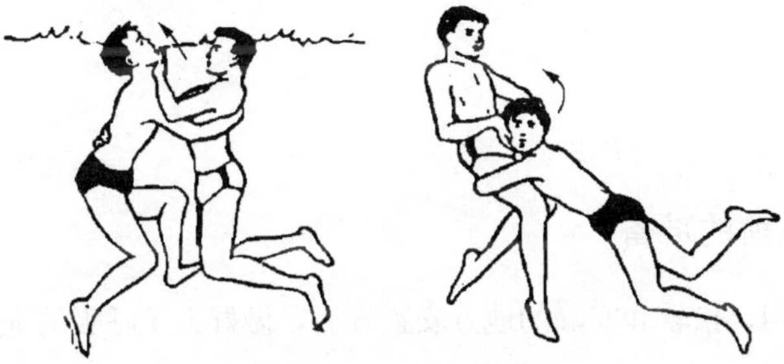

图 17－11　推扭解脱法

（4）托肘解脱法：凡是被溺者从前或后方把身体和两臂抓抱时，施救者可采用把溺者的肘部上托的方法解脱。

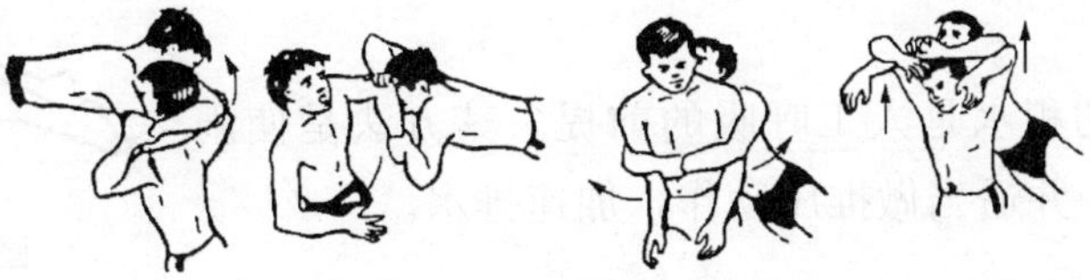

图 17－12　托肘解脱法

三、水中拖带

水中托带溺者，多采用反蛙泳或侧泳技术。要时刻注意使溺者脸部露出水面。

（1）仰式托带法：可用单手或双手托住溺者的后脑勺或肩等部位，单手托带时另一臂还可在水下做游泳动作，以利于托带。

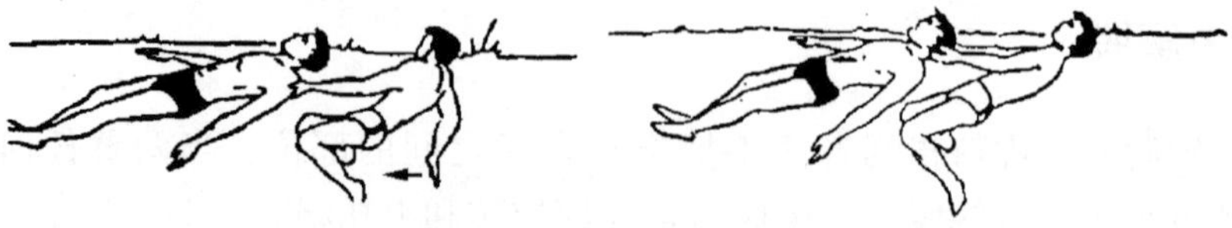

图 17－13　仰式拖带法

（2）侧式托带法：可托溺者同侧肩腑部位或扶其下巴进行托带。

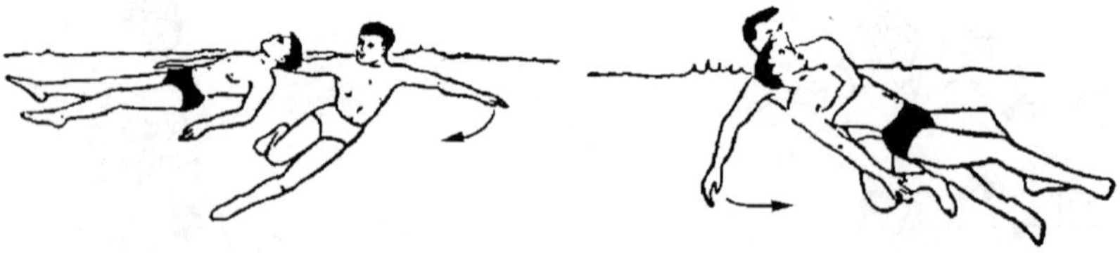

图 17－14　侧式托带法

四、出水

溺者处于昏迷状态时全身是松弛的，出水和负送要特别小心。出水时，把溺者从下往上推的方法比较困难。救护者在上，把溺者从下往上拉的方法较好。

图 17－15　出水

五、人工呼吸

（一）人工呼吸前的准备

把溺者负送到平坦、松软和安静的地方安置好后，做好人工呼吸的准备。

1. 检查

首先，脱去溺者衣服，松开裤带，清除溺者口鼻内的杂物，检查溺者的心跳和呼吸情况。

2. 倒水

清除溺者腹里的积水是人工呼吸的前提。其方法是使溺者俯卧，腹高头低，并适当做推压动作，加速排水。

图 17－16　倒水

3. 开口

人工呼吸前，应把溺者的口扳开，拉出舌头，以免堵塞气管。

(二) 人工呼吸的方法

做好以上准备后，就开始人工呼吸。

1. 俯卧式

使溺者成俯卧姿势，一臂前伸，一臂枕于头下，脸侧向。施救者有节奏地（每分钟16～18次）按压溺者背部肋腰部位。一压一松，帮助溺者扩胸活动，恢复呼吸。

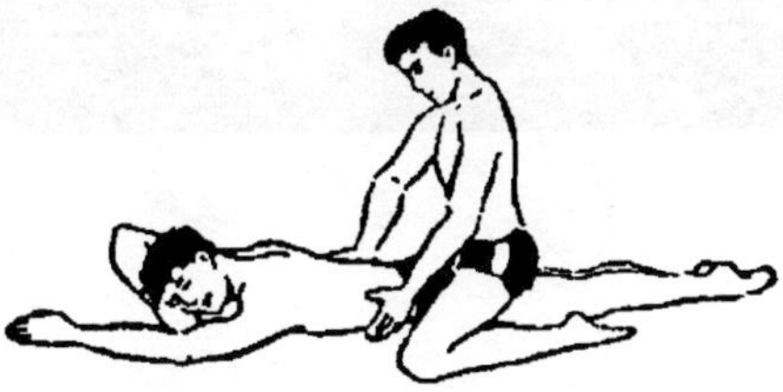

图 17－17　俯卧式人工呼吸

2. 仰卧式

使溺者成仰卧姿势，脸朝上，两臂上举，按压方法与俯卧式相同，加上胸外接压效果更好。目前，已经有人工呼吸器和简易氧气袋等设备，各游泳池（场）常备这类器械，使人工呼吸的效果更好。人工呼吸必须坚持长时间进行，只要还有一丝希望，就要尽力把溺者救活。

实践与探究

1. 蛙泳哪些技术动作最重要？
2. 游泳有哪几种基本泳姿？
3. 怎样练习蛙泳的技术？

第十八章　跆拳道、轮滑、定向越野、拓展训练

学习要点

1. 了解跆拳道的特点、作用及基本技术；
2. 了解轮滑、定向越野和拓展训练的入门方法。

第一节　跆拳道

一、跆拳道简介

跆拳道是朝鲜半岛民间技击术，是一项运用手脚技术进行搏击格斗的传统体育项目。它由品势（拳套）、搏击、功力检验三部分内容组成。跆拳道是创新与发展起来的一门独特武术，具有较高的防身自卫及强身健体的实用价值。

1955 年 4 月 11 日，由韩国各界知名人士组成的名称制定委员会，一致通过了崔泓熙将军提出的“跆拳”二字。由此，产生了跆拳道。从此，韩国结束了唐手、空手及各种朝鲜古典武道等名称混杂的局面，跆拳道开始了它的历史进程。1973 年 5 月，世界跆拳道联盟（WTF）在韩国首尔成立。现在，世界跆拳道联盟已有接近 200 个会员。1994 年 9 月，经国际奥委会正式通过，跆拳道被列为 2000 年奥运会正式比赛项目，设男女各四个级别。目前，跆拳道运动已经成为完全独立的正规的比赛项目。在世界锦标

赛、亚洲锦标赛和亚运会上共设有男女各八个级别。跆拳道每两年举办一次世界锦标赛和世界杯赛。

二、跆拳道基本知识

（一）跆拳道的场地

跆拳道的比赛场地是长 12 米、宽 12 米的水平的、无障碍物的正方形场地。场地的地面应为有弹性的垫子。场地中央长 8 米、宽 8 米的区域为比赛区，其余部分为警戒区。警戒区和比赛区地面用两种不同颜色划分，同色时用 5 厘米宽的白线划分。

（二）跆拳道的服装

跆拳道的服装称作道服，其款式、颜色都是特定的。系扎道服用的腰带颜色各异，以其颜色可以区分运动员的段位级别，一般分法如下：十级白，九级黄，八级黄绿（或橘黄），七级绿，六级绿蓝（或蓝），五级蓝（或紫），四级蓝红（或褐），三级红，二级红黑（也称太极带），一级黑。

知识窗

跆拳道黑带

黑带是跆拳道技术水平达到一级的标志，黑带具体又细分为一到九段：一段至三段为黑带新手的段位，四段至六段属高水平段位，七段至九段只授予具有很高学识造诣和对跆拳道的发展做出重大贡献的杰出人物。

（三）跆拳道的基本术语和基本步法

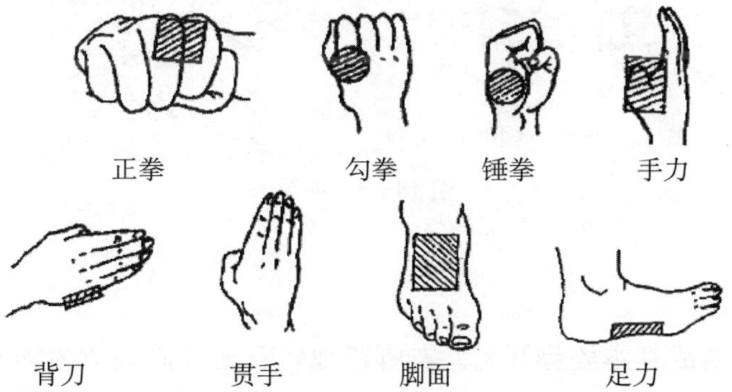

图 18－1　基本术语

图 18－2　基本步法

三、跆拳道基本腿法

(一) 前踢

动作方法：从实战基本姿势开始。右脚蹬地，髋关节向左旋转，双手握拳置于体侧；同时，右腿以髋关节为轴屈膝上提。当大腿抬至水平或稍高时，关节向前送，向前顶，小腿以膝关节为轴快速向前上方踢出，力达腿尖，整条腿蹦直。踢击后迅速放松，右腿沿原路线弹回，将右脚放置在左脚前面仍成实战姿势。

动作要领：膝关节夹紧，小腿放松，要有弹性；往前送，高踢时往上送；小腿回收与前踢的速度一样快。主要攻击部位有面部、下颌、腹部、裆部。前踢亦可用于防守。将前踢发力部位由脚尖改换为脚跟时，前踢动作就变为前蹬动作，动作方法和要领相同，只是脚的形状发生了变化。

跆拳道前踢

图 18－3　前踢

(二) 侧踢

跆拳道侧踢

动作方法：从实战基本姿势开始。右脚蹬地，右腿以髋关节为轴屈膝提起，两手握拳置于体侧；随即左脚以前脚掌为轴外旋 180°，髋关节向左旋转，右腿以膝关节为轴向前蹬伸，右脚快速向右前上方直线踢出，力点在脚跟；发力后沿原路线收腿，放松，重心落下（原处或向前均可），再次回到实战姿势。

动作要领：起腿时大小腿、膝关节夹紧；踢出发力时头、肩、腰、髋、膝、腿和踝成一直线；大小腿直线踢出，原路线收回。侧踢的主要攻击部位有膝部、腹部、肋部、胸部和头面部。

图 18－4　侧踢

（三）后踢

动作方法：从实战基本姿势开始。转身后腿后撤背对对方，重心后移至左脚，右脚蹬地后屈膝提起，右脚贴近左大腿，两手握拳置于胸前；随即左脚蹬地伸直，右脚自左大腿内侧向后方直线踢出，力达脚跟；踢击后右脚沿原路线快速收回，成实战姿势。

动作要领：起腿后上体和大小腿折叠收紧；后踢时要用力延伸；转身、提腿、出脚动作连续一次性完成，不能停顿；击打目标在正后偏右。后踢的主要攻击部位有腹部、裆部、胸部和头面部。

图 18－5　后踢

（四）下劈

动作方法：从实战基本姿势开始。右脚蹬地，重心前移至左脚；同时，右腿以髋关节为轴屈膝上提，两手握拳置于胸前；随即充分送髋，上提膝关节至胸部，右小腿以膝关节为轴向上伸直，将右腿伸直举于体前，右脚过头；然后放松向下，以右脚后跟（或脚掌）为力点劈击，一直到地面，成实战姿势。

跆拳道下劈

动作要领：腿尽量往高、往头后举，向上送髋，重心上移；脚放松往前落，落地要有控制；起腿要快速、果断；踝关节要放松。下劈的主要攻击部位有头顶、脸部和锁骨。

图 18－6　下劈

（五）后旋踢

动作方法：从实战基本姿势开始。两脚以两脚掌为轴均内旋约 180°，身体随之右转约 90°，两拳置于胸前；上体右转，与双腿拧成一定角度；右脚蹬地，将蹬地的力量与上体拧转的力量合在一起，右腿继续向右后旋摆鞭打，同时上体向右转，带动右腿弧形摆至身体右侧，右腿屈膝回收；右脚落到右后，成实战姿势。

动作要领：转身旋转，踢腿连贯进行，一气呵成，中间没有停顿；击打点应在正前方，呈水平弧线；屈膝起腿的旋转速度要快；重心在原地，旋转 360°。后旋踢的主要攻击部位有面额和胸部。

图 18－7　后旋踢

（六）横踢

动作方法：从实战基本姿势开始。右脚蹬地，重心前移至左脚，右脚屈膝上提，两拳置于胸前；左脚前脚掌碾地内旋，髋关节左转，左膝内扣；随即左脚掌继续内旋至 180°，右腿膝关节向前抬至水平状态，小腿快速向左前横向踢出；击打目标后迅速放松收回小腿，右腿落回原地，成实战姿势。

跆拳道横踢

动作要领：膝关节夹紧，向前提膝，尽量走直线；支撑脚外旋 180°；髋关节往前顺，身体与大小腿成直线；击打的力点在正脚背，踝关节放松。横踢的主要攻击部位有头部、胸部、腹部和肋部。

图 18－8　横踢

（七）跳踢

跳踢即先跳起使身体腾空，然后在空中完成各种踢法的攻击技术。跳踢包括旋风踢、双飞踢、腾空后踢、腾空劈腿、腾空后旋踢、跳步横踢等多种方法，是跆拳道高难度动作，这里不再介绍。

图 18－9　双飞踢

四、跆拳道基本拳法

在跆拳道比赛中，拳法的运用十分重要。跆拳道的入门拳法有冲拳、勾拳、弹拳等。在运用拳法时，拳必须握紧，动作发力要迅猛、短促，完成击打动作后要立即回收，以免被对方抓住手臂或手腕。这里主要介绍左、右冲拳。

（一）左冲拳

实战姿势站立（图 18－10①）；右脚蹬地，左脚以前脚掌为轴，脚跟外旋，重心移至左脚，转腰，上体催动左臂将左拳从胸前向前旋臂直线冲出；冲拳的同时右臂做下格动作（图 18－10②）；接触目标的瞬间拳心向下，目视前方，动作完成后按原路线返回，成实战姿势站立（图 18－10③）。

①　②　③

图 18－10　左冲拳

（二）右冲拳

实战姿势站立（图 18－11①）；右脚蹬地，同时以前脚掌为轴向内扣转，重心移至左脚，右脚随之转动扣膝；转腰，上体催动右臂将右拳从胸前向前旋臂直线冲出；冲拳的同时左臂做下格动作（图 18－11②）；接触目标的瞬间拳心向下，目视前方，动作完成后按原路线返回，成实战姿势站立（图 18－11③）。

图 18－11　右冲拳

冲拳动作要领：

（1）冲拳时，应充分利用蹬地、转髋、转腰、顺肩和旋臂的力量，力点应在拳面；

（2）冲拳时，发力要果断，整个动作要协调流畅；

（3）击打瞬间，肩、肘、腕、指各关节应紧张用力，动作完成后迅速放松，将拳收回，成实战姿势站立。

五、跆拳道实战技巧：腿法组合

跆拳道的腿法讲究变化多端和灵活多样，对人体的柔韧性、大脑反应的灵敏性、身体运动的稳定性都有很高的要求，它是对人体机能和体能的综合考验。

（一）决定实战优劣的几个因素

（1）灵活性：实战时的姿势要灵活，要随实战的具体情况灵活运用和变化身体姿势。

（2）自然的身体姿势：实战时的姿势要自然、放松，这样会消除由不自然或紧张的身体状况带来的动作迟缓、动作发动不迅速等缺点，因为人在自然状况下进行的活动是轻松有效的。

（3）敏捷性：实战时要求身体姿势以敏捷、迅速为标准，不论是进攻还是防守，都要动作敏捷、迅速，从而达到进攻或防守的目的。

（4）稳定性：实战时不论是原地动作还是腾空动作，都要以身体重心稳定为原则，维持身体自然的平衡，这样有利于动作的完成。

（5）重心：身体重心的高低与实战者的身体能力及技战术水平有关，只要是便于做动作或移动的身体重心都是适宜的。

（6）隐蔽性：隐蔽性和实战效果有着直接的关系，进攻时隐蔽性越好，击中对方的机会就越多。

（二）实战姿势的类型

（1）标准实战姿势：左脚在前叫左势，右脚在前叫右势。

动作规格：两脚前后开立与肩同宽，前脚尖 45°斜向右前方，后脚跟抬起，膝关节微弯曲，重心在两脚之间；上身自然直立，45°斜向右前方，双手握拳，拳心相对；两臂弯曲置于胸前；头部直立向前，目视正前方。

动作要领：身体自然，肌肉放松；膝关节松而不懈，富有弹性；心无杂念。

易犯错误：全身紧张，肌肉僵硬；重心偏前或偏后，不利于启动；膝关节不弯曲，缺乏弹性。

（2）侧向实战姿势：身体完全侧向，前后脚在一条直线上，其他部位同标准姿势。

（3）低位实战姿势：身体姿势同标准实战姿势，只是双膝弯曲程度加大，重心降低。这种姿势重心低、不易失去重心，但移动相对较慢。

六、跆拳道竞赛规则

（一）竞赛

跆拳道比赛包括两方——“Chung”（蓝）和“Hong”（红），双方以脚踢打对手的头和身体或用拳击打对方的身体而得分。比赛分 3 个回合，每个回合 3 分钟，两个回合之间休息 1 分钟。选手可通过下述方法获胜：将对方击出场外；得分最高；使对手被罚分达到 3 分。

比赛开始前，裁判分别发出“立正”和“敬礼”指令后，双方立正并相互鞠躬，然后裁判宣布比赛开始。

（二）得分

每个合理的攻击都将得分，下述为合理攻击：

（1）击打对手的得分部位，除头部外，得分部位还包括腹部及身体两侧。禁止击打对方小腹以下部位。

（2）用规则允许的身体部位击打对手。须用正确的紧握的拳头的食指和中指的前部或脚踝关节以下的部位击打对方。

若三位裁判中有至少两位对击打进行了记录，则得分有效。

（三）犯规

犯规是跆拳道比赛中的一个重要方面，这不仅是因为会被罚 3 分，还因为在高水平比赛中犯规意味着自动失败，仅仅 1 个罚分就可以左右比赛的胜负。跆拳道犯规分两种：Kyong-go 和 Gam-jeom。Kyong-go 意味着罚 0.5 分，但是若仅有一次犯规则不计入罚分，除非再次犯规而累计罚 1 分。若选手抓、抱、推对方，逃避性地背对对方，假装受伤等，则判 Kyong-go。若被判 Gam-jeom，则罚 1 分。典型的犯规行为包括扔对手，在格斗中在对手双脚离地时故意将其放倒，故意攻击对手后背，用手猛击对手的脸部等。

（四）击倒

选手被击倒后裁判将如拳击比赛一样开始 10 秒的读秒。在跆拳道比赛中，一方由于对手发力而使其脚底以外的其他任何部位触地则判为击倒。裁判也可在选手无意或无法继续比赛时读秒。一旦出现击倒，则裁判喊“暂停”，指示另一方退后，裁判开始从 1 到 10 读秒。即使被击倒的选手站起来欲继续比赛，也必须等待裁判继续读秒至 8，然后由裁判判定该选手是否能继续比赛。若其无法继续比赛，则另一方以击倒获胜。

（五）胜方

在除了决赛以外的其他比赛中若以平局结束，则分数高的一方获胜。若双方仍旧平分秋色，则由裁判根据比赛中双方表现的主动性来决定在三回合各三分钟的比赛中哪一方占优势。若为争夺金牌的决赛，则双方进行第四回合比赛，率先得分者获胜；若无人得分，则裁判通过判断谁在该回合中占优势而判定最后的胜方。

（六）其他规则

（1）若同时出现的犯规在一种以上，则裁判以处罚较重的犯规为准。

（2）若双方均被击倒且读秒至 10 秒后无法恢复，则击倒前得分高者获胜。

（3）若选手得分后立即犯规，则其所获分数可判为无效，如故意摔倒（一种避免受击打的战术）。

（4）头部被击中倒地的选手在 30 秒内不得参加比赛。

第二节　轮滑

一、轮滑运动简介

轮滑又称滚轴溜冰、滑旱冰，是穿着带滚轮的特制鞋在坚硬的场地上滑行的运动。当今，多数的滚轴溜冰者使用直排轮，因此直排轮也几乎成为轮滑运动的代名词。

轮滑作为一项休闲运动，深受青少年的喜爱，在校园里、马路上、广场上随处可见轮滑爱好者的身影。轮滑运动具有很强的娱乐性和趣味性，还具有很多体育项目所不具备的一个特性，就是它可以当作交通工具，一般情况下在平整的路面上，轮滑都可以成为代步工具。

轮滑同时是竞技项目，随着它的不断完善，目前已形成四个大项的竞技项目。一是速度轮滑。以单排、双排轮滑鞋为比赛工具，具体比赛项目有场地赛和公路赛。二是轮滑球。看上去像是冰球和曲棍球的结合体，双方各出 5 人在 44 米×22 米的场地上进行比赛，规则类似冰球，但不允许身体冲撞或阻挡。三是花样轮滑。分为单人、双人轮滑舞和圆形轮滑舞（规定动作），根据动作的难易程度、舞姿的优美程度打分确定胜方。四是极限运动。利用 U 形台做各种各样惊险、复杂的表演，它也是轮滑竞技项目中最吸引人的一项。

二、所需装备及保养

轮滑鞋的外壳可以防止外来的冲击，具有保护脚部的作用，底架一般装上四个轮子，也有装置五个轮子的速滑鞋。注意不要在草地和泥地上练习。

护具是最容易被忽视但又非常重要的一项装备，包括头盔、护肘、护腕和护膝。特别是对于初学者来说，应该摒弃“全副武装会被人取笑”的错误观念。护具对于防止受伤、学习轮滑技术有着非常重要的作用。

三、安全措施

（1）练习轮滑前应先做好准备活动，尤其是手腕和下肢各关节及韧带，要充分活动开。

（2）戴防护用具，如轮滑专用的护腕、护肘、护膝及头盔等。

（3）练习前要检查轮滑鞋的螺丝等紧固部件，以免滑行中因轮滑鞋出问题而受伤。

（4）初学者应在初学场内或规定范围内练习，或尽可能在人少的地方练习，不要随意滑行，最好有同伴或辅导员辅导。

（5）禁止做危险或妨碍他人的动作，特别是在人多的公共轮滑场内，如几人拉手滑行、在速滑跑道上逆行或与大家滑行方向相反、乱蹦乱跳、在场内横插乱窜、追逐打闹、突然停止等。如果在公路上滑行，更要注意交通安全。

（6）学习轮滑时摔跤是不可避免的，但要学会在摔跤时做自我保护。方法是当要向前或向侧摔倒时，要主动屈膝下蹲，用双手撑地缓冲，减弱摔倒的力量；当要向后摔倒时，也要主动屈膝下蹲，降低重心，尽量让臀部先坐下，并注意保护尾骨处，同时低头团身，避免头部向后仰磕地；摔倒时应尽量避免直臂单手撑地，这样很容易损伤手腕。

四、普通的轮滑技巧

轮滑是一项极易掌握的体育运动，任何人都能很快地学会。但对很多人来说，初次接触轮滑时，心理上会产生一种畏惧感——担心摔跤。其实只要简单地掌握一些轮滑的方法和技巧，就能把这项运动变成乐趣。初学轮滑者一定要有耐心，注意在滑行前做好充分的准备。初学时一定要注意培养正确姿势，滑行时腰、膝、踝关节保持弯曲，降低身体重心，身体失去平衡时要向下蹲。练习要领可以简单归纳为以下几点：滑需团身、弯曲求稳、重心稍后、欲进先侧、斜中求正、先倾后蹬、先蹬后落、胯部摆动、三点对齐。

（一）平衡练习

平衡是掌握轮滑的基础。由于轮滑鞋与地面接触面积小，加之滑轮与地面摩擦后的滚动，因此不易掌握平衡。练习平衡的具体做法有：

1. 原地踏步

练习静平衡，熟悉轮滑鞋的性能。

2. 用互助法和扶助法练习平衡

两个人相互扶助或双手扶住身边的其他物体，前后左右移动，练习平衡技术。

3. 借助外力练习平衡

可以通过对静止物体的反作用力使自己滑动，或让别人用力将自己推动，也可以抓住正在移动的人或其他物体上，使自己前进或后退。

（二）移动身体重心练习

1. 原地站立与踏步

穿好轮滑鞋，两脚平行站立与肩同宽，两腿微屈，上体稍前倾，两臂自然下垂。身体重心移至左腿，右腿稍抬起，然后放下。身体重心移至右腿，左腿稍抬起，然后放下。反复练习，逐渐加快速度。

2. 单脚支撑平衡

在掌握原地踏步的基础上，保持原来姿势，手扶栏杆或同伴，将重心移至一条腿上，另一条腿向侧伸出再收回成开始姿势。换脚重复以上动作。

3. 模仿滑行姿势的蹲起练习

速度轮滑的滑跑姿势直接关系到滑行速度。正确的滑跑姿势，是上体前倾接近水平，肩背稍高于臂部，腿部弯曲，上体与地面成15°～20°角，大腿和小腿成90°～110°角，踝关节成50°～70°角，两手互握放于背后或在体侧自然摆动，头部自然抬起，眼向前看5～10米处。

4. “八”字行走练习

两脚成外“八”字站立，重心移至左脚，右脚向前迈一小步，重心随之移至右脚，然后抬左脚向前迈一步，重心随之移至左腿，然后抬左脚向前迈一步，重心随之移至左腿。重复上述练习。

5. 交叉步行走

原地站立，先将重心移至左腿，收右腿，向左腿前外侧迈步交叉姿势，重心随之移至右腿，接着收左腿左侧跨一步，成开始姿势。反复练习。

（三）直道滑行

1. 单脚蹬地双脚滑行

右脚用内刃蹬地，将重心推送至向前滑行的左腿，右脚蹬地后右腿迅速与左腿并拢成两脚滑行。接着用左脚蹬地，将重心推送至向前滑行的右腿，左脚蹬地后左腿迅速与右腿并拢两脚滑行。

2. 单脚蹬地单脚滑行

上体前倾，两臂自然下垂，两脚稍分开，成外“八”字站立，重心移至右腿，用右脚内刃蹬地，左脚用力向前滑出，随着蹬地动作结束，把重心推送至左腿，左腿成半蹲支撑惯性滑行，接着向前收右腿，同时左脚蹬地，随左腿蹬地动作结束，把重心推送至成半蹲支撑惯性滑行的右腿。反复进行。

3. 直道滑行的摆臂动作

有力的摆臂是顺着身体纵轴前后加速摆动，当两臂向上摆动时，可增加蹬地腿的蹬地力量。同时，两臂摆动越快，身体重心的移动也越快。所以要提高滑动的频率，就必须减小摆臂的幅度、加快摆臂的频率。

（四）弯道滑行

弯道滑行技术和直道滑行技术有明显的区别。弯道滑行技术的特点在于练习者用交叉步滑行，由于向心力的作用，上体不仅前倾，而且要向侧倾。

1. 左脚支撑、右脚连续蹬地的滑行

从站立姿势开始，左脚用外刃蹬地后迅速与右脚并拢，接着右脚再做一次蹬地动作，左脚继续做前外曲线滑行。

2. 在圆弧上做不连贯的交叉步滑行

在圆弧上用直线滑行步法，中间插入弯道交叉步。当左脚有稳定的平衡时，右脚向左脚左侧前方迈一小步；只要右脚有短暂的滑行之后，左脚就迅速从右腿后方收回，同时右脚蹬地，左脚直线滑进。重复上述动作。

（五）停止法

在滑行中，有时需要及时停止滑行，所以在初步掌握滑行基本动作的同时，要学会停止滑行。常用的停止法有 T 形停止法和双脚急停法。

1. T 形停止法

在向前滑行中，将重心放在右脚，右膝弯曲，同时抬起左脚横放在右脚后成 T 形，然后以左脚四轮的侧面摩擦地面，减缓滑行速度，直到停止滑行。

2. 双脚急停法

在向前滑行中，两脚并拢，两脚同时向逆时针方向（或顺时针方向）转 90°，右脚以内侧轮、左脚以外侧轮压紧地面，同时屈膝后坐，上体前倾，身体向左（右）倾倒，两臂前伸，两脚用力压紧地面，就会停止滑行。

第三节 定向越野

定向越野运动凭借身体素质和运用定向技术，通过知图、用图及指北针的运用，可以提高人的独立思考和果断决策的能力。它是一项自然性的体育项目，不受场地限制，不论男女、老少、种族、阶层，因地制宜，平等参与，在挑战自我中享受生活。

一、定向越野运动的器材

(一) 地图

参加定向越野运动，需要一张详细、精确的地图。

1. 地图上距离的量算

用直尺量读：利用刻有“直线比例尺”的指北针量读时的数值，在地图上直接读出相应实地的距离。根据刻在尺上的“厘米尺”量读时，要先从图上量取所求两点间的长度，然后乘以该图比例尺分母，即得出相应的水平距离（需将结果换算成米或千米）。如在1∶15 000地图上，量得某两点间的距离为 3 毫米（0.3 厘米），则实地水平距离为 3 毫米×15 000＝45 000 毫米＝45 米。当计算某两点间的弯曲（如公路）距离时，可将曲线切分成若干短直线，然后分段量算并相加。

表 18-1 几种基本尺寸相当于实地的距离

比例尺	1∶10 000	1∶15 000	1∶20 000
1mm	10m	15m	20m
2mm	20m	30m	40m
5mm	50m	75m	100m
10mm	100m	150m	200m

我们应熟知地图上几种常用的单位尺寸与相应实地水平距离的对应关系。例如，在1∶15 000地图上，1 毫米相当于实地 15 米，2 毫米相当于实地 30 米，1 厘米相当于实地 150 米。地图是定向越野运动最重要的器材之一，它的质量的好坏直接关系到比赛过程是否安全、结果是否公正，因此，国际定向越野联合会规定比例尺通常为 1∶15 000 或1∶10 000，等高距 5 米。

2. 地图的识别

第一，定向地图所用的颜色通常有八种：白色表示容易通过的森林；绿色表示浓密、不易通过的森林；棕色表示不同的海拔/等高线——高山、峡谷、山脊、凹地、小丘、深渊、主干道及坚硬的路面；黄色代表开阔地、田野、牧场或空旷区；黄绿色代表私宅区域，禁入

(如民宅、私家花园或草坪)；蓝色代表有水的地方；黑色代表人造物体，如建筑物、围栏，同时代表小路、小径、输电线、岩石、悬崖峭壁、大石头；红色/紫红色代表南北线、定向点标之间的连接路线等。

第二，等高线和等高距。等高线是指地形高度的差距，它表示地形的高低起伏，等高距是指相邻两条等高线之间的距离，通常为 2.5 米。

(二) 指北针

定向越野运动中，还有一个非常有用的工具就是指北针。目前国际上已有几款久经考验的定向专用指北针。指北针基本上可分为两类：基板式与拇指式。如果仅作为一般判定方向的工具和定向比赛的初级用途，也可使用市面上常见的军用或其他类型的指北针。

知识窗

指北针的使用方法

将自己定位在地图上的确切位置，将指北针的蓝色箭头指向要去的标点，将指北针与地图及地面平行，转动身体直到指北针的红色箭头与磁北线平行，此时蓝色箭头所指标点就是你要去的方向。

二、定向基本知识

典型的定向越野比赛采用从起点到终点的封闭路线，在起点与终点之间设有参赛者要寻找的点标，用单圆圈表示。起点用三角表示，终点用双圆圈表示。起点、点标、终点在定向地图上用直线连接。但这并不意味着参赛者必须沿着直线前行，而是可以自己选择行进路线，但应该按地图上标明的编号顺序（1，2，3……）行进。制定路线的一般原则是：点标的数量并不固定，一般至少 5 个。对初学者来说，设计的路线一般不要交叉，因为这样可能使参赛者在寻找点标时混乱。需要强调的是，路线是可以交叉的，但要根据参赛者的实际水平来设计。定向越野比赛路线通常设计成环形，其难度、长度主要根据参赛者的水平、比赛预定时间来确定。小型比赛常见的设计如下：竞争性的——40 分钟以上(4～6 千米）或 60 分钟以上（6～8 千米)；初学者——30 分钟以上（2～3 千米）或 50 分钟以上(2～3 千米)。

比赛前组织者为参赛者发放证明，参赛者找到每个点标的检查卡或电子指卡并依次到访。检查卡是传统的成绩验证装置，用厚纸片制成。有的比赛直接将检查卡印在地图的空白处，比赛结束后收回地图用以计算成绩。

电子指卡是一种基于电子点签系统的成绩验证装置。当参赛者到达某一点标时将电子指卡插在对应的电子装置上，对应装置上的信号灯亮后，参赛者到达的时间就被记录下来。点标用三面标志旗围住，每个面的标志旗呈正方形，沿对角线分开，左上为白色，右下为橙红色，尺寸为30厘米×30厘米；点标上编有代号。

第四节　拓展训练

一、拓展训练的起源

第二次世界大战时期，德军潜艇埋伏在大西洋海底，攻击盟军补给运输船队，致使盟军船只下沉、船员纷纷落水。由于海水冰冷，且远离陆地，造成大量船员牺牲，只有一小部分船员生还。后来人们发现，那些生还者并不都是体能最好的人，但却都是求生意志最强的人。

一些心理学家和军事专家通过研究得出结论：当灾难来临的时候，决定一个人生存最关键的因素不是体能，而是心理素质和意志。于是库尔特·汉恩（Kurt Hahn）等人创办了阿伯德威海上学校，除了训练海军的体能外，主要通过一些情景模拟的项目，对海军的生存能力、作战意志及团队合作能力进行训练。

战争结束后，拓展训练的独特创意和训练方式逐渐被推广开来，训练对象扩大到军人、学生、工商业人员等群体，训练目标也由单纯体能、生存训练扩展到心理训练、人格训练、管理训练等。

二、拓展训练的组成

（1）团队热身。在培训开始时，团队热身活动将有助于加深学员之间的相互了解、消除紧张、建立团队，以便轻松愉悦地投入各项训练活动中去。

（2）个人项目。本着心理挑战最大、体能冒险最小的原则设计，每项活动对学员的心理承受力都是一次极大的考验。

（3）团队项目。团队项目以改善学员的合作意识和团队精神为目标，通过复杂而艰巨的活动项目，促进学员之间的相互信任、理解、默契和配合。

（4）回顾与总结。回顾将帮助学员消化、整理、提升训练中的体验，以便达到活动的具体目的。总结能使学员将培训的收获迁移到工作中去，以实现整体培训目标。

三、拓展项目简介

拓展训练的课程主要由水上课程、野外课程和场地课程三类课程组成。水上课程包括游泳、跳水、扎筏、划艇等；野外课程包括远足露营、登山攀岩、野外定向、伞翼滑翔、野外生存技能等；场地课程是在专门的训练场地上，利用各种训练设施，如高架绳网等，开展各种团队组合课程及攀岩、跳越等训练活动。

(一) 空中断桥

1. 任务描述

站在12米高空，从一块30厘米宽、1米长的木板迈向另一块相同的木板，两板间距1.5米。

2. 训练目的

磨炼意志，极度考验个人胆量及身体平衡能力；突破自我，战胜恐惧；学会正确看待目标和困难。

3. 训练方法

(1) 挑战者攀爬至立柱12米高处的钢板上；

(2) 检查安全绳索是否反扣；

(3) 站立于钢板内置木板的一端；

(4) 跨越木板时，一只手抓住悬挂绳；

(5) 挑战者可根据自身能力，要求适当调整木板间距。

图18-12　空中断桥

4. 注意事项

(1) 不得擅自攀爬和使用断桥器材，必须在专业人员指导、保护下训练；

(2) 训练时应穿松紧适度的运动服装，合理使用安全装备，身上不得携带硬物；

(3) 态度严肃，相互鼓励。

(二) 勇登天梯

1. 任务描述

两名队员通力合作，共同攀登上每层间距在1.4～1.8米的巨人梯，最后共同到达8米高的顶峰。

2. 训练目的

锻炼个人胆量与身体协调能力；锻炼通力合作、分工明确、通过配合完成共同目标的能力；增强挑战自我压力与困难的勇气。

3. 训练方法

（1）将团队队员两两分成一组；

（2）两名队员之间进行配合向上攀爬，可以首先由体重较轻的队员充当“人梯”，另一名队员借助“人梯”攀爬到上一层圆木，这名队员攀爬成功后，再用手将充当“人梯”的队员拉上这层圆木；

（3）两人共同向上，同伴的身体即是借力的绳索、攀爬的阶梯。

图 18-13　勇登天梯

4. 注意事项

（1）由于梯子摇晃，单靠一人力量无法完成此任务；

（2）不得擅自使用巨人梯，必须在专业人员指导、保护下训练；

（3）合理使用安全装备；

（4）训练时应穿松紧适度的运动服装，身上不得携带硬物。

（三）跳出真我

1. 任务描述

挑战者在绳索的保护下，从离地 8 米的空中跳台上凌空跃起，抓住前方悬在空中的一臂以外的单杠。

2. 训练目的

（1）挑战自我，体验战胜恐惧的过程，增强自信心；

（2）盯住目标，努力达成。

3. 训练方法

（1）将队员分成挑战者和保护者两种角色；

（2）挑战者系好安全带，检查是否已经反扣，戴好头盔；

（3）挑战者从高空跳台一跃而起，抓住悬在空中的单杠；

（4）保护者分为主保护者和副保护者，主保护者负责牵拉两边保护绳，副保护者负责牵拉中间保护绳；

（5）当挑战者到达 8 米高空跳台时，两边保护绳要慢慢收，当挑战者起跳时，两边保护绳要抓住，中间保护绳要用力拉，防止挑战者向后撞到柱子，当挑战者跳下后，两边保护绳要匀速放绳；

（6）更换队员，直到每一个人都体验完成；

（7）当挑战者要开始的时候，请所有队员手放在挑战者的肩上，由挑战者喊出自己的名字，其他队员一起喊："我们一定支持你！"

图 18－14　跳出真我

4. 注意事项

（1）挑战者起跳后不要用手抓保护绳；

（2）训练时应态度严肃、互相鼓励；

（3）整个团队的队员不能擅自中途离开，要专注正在挑战的队员。

（四）生死"电网"

1. 任务描述

全体队员都要在规定时间内，通过"电网"中一个只能容得下一个人平躺才能穿过的网孔。

2. 训练目的

(1) 体验合作、分工、计划、领导的重要性；

(2) 培养团队领导的策划组织能力，增强队员之间的信任、沟通；

(3) 体验协同工作在解决问题中的作用；

(4) 学会克服看似难以解决的问题。

3. 训练方法

(1) 将全体队员划分成小组进行比赛；

(2) 开始前有10分钟时间讨论，开始后所有的队员不能进行语言沟通；

(3) 每一个网孔只能使用一次，不能重复使用；

(4) 穿越过程中，任何一位队员身体任何一个部位触到“电网”，该组所有队员将重新穿越；

(5) 在限定时间内完成任务；

(6) 未过网的队员，不可预先跨过网来协助其他队员。

图 18-15　生死电网

4. 注意事项

(1) 在整个项目进行过程中不允许发出任何声音；

(2) 不允许碰到“电网”，如有队员触到“电网”或违反其他规定通过，都要取消资格，并重新通过。

(五) 信任背摔

1. 任务描述

每一名挑战者站在离地1.8米高的平台背向倒下，同伴们在下方用手臂将其接住。

2. 训练目的

(1) 培养相互信任和遵守承诺、克服恐惧的能力；

(2) 体验团队对个人的支持;
(3) 使队员敢于挑战自我;
(4) 发扬团队精神，互相帮助，完成任务。

3. 训练方法

(1) 挑战者站在约1.8米高的台子上，合起双手，直体向后倒下;
(2) 承接者分成两排，将两臂及展开的手掌心交叉，紧凑连接，承接挑战者。

图18-16 信任背摔

4. 注意事项

(1) 任何时候都不能让挑战者从高于1.8米的地方向后倒，否则挑战者的头或肩部将比身体的其他部位先接触承接者，易导致摔伤;
(2) 根据挑战者的数量，酌情安排承接者的人数;
(3) 承接者不允许佩戴手表、戒指或其他尖锐的物件;
(4) 挑战者应掏空所有的衣兜，解下带扣的腰带等。

(六) 攀爬"求生墙"

1. 任务描述

全体队员通力合作，共同翻越一面高4米的墙。

2. 训练目的

(1) 认识群体的力量，增进集体参与意识和责任心;
(2) 改善人际关系，学习关心他人和更融洽地与他人合作;
(3) 全体队员集思广益、达成共识，一起解决面临的生存考验和挑战;
(4) 培养团结一致、密切合作、克服困难、勇于牺牲的团队精神;
(5) 培养计划、组织、协调能力;

（6）将看似不可能完成的任务变成现实，培养战胜困难的决心和信心。

3. 训练方法

（1）根据全体队员的实际情况共同策划、分工；

（2）全体队员在只能利用自己身体的情况下协同作战，共同翻越 4 米的高墙。

图 18－17　攀爬“求生墙”

4. 注意事项

（1）训练时应穿着宽松的运动装，赤足或者穿着胶质底部的运动鞋，女性不可穿高跟鞋、裙子或牛仔裤等；

（2）攀登过程中，队员的脚踩在其他人肩膀、大腿上的时候，应尽量踩在靠近里侧关节的位置，以免受伤。

图书在版编目（CIP）数据

体育与健康/刘哲，李慧杰主编．—北京：中国人民大学出版社，2019.8
21世纪职业院校人文素质与职业素养系列教材
ISBN 978-7-300-27065-4

Ⅰ.①体… Ⅱ.①刘… ②李… Ⅲ.①体育-高等职业教育-教材 ②健康教育-高等职业教育-教材 Ⅳ.①G807.4 ②G717.9

中国版本图书馆CIP数据核字（2019）第128726号

21世纪职业院校人文素质与职业素养系列教材

体育与健康

主　编　刘　哲　李慧杰
副主编　李民峰　周卫华　火　隆
参　编　刘如江　李　晟　聂　燕　班笑元　杨　杨

Tiyu yu Jiankang

出版发行	中国人民大学出版社		
社　址	北京中关村大街31号	**邮政编码**	100080
电　话	010－62511242（总编室）		010－62511770（质管部）
	010－82501766（邮购部）		010－62514148（门市部）
	010－62515195（发行公司）		010－62515275（盗版举报）
网　址	http://www.crup.com.cn		
经　销	新华书店		
印　刷	北京七色印务有限公司		
规　格	185 mm×260 mm　16开本	**版　次**	2019年8月第1版
印　张	15.5 插页1	**印　次**	2019年8月第1次印刷
字　数	328 000	**定　价**	35.00元

信息反馈表

尊敬的老师:

您好!为了更好地为您的教学、科研服务,我们希望通过这张反馈表来获取您更多的建议和意见,以进一步完善我们的工作。

请您填好下表后以电子邮件、信件或传真的形式反馈给我们,十分感谢!

一、您使用的我社教材情况

您使用的我社教材名称			
您所讲授的课程		学生人数	
您希望获得哪些相关教学资源			
您对本书有哪些建议			

二、您目前使用的教材及计划编写的教材

您目前使用的教材	书名	作者	出版社
您计划编写的教材	书名	预计交稿时间	本校开课学生数量

三、请留下您的联系方式,以便我们为您赠送样书(限1本)

您的通信地址			
您的姓名		联系电话	
电子邮箱(必填)			

我们的联系方式:

地　址:苏州工业园区仁爱路158号中国人民大学苏州校区修远楼

电　话:0512-68839320　　传　真:0512-68839316

E-mail: huadong@crup.com.cn　　邮　编:215123

网　址:www.crup.com.cn